2018 上海国际经济贸易发展报告

2018 ANNUAL REPORT ON SHANGHAI INTERNATIONAL ECONOMY AND TRADE DEVELOPMENT

上海市商务委员会　编著

Shanghai Municipal Commission of Commerce

上海科学技术文献出版社

Shanghai Scientific and Technological Literature Press

图书在版编目（CIP）数据

2018上海国际经济贸易发展报告 / 上海市商务委员会编著．—上海：上海科学技术文献出版社，2019
ISBN 978-7-5439-7866-9

Ⅰ．①2… Ⅱ．①上… Ⅲ．①国际贸易—贸易发展—研究报告—上海—2018 Ⅳ．①F752.851

中国版本图书馆CIP数据核字(2019)第070809号

责任编辑：祝静怡

2018上海国际经济贸易发展报告
2018 SHANGHAI GUOJI JINGJI MAOYI FAZHAN BAOGAO
上海市商务委员会　编著
出版发行：上海科学技术文献出版社
地　　址：上海市长乐路746号
邮政编码：200040
经　　销：全国新华书店
印　　刷：常熟市人民印刷有限公司
开　　本：787×1092　1/16
印　　张：20.25
字　　数：373 000
版　　次：2019年7月第1版　2019年7月第1次印刷
书　　号：ISBN 978-7-5439-7866-9
定　　价：88.00元
http://www.sstlp.com

编审委员会

前 言

2017年，面对复杂多变的外部环境，上海市商务部门坚持稳中求进工作总基调，坚持新发展理念，扎实推进商务领域改革创新，国际经济贸易运行总体平稳，稳中有进，质量、效益持续提高，为上海市经济社会发展做出了积极贡献。

2017年，上海对外贸易向好势头持续巩固，增长超出预期。货物进出口达到32 237.8亿元，增长12.5%，较上年提高9.8个百分点，占全国的11.6%，是2011年以来的最快增速，规模也创下历史新高。其中，出口13 120.3亿元，增长8.4%；进口19 117.5亿元，增长15.4%。货物贸易结构持续优化，一般贸易进出口占比首次突破50%，达到50.7%。服务进出口达到1 954.7亿美元，下降3.2%，在全市对外贸易总额中的占比达29.1%，比全国高14.6个百分点。实现离岸服务外包执行金额70亿美元，增长4.4%，技术进出口合同额增长18.8%。

2017年，上海利用外资缓中趋稳，引资结构进一步优化。新设外资项目3 950个，合同外资401.9亿美元，下降21.2%；实到外资170.1亿美元，下降8.1%。截至2017年底，上海累计引进外资项目9.1万个，合同外资4 242亿美元，实到外资2 231亿美元。全年服务业实到外资162亿美元，增长2.5%，占全市实到外资的比重由上年的88.3%提升至95%。全年新增跨国公司地区总部45家，累计达到625家，上海继续保持中国内地跨国公司地区总部最多城市的地位；新增外资研发中心15家，累计达到426家，其中亚太区以上研发中心57家，约占内地总数的1/4，居全国首位。

2017年，上海对外投资理性企稳，"一带一路"投资合作保持活跃。共备案对外直接投资项目608个，中方投资额为110.8亿美元；实际对外直接投资124亿美元;新签对外承包工程合同额109亿美元,连续10年超百亿美元,完成营业额99亿美元,增长49.2%。对外投资结构明显优化,制造业成为对外直接投资的第一大行业。上海对“一带一路”沿线国家新签对外承包工程合同额73亿美元,占全市的66.8%。境外合作区建设成效显著,上海鼎信印尼青山园区及入园企业完成总投资超过34亿美元,累计总产值约31亿美元,带动当地就业逾1.6万人,为当地创造税收近2亿美元。

2017年,上海国际经济贸易领域工作围绕重点领域形成突破。上海自贸试验区商务领域制度创新走向深入,国际贸易单一窗口3.0版上线运行,“一带一路”经贸合作取得新进展,亚太示范电子口岸网络加快建设,成功争取中国国际进口博览会落户上海;深入实施“四个一百”专项行动,加快发展外贸新模式新业态,外贸稳增长、调结构、转动力效果初显,外贸竞争新优势进一步凸显;着力打造更具国际竞争力的投资环境,总部经济持续深化发展,开放型经济发展水平持续提升,引进来和走出去进一步协调发展。

本书作为2018年上海商务发展系列报告之一,延续了往年《上海国际经济贸易发展报告》的编写风格,全面反映了2017年上海国际经济贸易的发展情况、工作成效和2018年展望等。同时,为适应国际经济贸易形势变化和上海发展的需求,本书对部分章节结构进行了调整,“全球城市”篇,突出全球城市专业领域成果,采用“国际组织”作为本年度主题,选取纽约、伦敦、新加坡、中国香港等全球城市,介绍其国际组织集聚情况以及贸易投资发展情况。

我们希望本书的编写和出版能够帮助读者全面了解上海国际经济贸易的发展情况,拉近商务工作与社会各界的距离,帮助读者全面了解中国国际进口博览会、上海国际贸易中心等重大发展战略,推动上海国际经济贸易各领域工作实现高质量发展。

编者
2019年3月

Preface

Despite the complexity of global economy in 2017, Shanghai achieved steady economic progress by constantly pushing forward innovation-based reform. Moderate growth both in qualitative and quantitative terms has been achieved in its international economic and trade sector, which in turn, contributed profusely to the city's overall development.

In 2017, Shanghai's foreign trade sector consolidated its growth momentum and the growth target set at the beginning of the year was met. Export and Import of goods reached 3 223.78 billion yuan, (export registered 1 312.03 billion yuan, up 8.4%; import 1 911.75 billion yuan, up 15.4%), an increase of 12.5% or 9.8 percentage points higher than last year's growth, a new record since 2011. Last year, Shanghai made up 11.6% of China's total import and export of goods. For the first time, the share of general trade exceeded the 50% benchmark of import and export volume and reached 50.7%. Services export reached 195.47 billion US dollars, down 3.2%, or 29.1% of the city's total, 14.6 percentage points higher than national average. Offshore services trade totaled 7 billion US dollars, up 4.4%, contracted amount for technology trade increased 18.8%.

In 2017, Shanghai's foreign direct investment (FDI) witnessed moderate growth. In all, 3 950 FDI projects with a total volume of 40.19 billion US dollars, (down 21.2%) were invested in the city. So far, 17.01 billion US dollars of investment had been paid-in, down 8.1%. By the end of 2017, Shanghai had attracted 91 000 projects worth 424.2 billion US dollars in total, of which 223.1 billion US dollars had been paid-in. In 2017, Shanghai's services trade attracted 16.2 billion US dollars of foreign investment, an increase of 2.5%. Its share in the city's total FDI increased to 95% from 88.3% in 2016. In addition, 45 regional headquarters of multinational corporations (MNC) were added to Shanghai's 625 MNC headquarters, of which 15 R&D centers were added to the city's 426 R&D centers. In particular, Shanghai has in all 57 R&D centers for the Asia Pacific region, a quarter on the Chinese mainland and ranking top among all mainland cities.

Shanghai's outbound investment continued in a rational manner, in particular investment in Belt and Road countries remained active. In all, 608 Chinese investment projects filed with a total amount of 11.09 billion US dollars. So far 12.4 billion US dollars had been paid in. Newly signed contracts for overseas engineering projects had exceeded 10.9 billion US dollars, the 10th consecutive year that the city's outbound engineering contract volume exceeds 10 billion US dollars, of which 9.9 billion US dollars, an increase of 49.2%, worth of operation value had been accomplished. Shanghai companies' outbound investment is now better structured with manufacturing the largest sector and various engineering projects with a total value of 7.3 billion US dollars were invested in Belt and Road countries, 66.8% of the city's total outbound investment. The city's companies also made great headway in overseas industrial parks construction projects. A case in point is the DecentTsingshan Industrial Park in Indonesia. So far, 3.4 billion US dollars had been invested, creating 3.1 billion US dollars of total output, 200 million US dollars of tax income and 16 000 job opportunities for the region.

Major breakthroughs had been made in international economic cooperation and trade ties building. Innovations in Shanghai Free Trade Pilot Zone continued. A case in point is the Edition 3.0 of Single Window International Trade Services was launched; Economic cooperation with Belt and Road countries assumed greater depth, the building of Asia Pacific Exemplary Electronic Port Network were accelerated; Shanghai won the bidding for the First China International Import Expo; Project Four One-hundred Tasks were launched; Shanghai continued to foster

new business models of foreign trade, restructure trade mix and spur trade growth with a view to sharpening the competitiveness edge of city's foreign trade sector. Meanwhile, the city made great efforts to improve its business environment, headquarters economy resumed depth, the quality of an open economy were elevated, striking a balance between promoting outbound investment and attracting foreign investment.

This Report on Shanghai International Economy and Trade Development in 2017 (the Report) chronicles the city's economic efforts and achievements and offers an outlook on the city's economic work in 2018. With a view to accommodating the latest global trends and Shanghai's own development needs, this 2018 edition highlights "global cities" such as New York, London, Singapore and Hongkong SAR, in particular their achievements in specific fields, the gathering of international organizations and information on these cities' trade and investment.

The authors wish to offer comprehensive information on Shanghai's international economy and trade, bring closer government officials and experts with local residents, and update readers with latest information on the China International Import Expo and Shanghai's efforts on the development of international trade center. Hopefully, this information will contribute to the city's overall economic development.

The authors

Mar. 2019

目 录

第三篇　专题

第五篇　全球城市

附录

Contents

Part I General Information

Part II International Economy and Trade

Part III Research Papers

Part IV Places

Part V Global Cities

Appendix

第一篇

总　论

第一章　2017 年上海国际经贸发展特点和2018 年展望

第一节　2017 年上海国际经贸总体概况

2017 年,面对复杂多变的外部环境,上海市商务部门坚持稳中求进工作总基调,坚持新发展理念,扎实推进商务领域改革创新,商务运行总体平稳、稳中有进,质量效益持续提高,为上海市经济社会发展做出了积极贡献。

一、对外贸易向好势头持续巩固

2017 年,上海货物进出口 32 237.8 亿元(4761 亿美元),增长 12.5%,较上年提高 9.8 个百分点,占全国的 11.6%,是 2011 年以来的最高增速,规模也创下历史新高。进口贸易增速持续快于出口贸易。其中,出口13 120.3亿元,增长 8.4%;进口19 117.5亿元,增长 15.4%,高于出口 7 个百分点,在进出口总额中的占比达到59.3%,较上年提高 1.6 个百分点(图 1.1)。货物贸易结构持续优化。一般贸易进出口增速高于加工贸易 6.5 个百分点,在进出口总额中的占比首次突破 50%,达到50.7%,较上年提高 1.3个百分点。实现服务进出口 1 954.7 亿美元,下降 3.2%,在全市对外贸易总额中的占比达 29.1%,比全国高 14.6 个百分点。其中,出口 524.3 亿美元,增长 5.1%;进口 1 430.4 亿美元,下降 5.9%(图 1.2)。服务贸易结构逐步从劳动密集型业务为主,向技术密集型和知识密集型业务为主转变,高附加值新兴服务进出口占服务进出口总额的 28.1%,较上年提高 2.4 个百分点,其中文化娱乐、知识产权、专业管理和咨询服务分别增长 15%、14.2%和 7.2%。全年离岸服务外包执行金额 70 亿美元,增长

4.4%，技术进出口合同额增长18.8%。

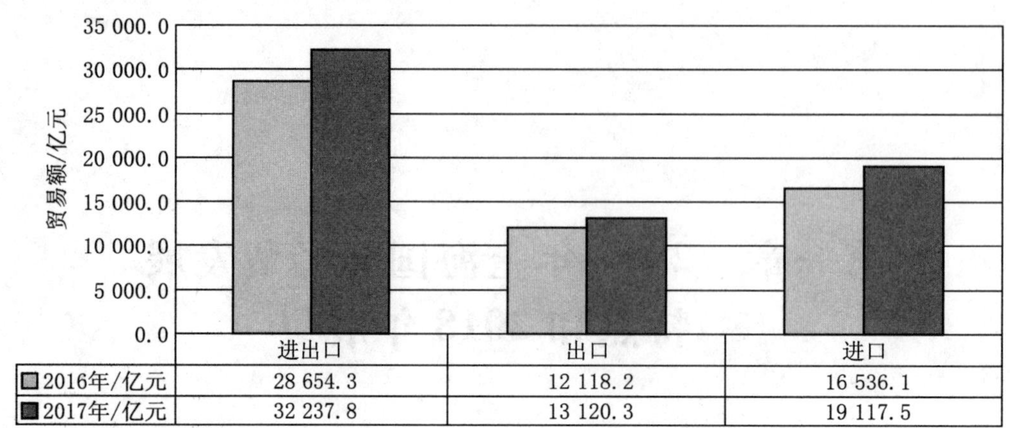

	进出口	出口	进口
2016年/亿元	28 654.3	12 118.2	16 536.1
2017年/亿元	32 237.8	13 120.3	19 117.5

图 1.1　2017 年上海货物进出口情况

数据来源：上海海关。

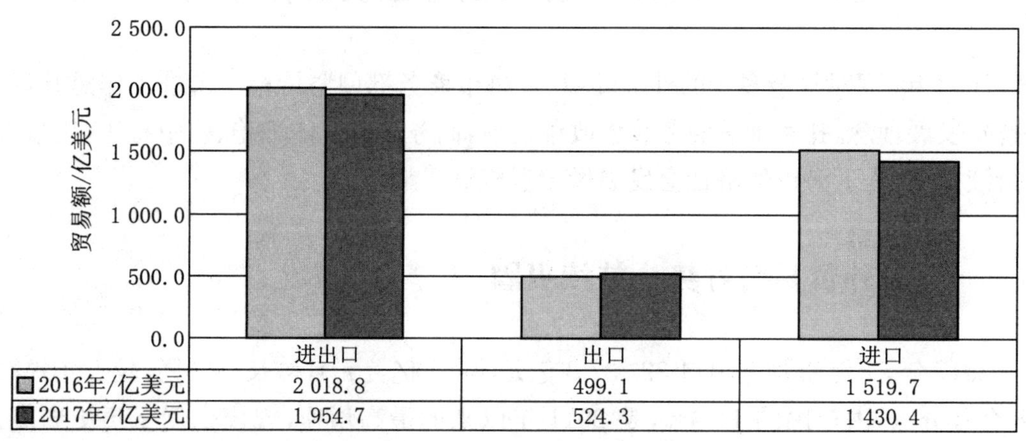

	进出口	出口	进口
2016年/亿美元	2 018.8	499.1	1 519.7
2017年/亿美元	1 954.7	524.3	1 430.4

图 1.2　2017 年上海服务进出口情况

数据来源：上海市商务委员会。

二、 利用外资结构进一步优化

2017 年，上海新设外资项目 3 950 个，合同外资 401.9 亿美元，下降 21.2%，实到外资 170.1 亿美元，下降 8.1%(图 1.3)。截至 2017 年底，上海累计引进外资项目 9.1 万个，合同外资 4 242 亿美元，实到外资 2 231 亿美元。全年服务业实到外资 162 亿美元，增长 2.5%，占全市实到外资的比重由上年的 88.3%提升至 95%。以总部经济为主的商务服务业继续成为引进外资的第一大领域，实到外资近 50 亿美元，增长

5.1%；以信息服务、专业技术服务、研发设计为主的高技术服务业和商贸业引进外资快速增长，实到外资 28 亿美元、26 亿美元，增速分别达 30%、27.7%。主要下降领域在房地产业、金融服务业、制造业，实到外资分别为 23 亿美元、21 亿美元、8 亿美元，分别下降 39.4%、23.9%、62.3%。全年新增跨国公司地区总部 45 家，累计达到 625 家，上海继续保持中国内地跨国公司地区总部最多的城市。新增外资研发中心 15 家，累计达到 426 家(亚太区以上研发中心 57 家)，约占内地总数的 1/4，居全国首位。

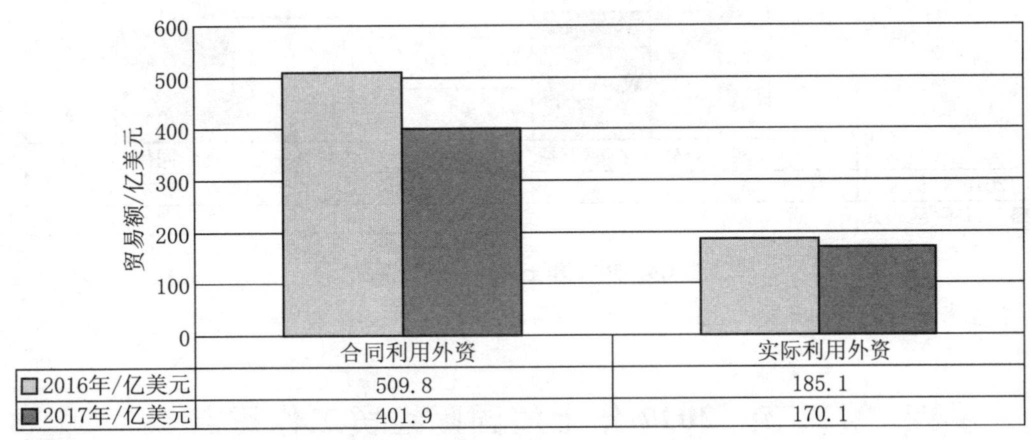

图 1.3　2017 年上海利用外资情况

数据来源：上海市商务委员会。

三、"一带一路"投资合作保持活跃

2017 年，上海共备案对外直接投资项目 608 个，对外直接投资中方投资额 110.8 亿美元，下降 70.3%，实际对外直接投资 124 亿美元，下降 50.8%；新签对外承包工程合同额 109 亿美元，连续第 10 年超百亿美元，完成营业额 99 亿美元，增长 49.2%(图 1.4)。对外投资结构明显优化，投资方向以实体产业为主，制造业成为对外直接投资的第一大行业，中方投资额达 27 亿美元，占比从上年的 9%大幅提升至 23.9%；采矿业、商务服务业、信息服务业、批发零售业也是吸纳投资额较大的行业；房地产业、文化娱乐业对外直接投资中方投资额大幅下降，占比从上年的 28.2%降至 0.03%。对外承包工程主要集中在电力工程建设、制造加工设施建设、交通运输和石油化工等优势领域，合计占比达到 72.4%。上海对"一带一路"沿线国家和地区对外直接投资中方投资额 13 亿美元，占全市的 11.6%；新签对外承包工程合同额 73 亿美元，占全市的 66.8%。境外合作区建设成效显著，上海鼎信印尼青山园区及入园企业完成总投资超过 34 亿美元，累计总产值约 31 亿美元，带动当地就业逾 1.6 万人，为当地创造税收近 2 亿美元。

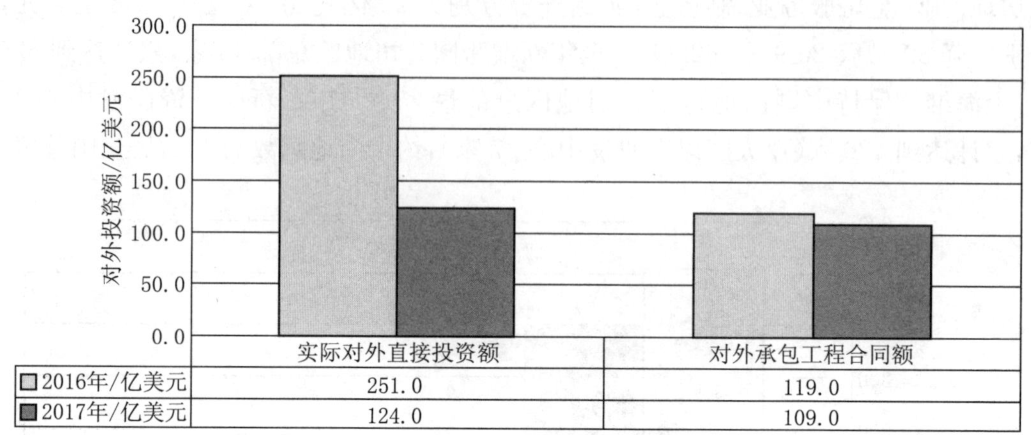

图 1.4　2017 年上海对外投资情况

数据来源：上海市商务委员会。

第二节　2017 年上海国际经贸工作重点

一、 着力承担国家战略一系列重大试点、改革任务

2017 年，中国(上海)自由贸易试验区(以下简称“上海自贸试验区”或“上海自贸区”)商务领域制度创新走向深入，金融、航运、文化、专业服务等扩大开放领域外资项目不断落地，新增服务业扩大开放项目 412 个，累计达到 2 404 个。国际贸易单一窗口 3.0 版上线运行，率先实现了与自动进口许可证申领系统对接。“一带一路”经贸合作取得新进展，与 9 个沿线城市新签经贸合作备忘录，支持建设了中东欧等 16 个国家国别商品中心和汽车等一批专业贸易平台。加快亚太示范电子口岸网络建设，推动 10 个经济体的 15 个口岸成员数据互联互通。圆满完成金砖国家第七次经贸部长会议保障任务。成功争取进口博览会落户上海。

二、 着力推进外贸回稳向好

2017 年，上海认真落实稳外贸各项举措。“四个一百”专项行动深入实施，瞄准百家重点外贸企业、百个自主出口品牌和百家新贸易企业，推动解决企业关切的百个问题，进出口平均通关时间同比压缩三分之一。外贸新模式新业态加快发展，跨境电子商务试点模式交易额增长68.2%。服务贸易创新发展持续推进，“数字贸易潜力挖掘”“文化贸易海外营销”“专业服务跟随出海”三大战略有效实施，海上中医、上海文化海外行和服务外包网上丝绸之路等重点平台建设有序推进。外贸稳增长、调结构、转动力效果初显，上海对全国出口增量贡献达到6.7%，位列全国第4位，高新技术产品、机电产品等高附加值产品出口占比稳步提升；进口规模位列全国各省市第2位，占全国的15.6%。上海钻石交易所年交易额突破50亿美元，创历史新高，成为全球第五大钻石交易中心。

三、着力推进双向投资提质增效

2017年，上海打造更具国际竞争力的投资环境，出台构建开放型经济新体制“33条”、外资研发中心“16条”，修订总部支持政策，全面落实准入前国民待遇加负面清单管理模式，累计落户跨国公司地区总部和外资研发中心数量均居全国首位。加大招商引资力度，建立投资促进机构库、项目库和投资促进活动库，加强委办联手、市区联动。各区因地制宜出台具有特色的招商举措，静安区着力打通“星巴克”烘焙工坊落地“最后一公里”，徐汇区、杨浦区、虹口区、松江区等发挥创新资源集聚优势，崇明区推出红榜企业制度，青浦区建立组团式联系服务企业工作机制，吸引集聚优质外资项目落地。引导合理有序对外投资，加强分类管理和指导服务，完善信息服务、金融服务、投资促进、人才培训、风险防范为重点的“五位一体”走出去公共服务体系和跨部门境外突发事件应急处置机制。

第三节　2018年上海国际经贸工作展望

2018年是实施“十三五”规划的重要一年和推进供给侧结构性改革的深化之年，做好全年商务工作，必须深入贯彻党的十九大、中央经济工作会议和十一届上海市委三次全会精神，以习近平新时代中国特色社会主义思想为指导，落实上海市委、市政府决策部署和商务部工作要求，坚持稳中求进工作总基调，更加自觉践行新发展理念，以推进商务领域供给侧结构性改革为主线，以举办进口博览会为契机，以深化上海自贸试验区改革创新为引领，以服务“一带一路”倡议为依托，突出制度供给、加快创新转型、扩大服务功能、优化营商环境，着力巩固提升上海国际贸易中心地位，着力推动上海商务实现高质量发展，为上海改革开放再出发积蓄新动能，为我国建成经贸强国做出新贡献。

一、推动对外贸易能级再提升

促进外贸稳规模、提质量、优结构，加快培育外贸竞争新优势。

（一）继续推动外贸优进优出

持续推进“四个一百”专项行动计划，进一步扩大出口退税A类企业、海关高资信企业范围，再推出一批外贸低成本融资产品。实施积极扩大进口政策，做强酒类、机床、化妆品等专业贸易平台，做优澳大利亚、“中东欧十六国”等一批国别商品中心，做实虹桥商务区“海外贸易中心”“长三角国际贸易展示中心”等功能性平台，加快建设五角世贸商城、东浩兰生进口商品展销中心等一批国际进出口商品展示交易平台。推动出口迈向中高端，实施“外贸品牌发展三年行动计划”，利用中国进出口商品交易会、中国华东进出口商品交易会、中国（上海）国际跨国采购大会、境外展等展览平台举办外贸品牌专题秀、贸易对接会等，支持企业建设展示、销售、维修等渠道。加快外贸转型基地建设，提升崇明国家船舶出口基地、嘉定国家汽车及零部件出口基地、张江国家医药出口创新基地、大虹桥服装服饰出口创新基地、新浦江轻工产品出口创新基地等国家级出口基地能级。

（二）加快发展外贸新业态

抓住自由贸易港建设契机，形成畅通的转口贸易和离岸贸易运作模式，吸引集聚一批面向亚太、服务全球的分拨企业，推动外贸业务向价值链高端延伸。加快推进非海关特殊监管区域企业开展全球维修业务，探索开展汽车和工程设备、飞机零部件及非接触性医疗设备再制造业务试点，建设亚太高端设备再制造基地。深化中国（上海）跨境电子商务综合试验区建设，完善跨境公共服务平台功能，扩大跨境电子商务B2B出口模式业务规模，打造跨境电子商务出口全球物流配送中心，力争实现跨境电子商务进出口模式全线落地，跨境电子商务公共海外仓突破50个。

（三）创新发展服务贸易

探索实施跨境服务贸易负面清单管理模式，推动服务贸易领域扩大开放。聚焦数字贸易、文化贸易、专业服务、金融保险等高附加值领域，打造一批传统领域服务贸易品牌，培育一批高附加值领域市场主体。加强重点区域与重点领域联动，加快国家文化出口基地(徐汇)和宝山邮轮旅游要素集聚区建设,支持数字贸易发展引领区和服务外包转型升级试验区发展。拓展服务贸易海外市场,建立全球服务贸易促进联盟,鼓励支持共享模式出口等服务贸易模式创新。

(四) 大力营造公平便利的贸易环境

积极应对贸易摩擦,加快上海自贸试验区贸易调整援助试点建设,优化产业安全保障综合促进体系,建设产业价值链预警、重点产业预警和核心产品预警的三维预警网络。着力提升贸易便利化水平,大幅压缩进出口许可证办证时间,推进浦东新区、虹桥机场航空货物监管互认,保障进口博览会展品便利进出境。深化亚太示范电子口岸网络(APMEN)建设,启动全球质量溯源体系、上海自贸试验区优惠关税应用服务系统等项目建设,争取泰国、菲律宾等经济体加入 APMEN。

(五) 促进展览业国际化、品牌化发展

推进会展业地方立法,深化与国际展览业协会(UFI)的合作,稳步提升上海展会和企业通过 UFI 认证的数量,积极引进国际展览和项目协会(IAEE)落户上海,办好 2018 年国际会展 CEO 峰会。加强会展与产业联动,推动在浦东新区、青浦区等重点区域形成会展产业集聚区,提高绿色会展、数字会展水平。吸引一批行业影响力强、带动效应大的国际知名品牌展会,打造中国华东进出口商品交易会、中国(上海)国际技术进出口交易会、中国(上海)国际跨国采购大会等一批具有国际影响力的上海展会自主品牌,培育一批有潜力、有特色的中小展会,全年举办 40 个 10 万平方米以上的大型国际展会,力争展览规模在全球主要会展城市中继续保持领先。

二、推动开放型经济水平再提高

坚持引进来和走出去并重,着力打造法治化、国际化、便利化的一流营商环境,加快构建更高层次的开放型经济新体制。

(一) 坚持扩大开放不动摇

深化外商投资准入前国民待遇加负面清单管理模式,进一步提高开放度、透明度。争取在外商投资更加关注的金融、电信、文化和先进制造等领域对外开放有新突破,推动上海自贸试验区试行一年以上的开放举措在全市复制推广。加大已有扩大开放政策宣传力度,着力解决“大门开、小门不开”等问题,建立适应更加开放环境和

有效防范风险的事中事后监管体系。

（二）紧抓招商引资不放松

狠抓“四个一批”：①跟踪一批，通过扩大招商网络、完善信息库等增加项目储备。完善投资促进机构库、项目库和活动库，加强与 48 个经贸合作伙伴及近 90 个在沪外国投资促进机构合作，增加一批海外合作招商网点，在境外举办 10 场大型投资环境推介会，举办 10 场“走进上海”投资促进活动。②落地一批，上海市区联动、委办联手解决项目落地难题。充分发挥上海市外资工作领导小组的协调机制，打通外资项目落地“最后一公里”，推进一批新项目签约，推动一批新业态、新领域项目落地，促成一批新项目按时竣工。③增资一批，做好“亲商、安商、留商、富商”，做好存量外资企业的服务，推动企业扩大在沪投资。④升级一批，推动更多地区总部、研发中心向更高层级发展，支持总部拓展投资、结算、营运等功能，提升上海地区总部配置全球资源的能力，推进开发区“腾笼换鸟”、转型升级。

（三）营造良好环境不减弱

加快落实开放型经济新体制“33 条”、外资研发中心“16 条”、总部经济等政策，鼓励各区、各开发区因地制宜出台配套措施，完善外商投资企业权益保护机制，健全外资服务直通车、重点外资企业联络员等制度。举办 10 场“政策说明暨问需问计圆桌会议”，实施外资企业总部拜访计划，宣传上海投资环境，增强外商投资上海的信心。

（四）推动更高水平“走出去”

服务“一带一路”桥头堡建设，高标准建设商品直销、保税展示、产能合作等贸易畅通八大功能性平台，培育贸易投资新增长点。完善对外投资合作公共服务体系建设，有序引导和规范对外投资，创新对外投资方式，鼓励产业和金融资本联合走出去，支持优势产业有序向新兴市场及发展中国家投资，鼓励投资并购境外先进技术和创新资源，提高全球资源配置能力。

第二章　2017 年全球国际经贸发展特点和 2018 年展望

第一节　国 际 贸 易

一、2017 年全球国际贸易发展特点

（一）2017 年全球国际贸易总体情况

2017 年，伴随全球经济复苏，全球贸易量价齐升。世界贸易组织（WTO）统计数据显示，全球贸易量增长 4.7%，达到 2011 年以来的最高水平，明显高于全球经济 3.8%

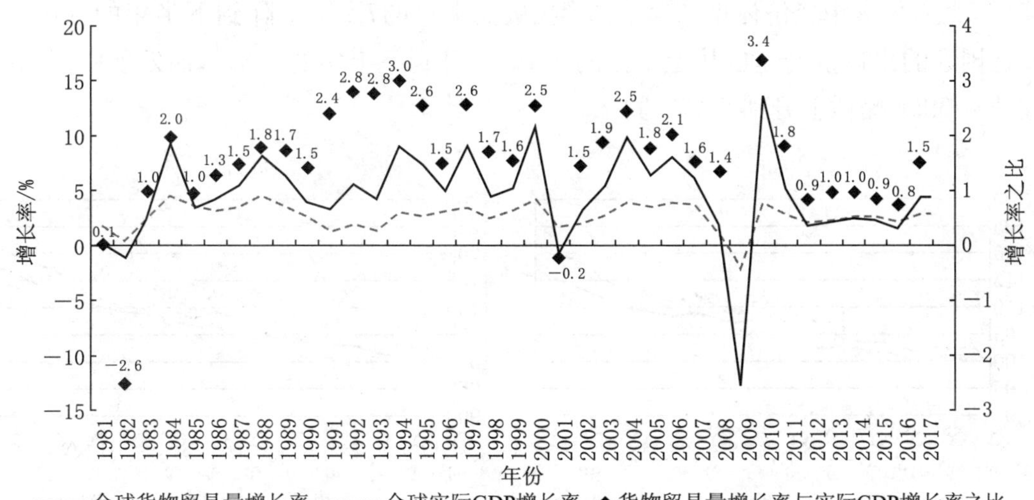

图 2.1　1981—2017 年全球货物贸易量和实际 GDP 增速情况

数据来源：世界贸易组织秘书处。

的增速;全球出口额达 17.2 万亿美元,增长 11%。旺盛的个人消费和企业投资是全球贸易增长的主要动力,原油等商品价格上涨是助推因素。亚洲进口额、出口额均实现两位数增长,增速高于北美洲和欧洲。

历史上,全球商品贸易额的增速比按市场汇率计价全球实际国内生产总值增速快 1.5 倍。20 世纪 90 年代,全球贸易增速与 GDP 增速的比率(称为"贸易对收入的弹性")在 2.0 以上,但在金融危机后的五年内(2011—2016 年)回落到 1.0。这一弹性指标从 2016 年的 0.8 反弹至 2017 年的 1.5,接近历史平均水平。预计至少到 2018 年,相对于 GDP 增长而言,贸易增长将更加强劲,除非出现重大经济冲击(图 2.1)。

(二)货物贸易发展情况

1. 发展中国家和发达国家货物贸易量走势大体相同

2017 年,全球货物贸易量增长率从上年的 1.8%提升至 4.7%,这是由于各地区进口需求增加,但最显著的是亚洲地区进口需求增加。发展中经济体在进口方面增幅最大,增速从上年的 1.9%上升至 7.2%。发达国家的进口需求也有所增加,但幅度不大,增速从上年的 2.0%上升至 3.1%。同时,发达国家商品出口增速为 3.5%,发展中国家增速为 5.7%,高于上年的 1.1%和 2.3%。尽管 2017 年全球货物贸易量增长在发展中国家更为强劲,但在进口量方面,发达国家的进口量增加,而发展中经济体的进口量增长更加稳定。下半年,发达国家进口量同比增长4.3%,明显高于上半年增速(2.3%),发展中经济体增长略有放缓(从上半年的7.2% 下降到下半年的 6.0%)。发达国家的出口量增速也从上半年的 3.4%上升到下半年的 4.3%,而发展中国家的增速从 5.2%略微上升到 6.4%(图 2.2)。

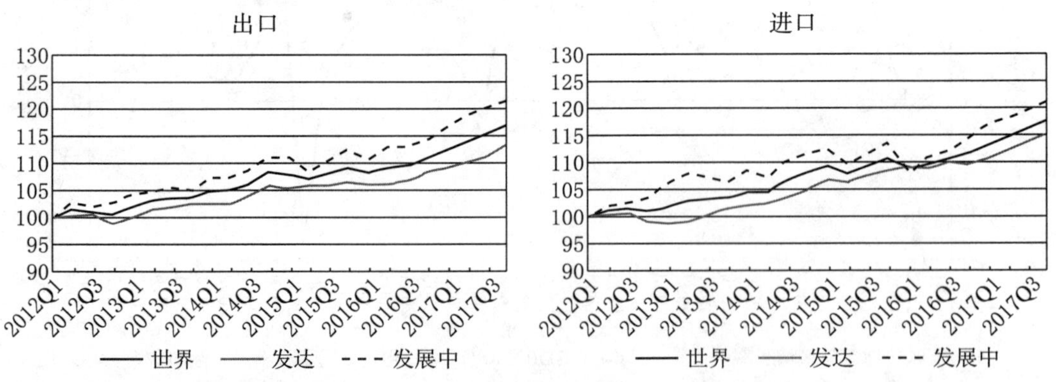

图 2.2 2012Q1—2017Q4 不同发展水平国家的货物贸易量变化趋势(2012Q1=100)

数据来源:世界贸易组织秘书处。

2. 全球各地区货物贸易发展普遍呈增长态势

2017 年，全球各地区货物贸易量普遍上升，尤其是出口，北美洲、南美和中美洲及加勒比海地区、欧洲和亚洲的出口量增长强劲。其中，亚洲和北美洲进口量同比增长，而欧洲进口量增长速度加快（上半年为 1.4%，下半年为 4.1%）以及南美洲、中美洲和加勒比海地区（上半年为 1.5%，下半年为 6.6%）。

2017 年，经过 2 年温和扩张后，亚洲在出口和进口方面的贸易额增长最快，增速分别达 6.7%和 9.6%；北美洲进口额、出口额在上年停滞不前之后均出现强劲反弹，增速分别为 4.2%和 4.0%；南美洲、中美洲及加勒比地区的进口额经过 3 年的急剧下降后恢复增长，增速为 4.0%。同时，欧洲贸易继续保持温和增长，出口额增长3.5%，进口额增长 2.5%。

包括非洲、中东和独立国家联合体在内的其他地区出口额增长稳定在 2.3%，这是因为石油和其他自然资源的需求量趋于稳定。同时，独立国家联合体进口额增长 0.9%，部分归因于初级产品价格上涨，这提高了资源出口国的出口收入，使得这些国家能够购买更多的进口商品。自 2016 年 1 月以来，能源价格涨幅超过一倍，但即使是每桶近 70 美元的油价仍然低于 2014 年中期之前的 100 美元水平。2017 年，亚洲对全球货物贸易进口、出口的复苏做出了很大的贡献。出口方面，亚洲使全球出口增速提高了 2.3 个百分点达到 4.5%，为全球增长贡献了 51%。在进口方面，亚洲也使全球进口增长了 2.9 个百分点，全球增速达到 4.8%，为全球增长贡献了 60%。由于内部和外部需求下降，上年北美洲对世界贸易的增长贡献很小，但在 2017 年对全球进出口做出了实质性的积极贡献。欧洲对全球货物进口增长的贡献度小于上年，南美洲、中美洲和加勒比海地区因走出巴西经济衰退期，自 2013 年以来首次出现正向增长(图 2.3)。

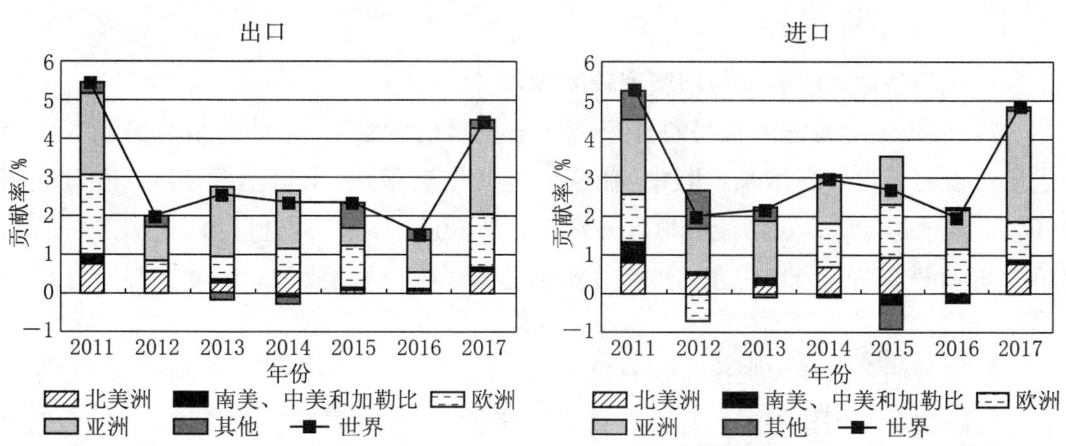

图 2.3　2011—2017 年全球不同地区对贸易增长的贡献

数据来源：WTO、UNCTAD。

（三）服务贸易发展情况

1. 全球服务贸易恢复增长

2017年，全球服务贸易在经历两年负增长之后快速增长，服务出口额达52 790亿美元，增速达7.4%；服务进口额为50 740亿美元。其中，运输服务出口额增长8.3%，旅游服务出口额增长7.2%，货物有关的服务出口额增长5.2%；其他服务出口额合计增长7.4%（图2.4）。

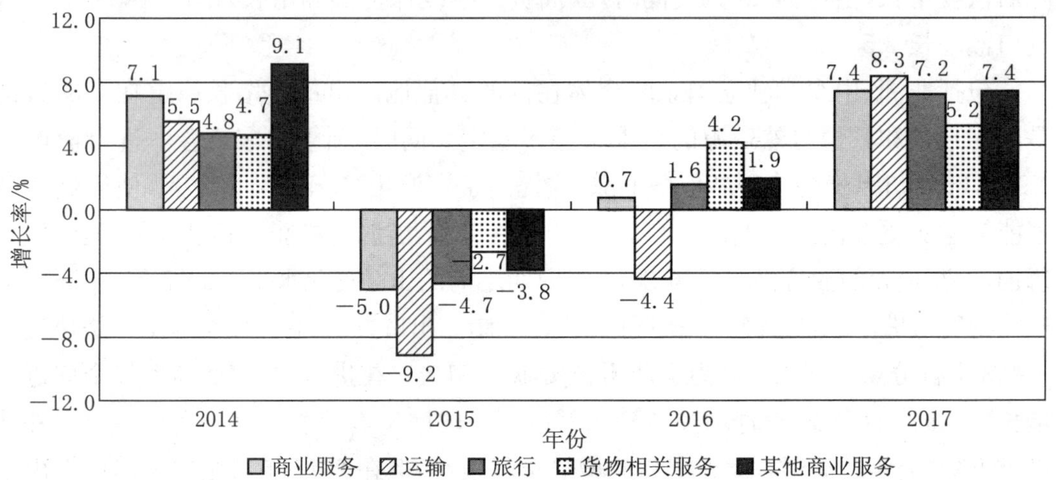

图2.4 2014—2017年全球不同类别服务出口美元价值增长率

数据来源：WTO、UNCTAD。

2. 全球各地区服务贸易均实现较大增长

2017年，在全球服务贸易总体环境明显发展的背景下，全球各地区的服务贸易进出口较上年均实现增长。其中，独联体地区增速最快，出口达到14%，进口达到15%。其余位于前5位增速的地区分别是非洲（出口为13%，进口为10%），欧洲（出口为9%，进口为6%），中东（出口为8%，进口为5%）和亚洲（出口为7%，进口为6%）（图2.5）。

3. 主要服务贸易大国排名较为稳定

按照欧盟成员国单独计算排名，前5名商业服务出口国分别为美国（7 617.2亿美元）、英国（3 473.5亿美元）、德国（2 998.3亿美元）、法国（2 482.4亿美元）和中国（2 263.9亿美元）；前5名服务进口国为美国（5 160.2亿美元）、中国（4 641.3亿美元）、德国

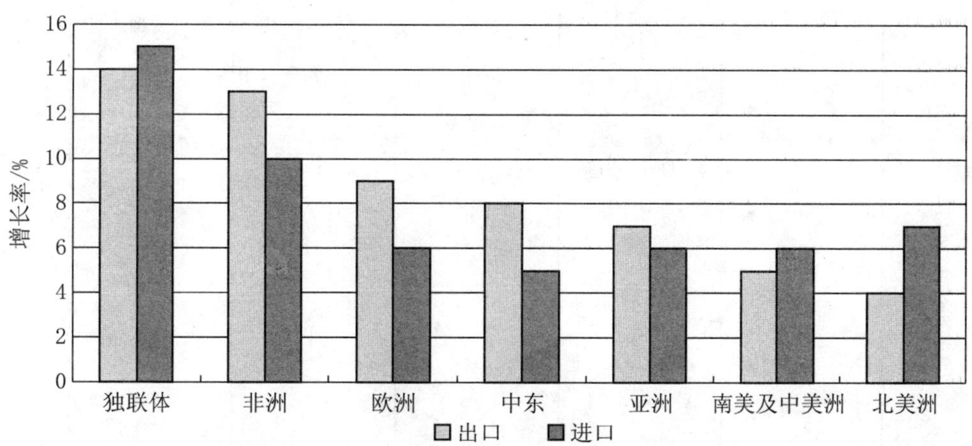

图 2.5　2017 年全球各地区服务贸易进出口增长率

数据来源：WTO 贸易统计报告。

(3 217.4亿美元)、法国(2 404.6 亿美元)和荷兰(2 106.1 亿美元)。其中，仅第 5 名由上年的爱尔兰变为荷兰。如若欧盟被视为整体，出口或进口方面的排名与上年相比均没有变化。全球服务贸易进出口总额排名前 20 位的国家中，欧洲占据 12 席，超过半数；亚洲占据 6 席，美洲占 2 席(图 2.6)。

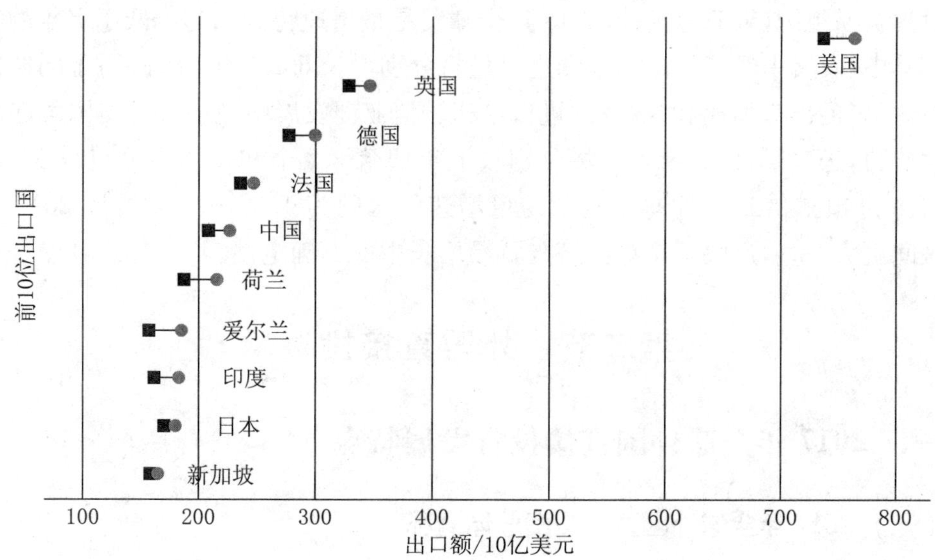

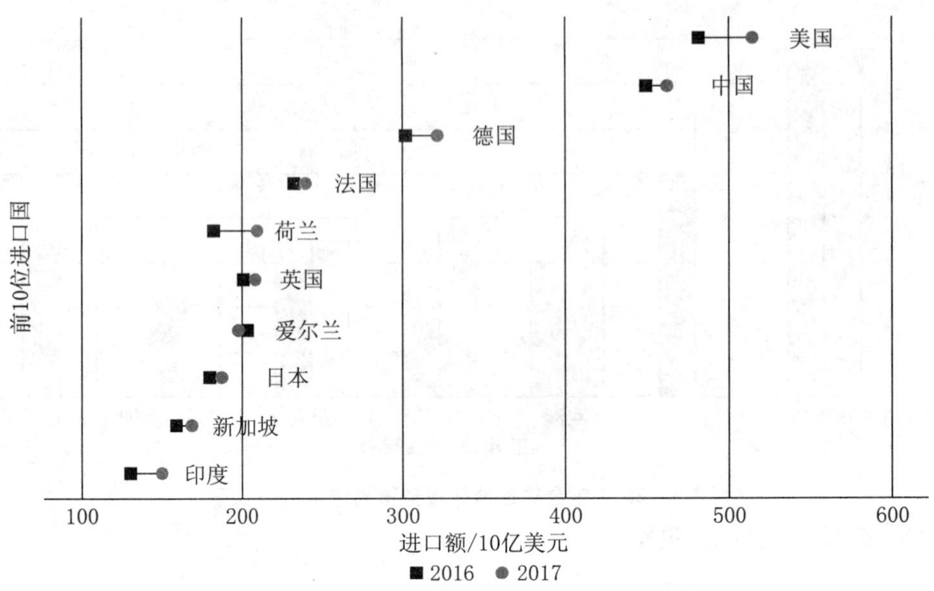

图 2.6　2016—2017 年全球前 10 位服务贸易进出口国

数据来源：WTO 贸易统计报告。

二、 2018 年全球贸易发展展望

世界贸易组织（WTO）预计，2018 年全球贸易量增速将为 4.4%，低于上年的实际增速。其中，发展中经济体出口量和进口量将分别增长 5.4%和 4.8%，高于同期发达经济体 3.8%的出口增速和 4.1%的进口增速。但亚洲发展中经济体受美国发起的贸易摩擦威胁，进口量、出口量增速将分别较上年回落 3.7 个和 1 个百分点。WTO 在 2017 年 9 月预测 2018 年全球货物贸易量增速的区间为 1.4%～4.4%，比 2017 年的预测区间更大一些，反映了全球经济与贸易增长中的不确定性。①

第二节　外国直接投资

一、 2017 年全球外国直接投资发展特点

（一）2017 年全球外国直接投资总体情况

2017 年，全球跨国投资持续低迷，外国直接投资下降 23%，为 1.4 万亿美元。其

① 数据来源：本节资料主要来源于世界贸易组织《2018 年世界贸易报告》。

中，已宣布的绿地项目投资额下降14%，为7 200亿美元；跨境并购大幅下降22%，为6 940亿美元(图2.7)。

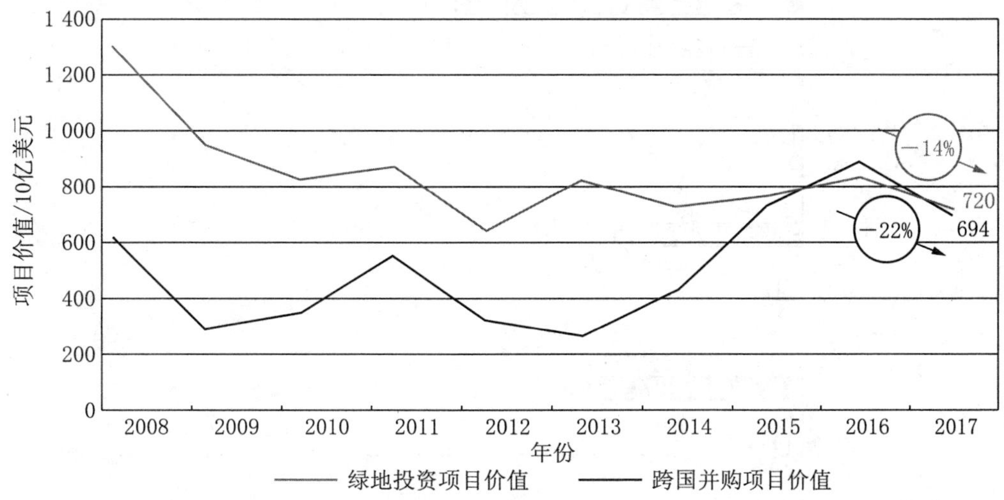

图2.7　2008—2017年全球绿地投资与跨国并购项目价值变化趋势

数据来源：联合国贸易发展委员会，FDI/MNE数据库。

（二）外国直接投资地区分布情况

2017年，流入发达国家的外国直接投资为7 120亿美元，下降37%。其中，跨国并购下降29%，主要原因是超大型并购及企业重组比上年减少。从国别来看，很大程度上是由于英国和美国外国直接投资流入量在上年飙升之后大幅下降。美国外国直接投资流入量下降了40%，降至2 750亿美元，但仍居全球首位。流入英国的外国直接投资下降了92%，降至150亿美元，跌出全球前20位。法国、德国外国直接投资流入量出现增长，但流入欧洲的外国直接投资受英国拖累整体下滑。流入发展中经济体的外国直接投资保持平稳，为6 710亿美元，占全球外国直接投资的比重从上年的36%上升至47%。流向转型经济体的外国直接投资降至470亿美元，下降27%，为2005年以来的第二低水平，这主要反映了地缘政治的不确定性以及对自然资源的投资不足。流入非洲的外国直接投资持续下滑，降至420亿美元，同比下降21%，主要集中在大宗商品出口国。流入亚洲的外国直接投资保持稳定，达到4 760亿美元，该地区重新成为全球吸引外资最多的地区。拉丁美洲和加勒比海地区受该地区经济复苏推动，外国直接投资增长了8%，达到1 510亿美元。这是6年来的首次上涨，但流入量仍远低于2011年大宗商品繁荣时期的峰值(图2.8)。

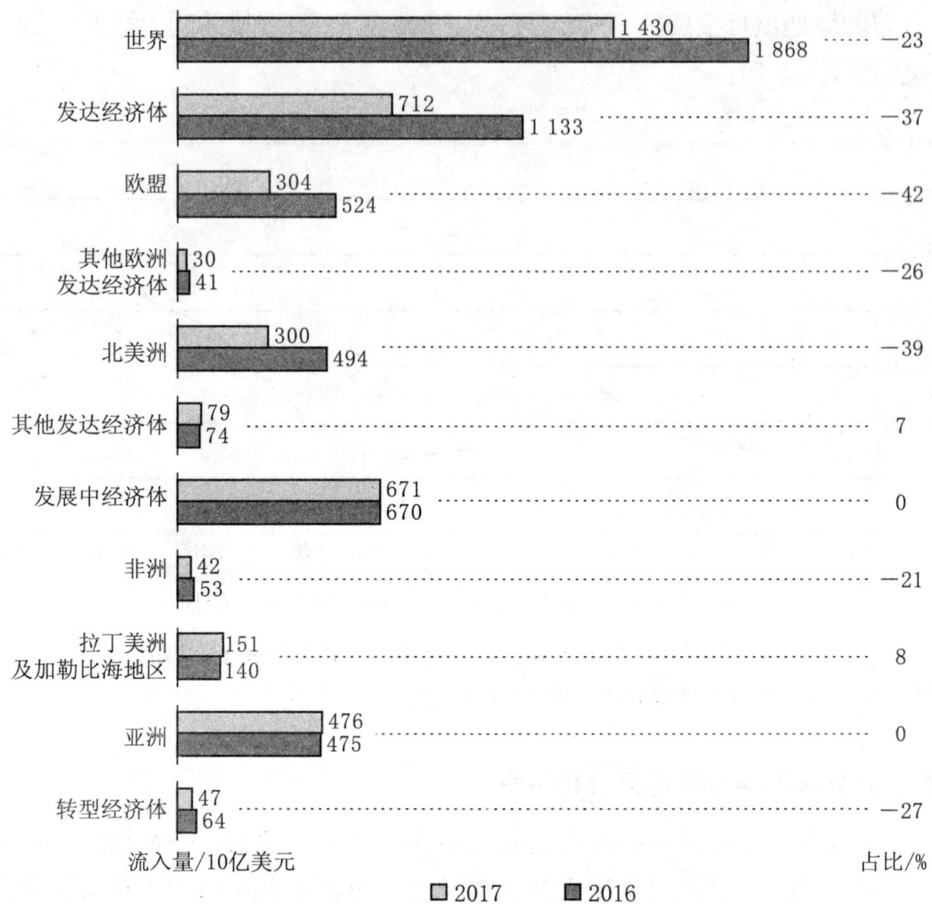

图 2.8 2016—2017 年全球不同地区外商直接投资流入量和占比

数据来源:联合国贸易发展委员会,FDI/MNE 数据库。

(三)外国直接投资来源地分布

2017 年,发达国家仍然是全球对外投资的主要来源地。发达国家跨国公司对外投资小幅下降 3%,约为 1 万亿美元,占全球对外投资总额的 71%。欧洲对外投资下降 21%,降至 4 180 亿美元。德国、英国对外投资大幅增长,法国对外投资保持在较高水平,但荷兰对外投资从上年的 1 720 亿美元,下降至 230 亿美元。美国、加拿大对外投资上涨 18%,达 4 190 亿美元,美国仍是全球最大的对外投资国。发展中国家对外投资下降 6%。中国对外投资减少 36%,降至 1 250 亿美元。拉丁美洲及加勒比海地区、非洲的对外投资都出现了增长,转型经济体对外投资从前两年历史低位上涨了 59%(图 2.9)。

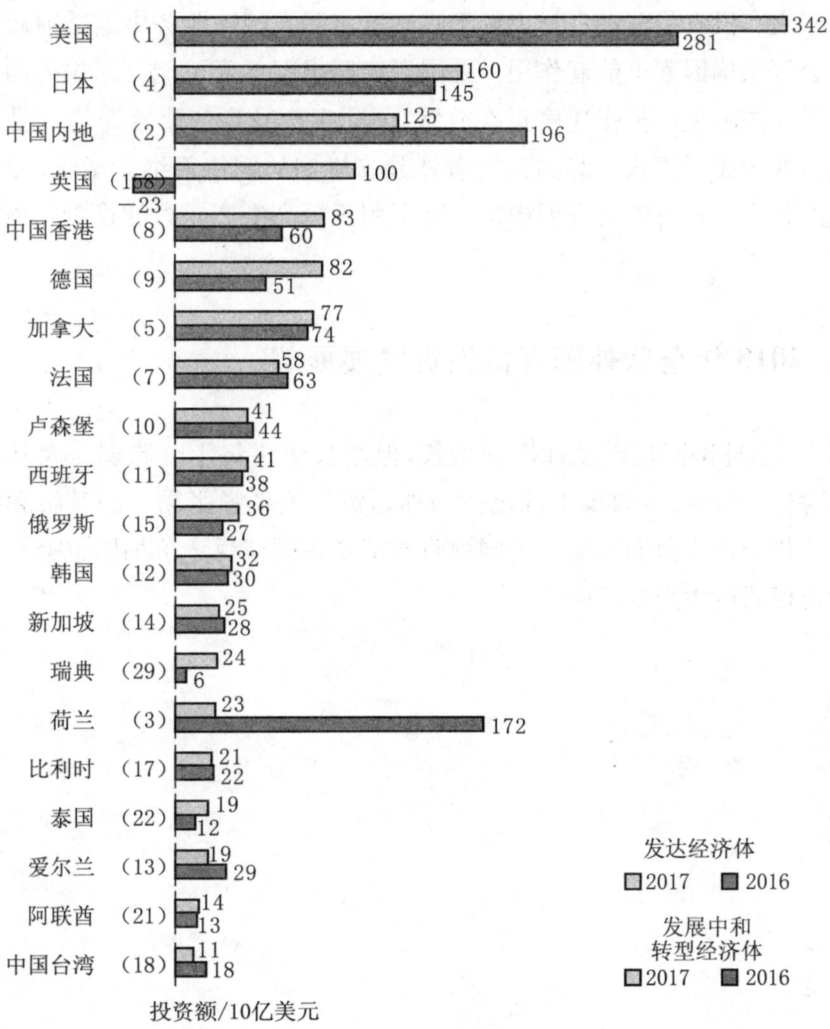

图 2.9　2017 年全球前 20 外商直接投资来源地

数据来源:联合国贸易发展委员会,FDI/MNE 数据库。

(四) 外国直接投资持续低迷的原因

2017 年,全球跨国投资持续低迷的原因是海外业务的“资产轻量化”与过去 5 年全球投资回报率下降。2017 年外国直接投资的全球平均回报率为 6.7%,低于 2012 年为 8.1%。全球各个地区的投资回报率都在下降,发达国家收益率趋于稳定。虽然发展中国家和转型经济体的平均回报率仍然较高,但大部分地区仍然呈下降趋势。例如,非洲的投资回报率从 2012 年的 12.3%下降至 6.3%,这可以部分解释为同期商品价格下跌引起的。然而,2016 年价格稳定之后,这种下滑的趋势仍然在继续,而石油投资的回报率没有像非洲那样大幅下降。这表明在国际业务中缩减财政和劳动力套利的机会等结构因素也能起作用。外国资产回报率下降可能会影响外国直接投资的长期前景。国际生产扩张速度正在放缓,国际生产及生产要素跨境交易日益从有形的模式转变为无形模式。跨国公司海外分支机构的销售额继续增长,但资产和员工增长速度较慢。这可能对发展中国家吸引用于提高生产能力的投资的前景产生不利影响。

二、 2018 年全球外国直接投资发展展望

2018 年,全球国际投资预计出现增长,但增长势头将十分脆弱。尤其是全球和地区性风险也十分突出,政策不确定性增加。贸易关系紧张局势的升级和扩大将对全球价值链投资产生负面影响。美国税收改革及各国减税竞争加剧也会对全球投资存量及投资模式产生重要影响。①

① 数据来源:本节数据资料主要来源于联合国贸易和发展组织《2018 世界投资报告》。

第三章 2017 年我国国际经贸发展特点和 2018 年展望

第一节 国 际 贸 易

一、 2017 年我国国际贸易发展特点

2017 年，全球经济温和增长，国际市场需求总体回暖，我国经济延续稳中有进、稳中向好态势。商务部会同各地区、各部门狠抓国务院出台的一系列促进外贸稳增长调结构政策落实，大力推进“五个优化”，加快“三项建设”，外贸发展取得显著成绩，进出口增长超出预期，结构进一步优化，质量效益继续提升，动力转换不断加快，为我国经济发展做出重要贡献，为世界贸易复苏做出重要贡献。

（一）进出口实现较快增长

2017 年，我国货物贸易进出口总额 27.8 万亿元，比上年增长 14.2%。其中，出口 15.3 万亿元，增长 10.8%；进口 12.5 万亿元，增长 18.7%；贸易顺差 2.9 万亿元，收窄 14.5%。我国货物贸易扭转了连续两年负增长的局面，增速创 6 年来新高。分月度看，各月进出口均实现同比增长，除 12 月受高基数影响仅增长 4.5%外，其余月份当月进出口均增长 10%以上，外贸回稳向好态势持续巩固（图 3.1）。

（二）部分高附加值机电产品出口增长快于整体

2017 年，我国机电产品出口 8.9 万亿元，增长 12.1%，占出口总额的 58.4%，比上年提高 0.7 个百分点。高技术含量、高附加值的高新技术产品出口增长 13.3%，快于

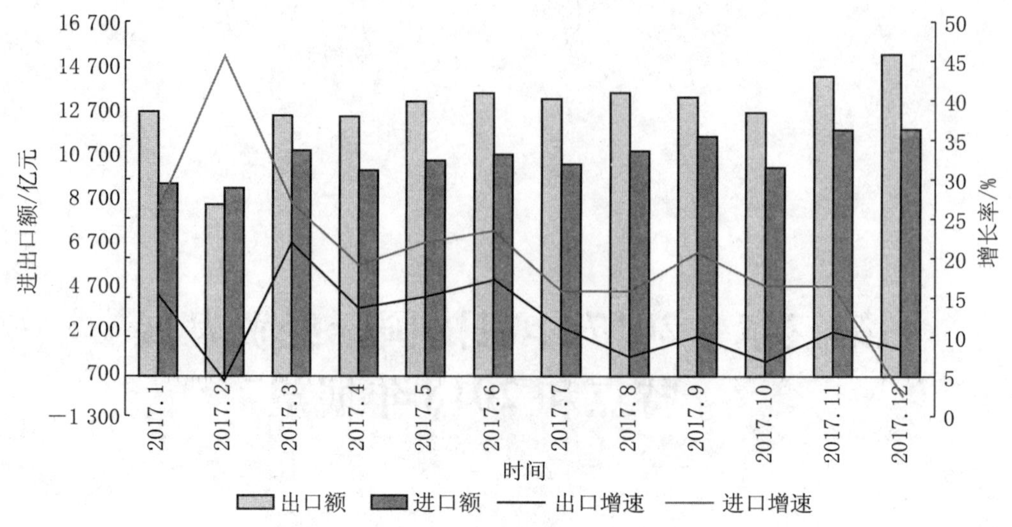

图 3.1　2017 年我国月度进口、出口情况

数据来源：商务部《中国对外贸易形势报告》。

总体增速 2.5 个百分点，占比提高 0.6 个百分点至 29.4%。其中，汽车、计算机、手机出口分别增长 27.2%、16.6%和 11.3%。高新技术产品出口实现较快增长，反映出口商品结构进一步改善，源于出口企业自主创新能力不断增强。纺织品、服装、鞋类、箱包、玩具、家具、塑料制品等七大类劳动密集型产品出口 3.1 万亿元，增长 6.9%，占出口总额的 20.1%，比上年下降 0.7 个百分点(图 3.2)。

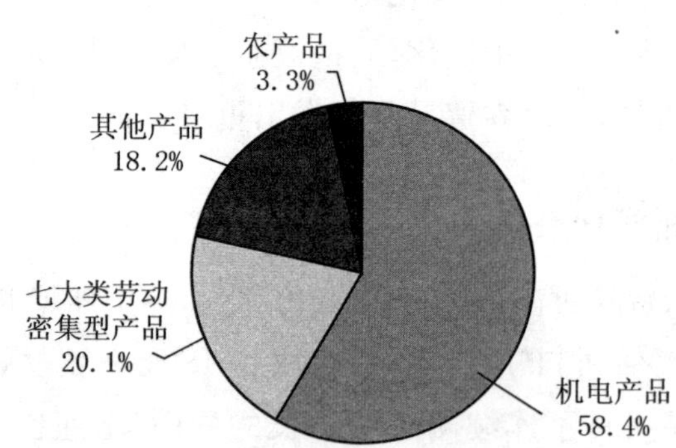

图 3.2　2017 年我国主要出口商品占比情况

数据来源：商务部《中国对外贸易形势报告》。

（三）一般贸易在进出口中所占比重进一步提升

2017 年，我国一般贸易进出口 15.7 万亿元，增长 16.8%，占进出口总额的 56.4%，比上年提升 1.3 个百分点。其中，出口 8.3 万亿元，增长 11.7%，占出口总额的

54.3%;进口7.3万亿元,增长23.2%,占进口总额的58.8%,比上年提升2.2个百分点。加工贸易进出口8.1万亿元,增长9.6%,占进出口总额的29.0%。其中,出口5.1万亿元,增长8.7%,占出口总额的33.5%,比上年下降0.6个百分点;进口2.9万亿元,增长11.3%,占进口总额的23.4%,比上年下降1.5个百分点(图3.3)。

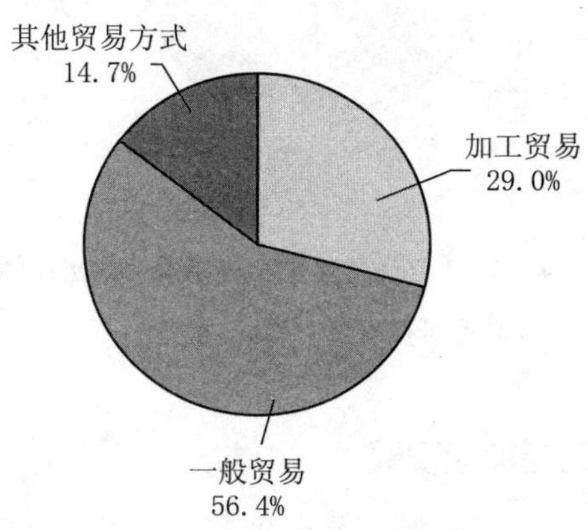

图3.3 2017年我国进出口贸易方式结构

数据来源:商务部《中国对外贸易形势报告》。

(四)贸易主体结构继续优化

2017年,民营企业在我国对外贸易中地位进一步提升。民营企业进出口10.8万亿元,增长15.3%,占我国进出口总额的38.5%,比上年提高0.4个百分点,对进出口增长的贡献率达41.2%。其中,出口7.1万亿元,增长12.2%,占出口总额的46.6%,比上年高0.6个百分点;进口3.7万亿元,增长21.8%。

(五)国际市场和国内区域布局更加优化

2017年,我国对发达经济体进出口全面回升,其中对欧盟、美国进出口分别增长15.5%和15.2%,两者合计占我国进出口总额的29.3%。随着"一带一路"倡议扎实推进,我国对"一带一路"沿线国家进出口增长17.8%,高出进出口总体增速3.6个百分点。其中,对俄罗斯、波兰和哈萨克斯坦等国进出口分别增长23.9%、3.4%和40.7%。新兴市场开拓取得积极成效,我国对东盟进出口增长16.6%,对金砖国家进出口增长24.9%(图3.4)。随着中西部地区开放型经济发展加快,我国外贸发展的国内区域布局更趋均衡。2017年,中西部地区出口增长18.1%,快于全国总体增速7.3个百分点,占我国出口总额的16.2%,比上年提高1.0个百分点。

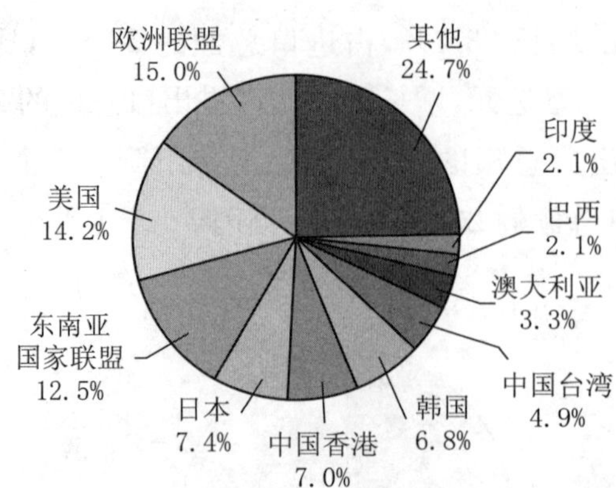

图 3.4　2017 年我国对主要贸易伙伴进出口情况

数据来源：商务部《中国对外贸易形势报告》。

（六）外贸发展新动能加速积聚

跨境电子商务、市场采购贸易等贸易新业态快速增长，成为我国外贸发展的新亮点。2017 年，我国通过海关跨境电子商务管理平台零售进出口总额达到 902.4 亿元，增长 80.6%。在外贸转型升级基地、贸易促进平台和国际营销网络等“三项建设”的带动下，一大批外贸企业从供给侧发力，加快转型升级，加大技术创新、管理创新力度，不断提升国际竞争力，具有自主品牌、自主知识产权、自主营销渠道以及高技术、高附加值、高效益的产品出口快速增长，有效满足甚至创造了市场需求。

（七）进口效益进一步提升

2017 年，我国机电产品进口 5.8 万亿元，增长 13.3%。部分重要设备和关键零部件、优质消费品进口增长较快，其中发动机、集成电路和数控机床进口分别增长 17.6%、17.3%和 13.8%。中国能源资源产品进口增长较快，保障了国内市场需求，缓解了经济发展面临的资源约束。原油、铁矿砂、天然气、钢材、铜精矿等 10 大宗商品合计进口 2.9 万亿元，增长 36.3%，占我国进口总额的 23.1%，比上年提高 3 个百分点。我国是增长最快的全球主要进口市场，按美元计算，我国进口增速比美国、德国、日本和全球分别高出 8.9、5.5、5.4 和 5.3 个百分点，进口占全球份额提高 0.5 个百分点至 10.2%。

（八）服务贸易出口增速高于进口

2017 年，我国服务进出口总额 46 991.1 亿元，增长 6.8%。其中，出口 15 406.8 亿元，增长 10.6%，是 2011 年以来最高增速；进口 31 584.3 亿元，增长 5.1%。随着服务业特别是生产性服务业发展水平提高，我国专业服务领域国际竞争力不断增强，服务出口增速 7 年来首次高于进口。服务贸易结构持续优化，高质量发展特征逐步显现。

二、 2018 年我国国际贸易发展展望

2018 年，在世界经济持续复苏、国内经济稳中向好、外贸发展内生动力增强等因素推动下，我国外贸总体形势向好，但不稳定因素有所增多。从国际看，世界经济增长动力有所增强，但经济政治形势更加错综复杂，"逆全球化"和贸易保护主义势力抬头，主要经济体宏观经济政策调整溢出效应凸显，地缘政治风险此起彼伏，世界经济复苏基础并不稳固。从国内看，我国经济有望保持持续稳定增长，但发展不平衡不充分问题仍然突出，完成全年目标任务需要付出艰苦努力。我国外贸既存在新的发展机遇，也面临困难和挑战。

（一）有利因素

世界贸易组织认为，我国经济从主要依靠投资向消费、投资并重转型，有利于经济可持续增长，并将支持贸易持续增长。我国外贸发展虽然面临成本上升等问题，但长期向好的基本面没有变。首先，外贸发展新动能不断积聚。一大批外贸企业主动适应市场多元化需求，探索外贸新业态新模式，跨境电子商务、市场采购贸易、外贸综合服务企业等新业态新模式快速发展，外贸新动力培育初显成效。其次，贸易发展政策环境不断改善。"一带一路"倡议得到全球 140 多个国家和国际组织的广泛赞誉和积极响应，政策沟通、设施联通、贸易畅通、资金融通、民心相通深入推进，为我国与相关国家贸易投资合作开拓了广阔空间。最后，2018 年世界经济有望保持复苏势头，国际市场需求总体继续增长，我国经济已由高速增长阶段转向高质量发展阶段，稳中有进、稳中向好的态势进一步巩固，随着供给侧结构性改革的不断深化，我国外贸发展的内生动力将不断增强。综合考虑国际国内两方面，2018 年我国外贸发展稳中向好势头有望得到进一步巩固。

（二）不利因素

世界经济增长加快但面临的风险也在上升。首先，贸易保护主义增加全球经济发展的不确定性。其次，主要经济体宏观政策调整溢出效应凸显。随着世界经济复苏势头向好，主要经济体货币政策与财政政策出现调整。例如，美、英、法、日推出的减税措施，提高其国内投资收益率，吸引全球金融和产业资本回流。而新兴经济体和发展中国家面临资本外流风险，可能出现金融市场动荡，影响经济复苏。再次，国际

大宗商品价格维持高位并呈现宽幅震荡波动。2018 年，世界经济增长预期乐观，大宗商品市场需求更加旺盛，供需平衡进一步改善，价格有望维持在当前较高水平。但发达经济体收紧货币政策将对商品价格上涨起到抑制作用，贸易保护主义升温、热点地区局势紧张等风险因素也将对商品价格产生影响，商品价格可能呈现宽幅震荡走势。最后，俄罗斯与西方国家对峙加剧，中东地区不稳定性因素多点爆发，都增加了世界经济发展的不确定性。①

第二节　利用外资

一、 2017 年我国利用外资发展特点

（一）利用外资规模创历史新高

2017 年，我国吸收外资全球排名第 2 位，位于美国之后（2016 年我国全球排名第 3 位，在美国和英国之后）。全国新设立外商投资企业 35 652 家，同比增长 27.8%；实际使用外资 8 775.6 亿元，同比增长 7.9%（折 1 310.4 亿美元，同比增长 4%），全年利用外资规模创历史新高。从月度数据来看，各月实际使用外资金额呈波动态势，实际使用外资金额同比呈逐渐上升态势，只有 11、12 月实际使用外资金额同比增加，这表明了 2017 年实际利用外资的增长主要是靠最后两个月拉动（图 3.5）。

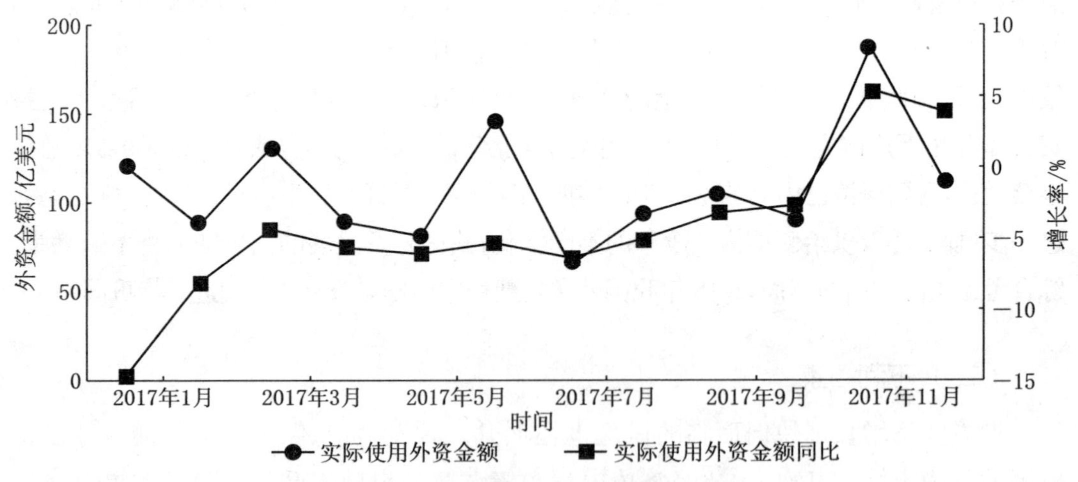

图 3.5　2017 年我国各月实际使用外资情况

数据来源：商务部商务数据中心。

① 数据来源：本节资料主要来源于商务部综合司《中国对外贸易形势报告(2018 年春季)》。

（二）外商投资环境持续优化

2017 年，我国推出了系列措施，确保放宽准入、财税支持、权益保护等部署落实到位，积极营造优良的营商环境，优化招商引资方式，提升服务质量和水平，提振外国投资者信心。全国新设立的外商投资企业数目不断增加。其中，东盟对中国内地投资新设立企业 1 287 家，同比增长 11%；欧盟 28 国对中国内地投资新设立企业 1 873 家，同比增长 7.6%；"一带一路"沿线国家对中国内地投资新设立企业 3 857 家，同比增长 32.8%；长江经济带区域新设立外商投资企业 11 984 家，同比增长 2.6%。对中国内地投资前 10 位国家/地区（以实际投入外资金额计）实际投入外资总额1 246.1 亿美元，占全国实际使用外资金额的 95.1%，同比增长 5.2%。对中国内地投资前 10 位国家/地区依次为：中国香港地区、新加坡、中国台湾地区、韩国、日本、美国、荷兰、德国、英国、丹麦。

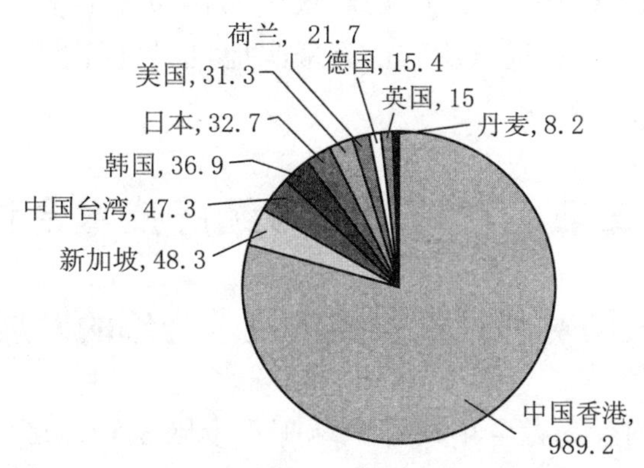

图 3.6　2017 年前 10 位国家和地区对中国内地投资

数据来源：商务部网站。

（三）外资产业结构持续优化

2017 年，我国农、林、牧、渔业新设立外商投资企业 579 家，同比增长 29%；实际使用外资金额 7.9 亿美元，同比下降 52.1%。制造业新设立外商投资企业 4 986 家，同比增长 24.3%；实际使用外资金额 335.1 亿美元，同比下降 5.6%。服务业新设立外商投资企业 30 061 家，同比增长 28.4%；实际使用外资金额 954.4 亿美元，同比增长 7.5%。高技术产业实际吸收外资同比增长 61.7%，占比达 28.6%，较上年提高了 9.5 个百分点。高技术制造业实际使用外资 665.9 亿元，同比增长 11.3%。高技术服务业实际使用外资 1 846.5 亿元，同比增长 93.2%.

(四) 外资区域布局持续优化

2017 年,我国中部地区实际使用外资 561.3 亿元,同比增长 22.5%;西部地区新设立外商投资企业同比增长 43.2%。我国 11 个自由贸易试验区新设外商投资企业 6 841 家,其中以备案方式新设企业占 99.2%;实际使用外资 1 039 亿元,同比增长 18.1%,改革开放试验田作用进一步显现。

二、 2018 年我国外国直接投资发展展望

2018 年,世界经济继续呈现回暖向好态势,国内供给侧结构性改革效果进一步显现,我国经济增长质量和水平不断改善,经济增长速度有望保持在 6.8%～7.0%,我国利用外资有望继续在起伏中保持缓慢增长态势。在过去十几年的联合国世界投资展望调查(IPA Survey)中,我国均是最吸引跨国资本投资目的地之一。2017—2019 年我国不仅是跨国投资最重要的投资来源地,也是仅次于美国的最佳投资目的地,明显领先于其他经济体。①

第三节 对外投资与经济技术合作

一、 2017 年我国对外投资和经济技术合作的发展特点

2017 年,我国境内投资者全年共对全球 174 个国家和地区的 6 236 家境外企业进行了非金融类直接投资,累计实现投资 8 107.5 亿元,同比下降 28.2%(折合 1 200.8 亿美元,同比下降 29.4%),非理性对外投资得到切实有效遏制。对外承包工程完成营业额 1 685.9 亿美元,同比增长 5.8%;新签合同额 2 652.8 亿美元,同比增长 8.7%。对外劳务合作派出各类劳务人员 52.2 万人,比上年同期增加 2.8 万人,年末在外各类劳务人员 97.9 万人(表 3.1)。

表 3.1 2012—2017 年我国对外投资与经济技术和合作情况

年份	对外直接投资		对外劳务合作		对外承包工程	
	金额/亿美元	同比增长率/%	派出人员/万人	同比增长率/%	营业额/亿美元	同比增长率/%
2012	772.2	28.6	51.2	13.3	1 166	12.7
2013	901.7	16.8	52.7	2.9	1 371.4	17.6

① 数据来源:本节资料主要来源于商务部外资司官网。

续表

年份	对外直接投资		对外劳务合作		对外承包工程	
	金额/亿美元	同比增长率/%	派出人员/万人	同比增长率/%	营业额/亿美元	同比增长率/%
2014	1 028.9	14.1	56.2	6.6	1 424.1	3.8
2015	1 180.2	14.7	53	−5.7	1 540.7	8.2
2016	1 701.1	44.1	49.4	−6.8	1 594.2	3.5
2017	1 200.8	−29.4	52.2	2.8	1 685.9	5.8

数据来源：商务部网站。

（一）对“一带一路”沿线国家投资合作稳步推进

2017 年，我国企业对“一带一路”沿线的 59 个国家有新增投资，合计 143.6 亿美元，占同期总额的 12%，比上年同期增加 3.5 个百分点，主要投向新加坡、马来西亚、老挝、印度尼西亚、巴基斯坦、越南、俄罗斯、阿联酋和柬埔寨等国家。对“一带一路”沿线的 61 个国家新签对外承包工程合同额 1 443.2 亿美元，占同期总额的 54.4%，同比增长 14.5%；完成营业额 855.3 亿美元，占同期总额的 50.7%，同比增长 12.6%。

（二）对外投资降幅逐步收窄，行业结构更加优化

2017 年 11 月、12 月当月我国非金融类对外直接投资同比分别增长 34.9%和 49%，连续两个月实现正增长，带动全年对外投资降幅进一步收窄；对外投资主要流向租赁和商务服务业、批发和零售业、制造业以及信息传输、软件和信息技术服务业，占比分别为 29.1%、20.8%、15.9%和 8.6%。房地产业、体育和娱乐业对外投资没有新增项目。

（三）企业对外投资并购活跃，境外融资比例高

2017 年，我国企业共实施完成并购项目 341 起，分布在全球 49 个国家和地区，涉及国民经济 18 个行业大类，实际交易总额 962 亿美元。其中，直接投资 212 亿美元，占 22%，境外融资 750 亿美元，占 78%。

（四）对外承包工程新签大项目多，带动出口作用明显

2017 年，我国对外承包工程新签合同额在 5 000 万美元以上的项目 782 个，合计 1 977.4 亿美元，占新签合同总额的 74.5%。对外承包工程带动货物出口 153.9 亿美元，同比增长 15.7%，高于同期货物贸易出口增幅。

（五）境外经贸合作区建设成效显著，促进我国与东道国共同发展

截至 2017 年底，我国企业共在 44 个国家建设初具规模的境外经贸合作区 99 个，累计投资 307 亿美元，入区企业 4 364 家，上缴东道国税费 24.2 亿美元，为当地创造就业岗位 25.8 万个。其中，2017 年新增投资 57.9 亿美元，创造产值 186.9 亿美元。

二、 2018 年我国对外投资和经济技术合作发展展望

2018 年，我国将紧紧围绕“一带一路”倡议，创新对外投资方式，提高对外投资质量和效益，落实对外投资备案报告制度，不断创新监管模式，以投资带动贸易发展、产业发展，形成全面开放新格局。

2018 年，我国对外投资机遇和挑战并存。国内企业走出去的内在动力和国际需求将进一步推动我国对外投资的稳步发展。在经过 2017 年的盘整之后，我国对外投资会延续过去几年的发展势头，并成为国际投资领域的一股重要力量。但同时也要冷静做好风险预判和防范。政府在做好制度审查和风险把控引导的同时，应积极为我国的海外投资保驾护航，从资金、政策、法律等层面提升对海外投资的服务水平。我国企业也应审时度势，科学合理地进行资源配置，继续提高责任意识、风险意识和合规经营意识，抓住新全球化的机遇，提升中企的国际竞争力，助力我国开放型经济发展。[①]

---

① 数据来源：本节资料主要来源于商务部对外投资和经济合作司官网。

第二篇

国际经济与贸易

第四章　货 物 贸 易

第一节　总体运行情况

据上海海关统计，2017 年，上海市货物进出口增速创 6 年新高，超出预期。全年实现进出口额 32 237.8 亿元，同比增长 12.5％，低于全国 1.7 个百分点，占全国进出口总额的 11.6％。其中，出口额 13 120.3 亿元，增长 8.4％，低于全国 2.4 个百分点，占全国 8.5％；进口额 19 117.5 亿元，增长 15.4％，低于全国 3.3 个百分点，占全国 15.3％。同期，上海口岸货物进出口额 79 211.4 亿元，增长 15.1％，占全国 28.5％。其中，出口额 45 766.3 亿元，增长 12.5％，占全国 29.9％；进口额 33 445.1 亿元，增长 18.9％，占全国 26.8％。

一、 2017 年上海外贸运行情况及特点

（一）总体情况

1. 进出口增速保持两位数增长

2017 年，上海市进出口增长 12.5％，其中出口增速从上年的同比下降 0.5％，提升至增长 8.4％，进口增速从上年的同比增长 5.2％，提升至增长 15.4％。从单月增速来看，2017 年初上海市当月进出口实现较快增长，1 月、2 月增速分别达到 18.6％、28.2％，3—10 月当月进出口增速放缓，平均增速为 14.8％，到年末，当月进出口增速迅速下滑，12 月出现负增长，11 月、12 月增速分别为 3.6％、－6.3％(图 4.1)。

2. 民营企业增速领先

2017 年，上海市民营企业进出口 6 013 亿元，增长 18.4％，占全市进出口总额的

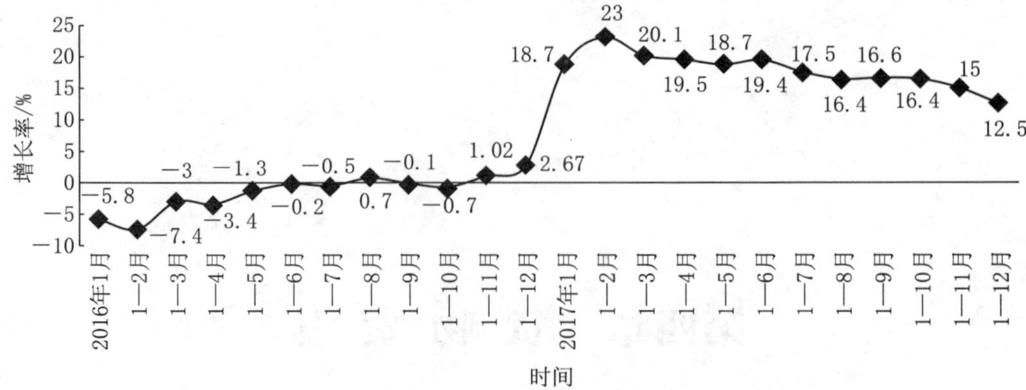

图4.1 2016—2017年上海月度进出口同比情况

18.7%;外资企业进出口21 166.8亿元,增长14.1%,占全市65.7%;国有企业进出口3 448.7亿元,增长5%,占全市10.7%。

3. 一般贸易占比上升

2017年,上海市一般贸易进出口16 631亿元,增长15.6%,占全市比重提升1.3个百分点至50.7%。加工贸易进出口7 503.6亿元,增长9%,占全市比重下降0.7个百分点至23.3%。其他贸易进出口8 403.3亿元,增长9.7%,占全市比重下降0.6个百分点至26.1%。

4. 市场布局进一步优化

2017年,欧盟、美国、日本等传统市场不断巩固,进出口分别为6 816.3亿元、5 219.7亿元、3 533.7亿元,增长19.2%、9.7%、10.1%,占全市21.1%、16.2%、11%。与"一带一路"沿线国家进出口6 597.1亿元,增长18.8%,占全市比重上升1.1个百分点至20.5%。与东盟进出口4 237.9亿元,增长20.5%,占全市比重上升0.8个百分点至13.1%。与金砖国家进出口1 746亿元,增长32%,占全市比重上升0.8个百分点至5.4%。

5. 主要商品实现较快增长

2017年,上海市机电产品进出口18 564.5亿元,增长11.5%,占全市57.6%。高新技术产品进出口11 401.4亿元,增长10.1%,占全市35.4%。前十大类进出口商品中,自动数据处理设备及其部件、汽车(包括整套散件)、医药品、初级形状的塑料、计量检测分析自控仪器及器具、通断保护电路装置及零件增速均高于全市总体水平。

6. 主要区实现较快增长

2017年,上海市排名前5位的区依次为浦东新区、松江区、闵行区、嘉定区、徐汇区,进出口分别为19 474.8亿元、3 027.9亿元、1 980.5亿元、1 382.2亿元、838.4亿元,增长12.3%、13.7%、9%、13%、16.2%,占全市60.4%、9.4%、6.1%、4.3%、

2.6%。另外，宝山区增长速度全市最快，达到 37.8%。

（二）结构分析

1. 出口发展情况

从企业主体看，民营企业增速领先。2017 年，上海市民营企业出口 2 816.5 亿元，占全市外贸出口额的 21.5%，增长 14.7%，增速分别高于外资、国有企业 7.4 个、9.8 个百分点。国有企业出口 1 547.5 亿元，增长 4.9%，占全市外贸出口额的 11.8%。外资企业出口 8 755.2 亿元，增长 7.3%，占全市外贸出口额的 66.7%（表 4.1、图 4.2）。

表 4.1　2017 年上海出口贸易主体情况

企业性质	出口额/亿元	增长率/%	出口额占比/%
民营企业	2 816.5	14.7	21.5
国有企业	1 547.5	4.9	11.8
外资企业	8 755.2	7.3	66.7

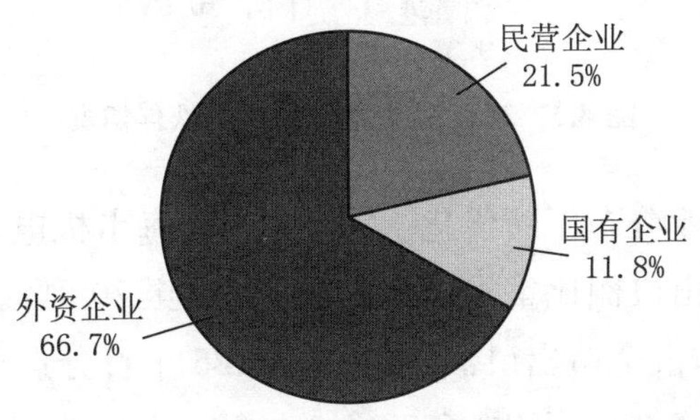

图 4.2　2017 年上海出口贸易主体占比结构

从贸易方式看，一般贸易占比上升。2017 年，上海市一般贸易出口 5 776.4 亿元，增长 9.9%，占全市比重提升 0.6 个百分点至 44%。加工贸易出口 5 360.3 亿元，增长 10.6%，占全市比重提升 0.8 个百分点至 40.9%。其他贸易出口 1 983.6 亿元，下降 1%，占全市比重下降 1.4 个百分点至 15.1%（表 4.2）。

表 4.2　2017 年上海出口贸易结构情况

贸易方式	出口额/亿元	增长率/%	出口额占比/%
一般贸易	5 776.4	9.9	44
加工贸易	5 360.3	10.6	40.9
其他贸易	1 983.6	−1	15.1

从市场结构来看，出口目的地分布更加多元化。美国、欧盟、日本和中国香港四大传统市场实现正增长，分别出口 3 147.1 亿元、2 324.7 亿元、1 309 亿元、1 217.6 亿元，增长 6.1%、16.9%、3.3%、1.7%，占全市出口额的 24%、17.7%、10%、9.3%。“一带一路”沿线国家出口 2 947.6 亿元，增长 11.7%，占全市比重提升 0.7 个百分点至 22.5%；东盟出口 1 595.2 亿元，增长 10.3%，占全市比重提升 0.3 个百分点至 12.2%；金砖国家出口 701.5 亿元，增长 22.2%，占全市比重提升 0.6 个百分点至 5.4%(图 4.3)。

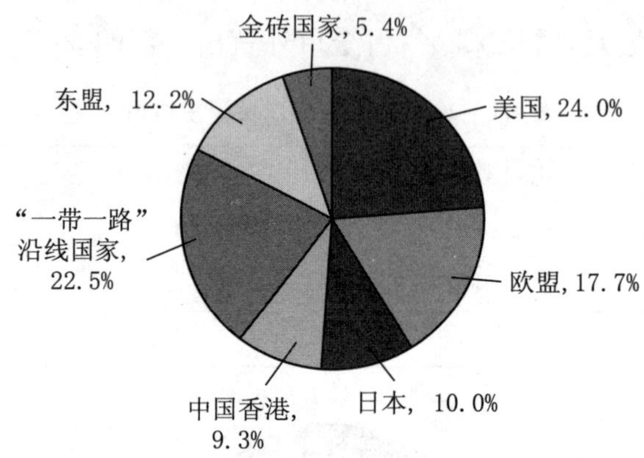

图 4.3 2017 年上海出口贸易伙伴情况

从商品结构看，产业分布不断优化。2017 年，上海市机电产品出口额 9 289.4 亿元，增长 9.2%，占全市出口额比重提升 0.5 个百分点至 70.8%。高新技术产品出口额 5 692.1 亿元，增长 9%，占全市出口额比重提升 0.25 个百分点至 43.4%。前十大类出口主要商品出口额 6 496.9 亿元，增长 7.9%，占全市出口总额的 49.5%。船舶、集成电路、通断保护电路装置及零件等产品出口数量增幅较大；自动数据处理设备及其部件、电话机、自动数据处理设备的零件出口价格增幅较大(表 4.3)。

表 4.3 2017 年上海出口前 10 类商品分类情况

商品类型/名称	出口额/亿元	数量增长率/%	平均价格增长率/%	出口额增长率/%
自动数据处理设备及其部件	1 823.4	—	—	19.0
# 自动数据处理设备	1 133.0	−18.3	42.4	16.4
存储部件	374.0	16.4	33.7	55.7
集成电路	1 017.9	16.4	−22.7	−10.0
电话机	982.5	−8.0	16.6	7.3
服装及衣着附件	746.1	—	—	2.2

续表

商品类型/名称	出口额/亿元	数量增长率/%	平均价格增长率/%	出口额增长率/%
纺织纱线、织物及制品	464.9	—	—	8.3
船舶	349.7	—	—	30.6
#液货船(包括成品油船、原油船和液化石油及天然气船)	189.8	44.0	3.3	49.3
散货船	85.6	33.3	14.0	52.0
集装箱船	47.2	14.3	8.2	23.7
汽车零件	321.1	—	—	9.3
自动数据处理设备的零件	314.7	−11.9	64.7	45.1
通断保护电路装置及零件	256.4	9.7	0	9.6
机械提升搬运装卸设备及零件	220.2	—	—	−18.0
#集装箱装卸桥	76.9	−3.3	−14.4	−17.2
龙门式起重机	26.0	−21.9	−15.7	−34.2

从各区进出口增长情况看，主要区、重点区域均实现较快增长。2017 年，上海市出口总额排名前 5 位的区依次为浦东新区、松江区、闵行区、嘉定区、奉贤区，分别出口 6 601.8 亿元、2 147.8 亿元、1 033.4 亿元、655.6 亿元、448.9 亿元，增长 7.4%、13.1%、6.7%、9.1%、12.6%，占全市出口总额的比重为 50.3%、16.4%、7.9%、5%、3.4%。上海自贸试验区保税区域出口 2 456.8 亿元，增长 6.1%，占全市出口总额比重为 18.7%。松江、闵行、漕河泾、青浦、金桥(南区)、嘉定等 6 个出口加工区出口 1 941.1亿元，增长 14.2%，占全市出口总额的 14.8%。

从出口企业排名情况来看，行业集中度提升。2017 年，上海市出口额前 20 名的企业，共出口 4 475.7 亿元，增长 15.9%，占全市出口总额的比重提升 3.8 个百分点至 34.1%。其中，出口增长的有 15 家，出口同比增加 748.1 亿元；出口下降的有 5 家，出口同比减少 133.4 亿元。

2. 进口发展情况

从企业主体看，民营企业增速领先。2017 年，上海市民营企业进口 3 196.5 亿元，增长 21.9%，高于外资、国有企业 2.4 个、16.8 个百分点，占全市外贸进口总额的 16.7%。外资企业进口 12 411.6 亿元，增长 19.5%，占比 64.9%。国有企业进口 1 901.2亿元，增长 5.1%，占比 9.9%(表 4.4)。

表 4.4　2017 年上海进口贸易主体情况

企业性质	进口额/亿元	同比增长率/%	进口额占比/%
民营企业	3 196.5	21.9	16.7
国有企业	1 901.2	5.1	9.9
外资企业	12 411.6	19.5	64.9

从贸易方式看，一般贸易好于加工贸易。2017 年，上海市一般贸易进口 10 554.6 亿元，增长 19.0%，占全市进口总额的 55.2%。加工贸易进口 2 143.3 亿元，增长 5.4%，占比 11.2%。其他贸易进口 6 419.7 亿元，增长 13.5%，占比 33.6%(表 4.5)。

表 4.5　2017 年上海进口贸易方式情况

贸易方式	进口额/亿元	同比增长率/%	进口额占比/%
一般贸易	10 554.6	19.0	55.2
加工贸易	2 143.3	5.4	11.2
其他贸易	6 419.7	13.5	33.6

从国际市场看，市场布局进一步优化。2017 年，欧盟、日本和美国三大传统进口市场进一步巩固，分别进口 4 488.5 亿元、2 224.8 亿元、2 072.6 亿元，同比增长 20.3%、14.6%、15.6%，占全市进口总额的 23.5%、11.6%、10.8%。从“一带一路”沿线国家进口 3 649.4 亿元，增长 25.4%，占比提升 1.5 个百分点至 19.1%。从金砖国家进口 1 044.5 亿元，增长 39.5%，占比提升 1 个百分点至 5.5%。从东盟进口 2 642.7 亿元，增长 27.7%，占比提升 1.3 个百分点至 13.8%(图 4.4)。

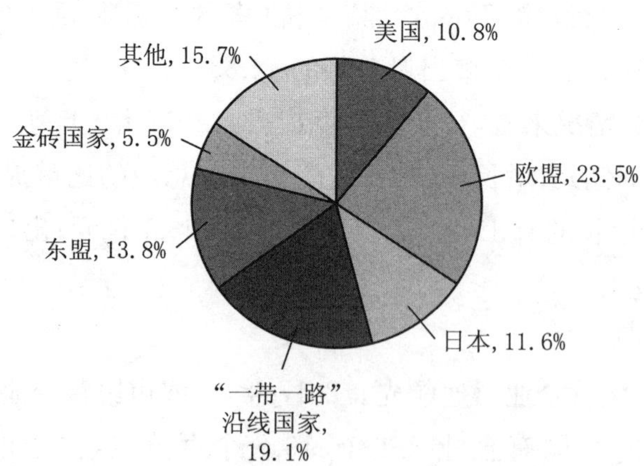

图 4.4　2017 年上海进口贸易伙伴情况

从商品结构看,数量、价格共同拉动前十大类主要进口商品的增长。2017 年,上海市前十大类进口主要商品进口 7 322.3 亿元,增长 19.6%,占全市进口总额的 38.3%。前十大类主要进口商品中,医药品、铁矿砂及其精矿、初级形状的塑料、粮食等产品进口数量增幅较大;集成电路、自动数据处理设备及其部件等产品进口价格增幅较大(表 4.6)。

表 4.6 2017 年上海进口前 10 类商品分类情况

商品类型/名称	进口额/亿元	数量增长率/%	平均价格增长率/%	进口额增长率/%
集成电路	2 455.6	0.9	12.2	13.2
汽车(包括整套散件)	884.2	0.3	−1.5	28.7
医药品	722.4	21.6	2.5	24.5
初级形状的塑料	659.3	13.8	4.6	19.0
铁矿砂及其精矿	589.4	34.4	22.0	64.0
计量检测分析自控仪器及器具	542.6	—	—	18.1
未锻轧的铜及铜材	433.9	−27.1	32.0	−3.8
通断保护电路装置及零件	373.5	—	—	16.4
粮食	358.1	46.5	3.8	52.1
#大豆	327.4	58.5	1.2	60.5
自动数据处理设备及其部件	303.2	—	—	−0.7
#存储部件	171.8	−10.9	9.4	−2.5
中央处理部件	37.0	−1.0	24.5	23.3

从各区进口增长情况看,主要区、重点区域均实现较快增长。进口排名前 5 位的区依次为浦东新区、闵行区、松江区、嘉定区、徐汇区,分别进口 12 873.1 亿元、947.1 亿元、880.1 亿元、726.6 亿元、552.7 亿元,同比增长 15.1%、11.8%、15.1%、16.8%、18.7%,占全市进口总额的 67.3%、5%、4.6%、3.8%、2.9%。上海自贸试验区保税区域进口 6 763.3 亿元,增长 22.5%,占全市的 35.4%。松江、闵行、漕河泾、青浦、金桥(南区)、嘉定等 6 个出口加工区进口 804.7 亿元,增长 15.6%,占全市进口总额的 4.2%。

从进口企业排名情况来看,行业集中度进一步提升。2017 年,上海市进口前 20 名企业,共进口 4 422.4 亿元,增长 16.2%,占全市进口总额的比重提升 0.1 个百分点至 23.1%。其中,进口增长的有 15 家,进口同比增加 711.3 亿元;进口下降的有 5 家,进口同比减少 95.1 亿元。

二、 2017年上海外贸发展工作重点

（一）开展“四个一百”专项行动

1. 会同关检汇税出台支持政策

上海海关对百家外贸重点企业实施便利化通关作业模式，减少放行前通关作业环节，降低人工干预比例，全面落实出口“提前申报，运抵验放”制度，压缩出口货物通关时间近三分之一。原上海出入境检验检疫局试点“十检十放”监管模式，充分运用合格评定程序科学简化检验检疫流程，有80%入境货物通过审单合格评定后直接通关放行，提升检验检疫效率。上海市税务局将百家外贸重点企业纳入出口退税1类和2类资质管理，享受绿色通道，在10个工作日内给予出口退税。

2. 推进政策性金融机构出台优惠措施

中国出口信用保险公司为“四个一百”重点企业提供优惠费率支持，承保费率同比下降10%，同时出台了《“四个一百”专项行动服务手册》，提出15项专门的支持举措。进出口银行上海分行增加贷款投放规模，扩大贷款受益群，支持外贸的占比达到38.9%。

3. 鼓励企业积极开拓国际市场

鼓励上海市企业积极利用展会优质资源，在深度开拓美国、欧盟传统市场基础上，进一步开拓俄罗斯、印度、中东新兴市场，特别是“一带一路”沿线国家，争取外贸新订单。在外经贸发展专项资金中，鼓励上海市企业在境外设立国际营销网络，支持企业向产业链和价值链高端转移。

4. 利用信息化手段提升服务水平

通过微信平台，与重点企业建立了快速互动机制，解决了昌硕科技（上海）有限公司、瑞德肝脏疾病研究（上海）有限公司、上海兰生轻工业品进出口有限公司等一批企业的具体困难和问题。2017年，上海市“四个一百”企业进出口16 157亿元，占全市50.1%。

（二）深化外贸制度创新

1. 共同参与制定上海自由贸易港建设方案

就自由贸易港区的整体规划、功能设计和制度改革会同上海海关、原上海出入境检验检疫局、外汇管理上海分局等单位，提出了“货物进出自由、资金进出自由、人员进出自由”的操作设想以及以自由贸易港建设为契机，推进解决离岸贸易和转口贸易

的瓶颈问题。多次向商务部和上海自贸试验区部级联席会议办公室汇报自由贸易港方案,争取商务部支持。

2. 推进“一线放开、二线安全高效管住”监管制度高效运行

以信用管理、分类管理和风险管理为基础,一线“先进后报”、二线“批次进出、集中申报”、区内“自行运输”等近百项管理创新措施落地,促进了贸易物流链的高效运作。以英特尔为代表的面向全球的分拨中心迁入上海以来,年进出口规模已经翻番,迅速成长为上海第三大外贸进出口企业。

3. 完善国际贸易“单一窗口”功能

在商务部支持下,与商务部许可证事务局、上海市口岸服务办公室多次商讨非机电类自动进口许可证申领系统与上海国际贸易“单一窗口”对接方案,并在 2017 年三季度完成系统对接和功能上线,在全国范围内率先实现商务部许可证申领系统与地方单一窗口对接。

4. 扩大货物状态分类监管试点范围

上海市 56 家试点企业采用信息围网技术,实现国内货物入区与保税货物一同参与集拼、分拨,推动企业进一步向集物流分拨、贸易结算等多功能为一体的高能级贸易主体转变。

(三) 加快培育外贸竞争新优势

1. 加大自主品牌培育力度

制作上海市外贸品牌形象宣传片,通过境内外各类展会、洽谈会等渠道宣传推广上海外贸品牌。利用华交会、广交会等国内优质展会资源,举办了多场“上海外贸品牌推介会”,为企业搭建对接交流洽谈平台。充分利用中央和地方外贸资金,支持企业瞄准国际标杆企业,创新产品设计,优化工艺流程,提升检验检测能力,推出质量好、附加值高的出口精品,上海一批品牌和产品已享誉海内外市场。

2. 深化国家级跨境电子商务综合试验区建设

认定 8 个跨境电子商务示范园区,以示范园区为重点,促进跨境电子商务线下线上协同发展。逐步形成市场主体集聚、产业优势突出、平台有序布局、综合配套基础扎实、管理服务不断创新的格局,集聚了一批资源配置能力较强、产业带动效应明显、行业地位突出、市场竞争力和社会影响力较大的企业。跨境电子商务试点模式规模快速增长,上海市全年成交 41.8 亿元,增长 68.2%。

3. 积极推进平行进口汽车试点

对上海市平行进口汽车试点企业进行动态调整,鼓励有海外车源渠道和实际进

口需求的企业积极参与试点，进一步扩大上海市平行进口企业试点的规模。会同上海自贸试验区管委会、上海海关、原上海出入境检验检疫局、公安局等部门印发了《关于进一步促进中国(上海)自由贸易试验区汽车平行进口若干支持措施》20 条措施。全年上海市平行进口汽车实际报关和到港超过 5 000 辆，同比增长 2.5 倍。

4. 稳步推进外贸转型升级基地建设

开展"大虹桥""新浦江"等 8 个中央和地方外贸转型升级示范基地绩效考核工作，推动基地内企业进一步向价值链高端延伸。各基地通过多年的培育和发展，企业转型升级成效显著，国际影响力进一步增强。同时，联合区外贸主管部门，新推荐认定一批国际贸易型总部，进一步提高上海市贸易集聚度和辐射力。

（四）扎实推进贸易便利化工作

1. 充分发挥贸易便利化联席会议机制作用

聚焦企业关注的普遍性问题，制定 2017 年贸易便利化问题清单，印发各部门工作任务清单，分解推进企业反映较为集中的 23 项具体任务。截至目前，大部分问题已经得到妥善解决，7 项涉及体制机制方面的问题，正在会同各部门争取突破。

2. 积极推动出口退税便利化

退税便利化一直是外贸企业最为关心的难点问题，通过税贸合作渠道，会同税务局多次联合专题会议，一批有代表性的退税问题得到逐步解决。此项工作专报上海市领导后，应勇市长做出批示，对贸税合作给予高度肯定。

3. 稳步推进"多证合一"改革试点工作

会同上海市工商行政管理局、上海海关、原上海出入境检验检疫局，通过一表申请、数据推送、自动办理等多种方式，简化材料收取，减少企业往返，优化证照办理流程。以统一社会信用代码为市场主体的唯一标识，以上海市企业法人共享与应用系统为信息共享平台，实现部门间登记备案信息的互联互通。

（五）认真做好各项常规性基础工作

1. 认真做好进出口许可证签发工作

共核发自动进口许可证、进口许可证、出口许可证、农产品关税配额许可证 8.2 万份，进出口额 870 亿美元。

2. 认真做好机电产品国际招标工作

机电产品国际招标项目共计 3 208 项，委托金额 52.3 亿美元。

3. 做好“三证合一”“多证合一”改革后对外贸易经营者备案登记工作

共发放对外贸易经营者资质证书 24 594 份，累计 12.6 万家企业获得对外贸易经营资质。

4. 配合商务部做好进出口管制工作

共办理“敏感物项和技术出口许可证”和“易制毒进出口许可证”9 808 份；配合商务部调查进出口安全管制案件 8 起，配合美国驻华大使馆对 6 家企业进行最终用户巡查。落实联合国安全理事会对朝制裁决议，建立对朝贸易企业和商品类别台账，上海企业没有因为制裁决议导致的财产损失案件发生。

5. 做好商务部进口贴息申报、初审和追踪问效工作

将 102 家企业、11.5 亿美元进口设备和技术贴息申报转报商务部。

6. 认真做好海外市场开拓工作

为企业开拓国际市场搭建各类平台，确定 101 个境外展览项目作为 2017 年海外市场开拓的主要平台。据不完全统计，101 个海外展会实际成交超过 6 500 万美元，意向成交超 2.1 亿美元。

7. 做好广交会、华交会、跨采会等重点政府项目

广交会共有 739 家上海企业参展，两届广交会意向成交 18 亿美元；华交会共有 3 900 家企业参展，意向成交 23.2 亿美元。

第二节　跨境电子商务

根据国务院相关批示精神和商务部工作部署，按照上海市政府办公厅 2016 年 6 月印发的《中国(上海)跨境电子商务综合试验区实施方案》。2017 年上海市相关委办局会同中央在沪监管单位，共同推进各项工作。

一、 2017 年上海跨境电子商务开展的主要工作和成果

2017 年，上海跨境电子商务综合试验区积极复制推广商务部等 14 部委联合印发的跨境电子商务综合试验区探索形成的“两平台六体系”成熟经验，创新监管制度，完善管理政策，夯实基础配套服务，全市跨境电子商务呈现出市场主体集聚、产业优势突出、平台有序布局、综合配套基础扎实、管理服务不断创新的格局。全年实现跨境电子商务交易额 41.8 亿元，同比增长 68.2%。主要开展的工作和取得的进展如下。

（一）深入推进跨境电子商务公共服务平台建设

1. 完善线上综合服务平台功能

拓宽跨境电子商务公共服务平台通关政务服务功能，积极对接海关总署出口统一版管理系统，实现跨境电子商务9610模式[①]出口公共服务平台与海关总署系统从申报到放行的贯通。链接跨境电子商务金融等市场服务，搭建跨境电子商务出口收款专业通道，为入驻跨境电子商务平台的中国出口个人及企业卖家用户提供跨境收款服务，2017年实现收结汇23.2亿元，同比增长141倍。打造线上信息核查库，与银行系统个人实名信息互联，通过银行卡号关联为海关提供跨境购物个人身份信息验证。

2. 扩大线下公共监管点覆盖范围

新增洋山大客户京东查验信息采集点、外高桥保税区、外高桥物流园区等3个公共监管点建设，并加快推进嘉定出口加工区公共监管点建设，上海口岸公共监管点累计达到10个，其中特殊监管区域公共监管点达到9个，初步形成了保税进口为主、直邮进口为辅的公共监管点发展格局。

3. 完善统计监测体系

凭借公共服务平台出具的真实性清关数据，运用公共服务平台的集成数据，实现跨境电子商务试点模式统计监测。与第三方公司合作，建立上海跨境电子商务大数据分析体系。

（二）推进跨境电子商务园区建设

加快跨境电子商务示范园区建设，出台上海市级跨境电子商务示范园区认定办法，累计认定9个业务方向合理、功能定位准确、产业集群明显的区域为上海市级跨境电子商务示范园区，带动引领全市跨境电子商务业务发展。

1. 优化园区布局

充分发挥上海综合交通枢纽优势，根据各区域贸易和产业发展特点，形成协同推进、良性竞争、错位发展格局。新增嘉定出口加工区为示范园区，拓展浦东和虹桥两大机场的跨境电子商务口岸通关功能，建设跨境电子商务海关运抵监管场所。

2. 完善园区功能

充分发挥园区集聚效用，集聚市场主体，与线上联动，承接线下产业孵化、展示交

---

① 海关总署曾发布2014年第12号公告表示，为促进跨境贸易电子商务零售进出口业务发展，方便企业通关，自2014年2月10日起，增列海关监管方式代码“9610”，全称“跨境贸易电子商务”，简称“电子商务”。

易、仓储通关等功能,促进跨境电子商务海关监管区与产业集聚区协同发展,完善配套服务,促进线上线下联动发展。

3. 与上海自贸试验区融合发展

以上海自贸试验区为改革高地,提升保税区域业务水平。目前,上海自贸试验区保税区域内集聚了跨境通、京东等知名企业,2017 年共完成跨境电子商务交易额 3.7 亿元,占全市保税业务总量的 19.4%,成为全市跨境电子商务业务量最大的区域之一。

(三)集聚跨境电子商务企业主体培育

努力营造环境,加大资金扶持力度,有力地促进了企业回流,集聚了一批资源配置能力较强、产业带动效应明显、行业地位突出、市场竞争力和社会影响力较大的企业。完善跨境金融、跨境物流以及其他相关服务企业配套,跨境电子商务产业集群初具规模。

1. 加快培育企业主体

集聚一批跨境电子商务龙头企业,培育一批中小型跨境电子商务企业。在上海开展业务的有 eBay 中国、Wish、美国亚马逊、跨境通、洋码头、京东、天猫国际、1 号店、小红书等国际国内知名平台。据统计,公共服务平台对接的千万规模以上平台有 22 家。其中,综合试验区建立后业务回流的平台有京东、洋码头、小红书、绿地商业等。

2. 支持"海外仓"发展

利用国家外经贸发展专项资金,支持跨境电子商务物流、平台或贸易企业自建或租用"海外仓"。截至 2017 年底,已集聚万邑通(上海)信息科技有限公司、美仓互联(上海)供应链管理有限公司、中外运空运发展股份有限公司、上海韵达货运有限公司、中远国际航空货运代理有限公司、上海倍海供应链管理有限公司、上海襄派实业有限公司等一批大型海外仓企业,上海雅仕投资发展股份有限公司、上海递优国际物流有限公司、吉祥邮有限公司、上海大波菜信息技术有限公司等特色中小型海外仓企业,遍布澳大利亚、美国、英国、德国四大传统跨境买方市场国家,及中国香港、日本、韩国、越南、马来西亚、中国台湾等国家和地区,并提供贸易代理、国际物流管理、国内外仓储管理、金融、IT 等多项增值服务。

3. 完善国际物流服务

完善口岸物流服务通道,支持物流信息化创新,支持 UPS、FedEx、DHL、TNT 国际快递巨头,东航物流等大型央企以及申通、圆通、韵达、中通、中诚等民营物流企业开展跨境电子商务业务。通过空运和海运渠道，上海市跨境电子商务货物已通达世界主要节点城市，跨境物流综合服务水平提升明显。

4. 创新金融支持模式

鼓励跨境电子商务相关金融服务创新。出口方面，中国银行通过与公共服务平台合作，搭建了面向国内中小微出口企业或个人的出口收结汇系统，探索建立出口货款回流与结汇的通道。进口方面，包括支付宝、微信支付等 36 家支付企业提供跨境支付服务，其中支付宝(中国)网络技术有限公司于 2015 年迁移至上海，上海已成为国内最大的跨境支付业务发生地。开展小微企业信贷风险补偿和信贷奖励，引导商业银行加大对包括跨境电子商务在内的科技中小企业和小微企业信贷支持力度。

（四）加强人才培育力度

1. 组织开展专项技能培训

指导上海市跨境电子商务协会开展培训，开办“跨境电子商务会计核算与税收筹划紧缺人才培训班”“上海出口跨境电子商务店家特训班”“出口跨境电子商务金牌掌柜班”等培训活动；设计“跨境电子商务大讲堂”课程，举办 2017 年“跨境电子商务师”证书培训班。

2. 与专业院校合作

举办上海市电子商务大学生实习、就业校企对接会，支持上海跨境电子商务协会与上海海关学院、上海外国语大学、上海对外经贸大学、上海电力学院、上海思博职业技术学院等大中专院校、跨境电子商务企业合作机制，聚焦物流、外贸、外语等重点专业，为跨境电子商务企业进行人才储备并输送人才。

（五）探索形成国际通用规则

1. 对接中国国际进口博览会

充分发挥中国国际进口博览会溢出效应，将小红书、洋码头、网易考拉海购等 8 家跨境电子商务平台纳入“6 天+365 天”常年展示交易平台，帮助境外参展商品顺利进入中国市场，助力打造永不落幕的博览会。

2. 搭建企业沟通、发展平台

2017 年，共举办各类跨境电子商务论坛、会议、培训、推介会等活动 80 余场，积极为企业搭建学习、交流、对接国际资源平台。包括专业培训 30 场，有顺丰跨境电子商务国际学堂——跨境电子商务助力“上海质造”扬帆出海、上海跨境电子商务行业协会卖家大讲堂、企业跨境电子商务的合法与合规专题讲座等。包括开展国际对接会

20场，有中国—新西兰跨境电子商务交流会、中国—新加坡跨境电子商务访谈会、波兰出口商对接会、助力"一带一路"中匈物流论坛等。包括对接哈萨克斯坦、俄罗斯、新加坡、波兰、泰国等"一带一路"沿线国家驻沪使领馆、商协会对接会15场。积极对接"一带一路"，举办以发挥上海"一带一路"跨境电子商务桥头堡作用为主题的"第二届跨境电子商务50人论坛"。

3. 推动国际交流合作

发挥行业协会、学术机构等社会组织作用，加强与境外国际机构的合作交流，推动跨境电子商务行业国际合作，参与国际通用规则研讨和发展。推动成立的国内首家跨境电子商务行业协会——上海跨境电子商务行业协会，超过200家会员企业经营业务涵盖整个跨境电子商务产业链，与中国香港、欧盟、加拿大、德国、澳大利亚等多个国家和地区的行业协会进行广泛深入的合作，编写《中国跨境电子商务动态》月刊，已成为全国跨境电子商务行业最有影响力的组织之一。

二、 2018年上海跨境电子商务工作展望

按照商务部的工作部署，下一步上海市跨境电子商务综合试验区建设将着重提高跨境电子商务业务的水平和能级，以更加便捷高效的新模式释放市场活力，支撑外贸优进优出、升级发展。重点做好促进跨境电子商务出口各项工作。前期试点中，上海市试点模式主要集中在进口业务，零售出口一直没有走通，跨境电子商务B2B出口也没有纳入跨境电子商务服务范围。下一步需要尽快实现跨境电子商务零售出口业务落地，走通跨境电子商务零售出口报关及退税流程；加快开发公共服务平台的一般贸易接口，拓展为跨境电子商务B2B出口服务的能力。

案例1 上海玩具进出口：培育自主出口品牌

上海玩具进出口有限公司前身是1965年1月1日成立的上海市儿童玩具工业公司，上海玩具进出口公司成立于1980年1月，是经国务院批准的第一批工贸合一的进出口企业。1997年7月，为推进现代企业制度，公司变更为上海玩具进出口有限公司。公司下属企业共19家，有全资子公司9家、控股子公司6家、参股公司4家。

上海玩具进出口有限公司是以外贸业务为主体，内贸等其他业务相结合的进出口公司。公司的外贸业务(产品)涉及各类传统的玩具系列，包括：毛绒、木制、铁皮、电子等玩具产品；童车、童床；工艺礼品、球类、乐器等文教体育用品、旅游及办公用

品；电子消费品、工具、家具及箱包等。

截至 2017 年底，上海玩具进出口有限公司连续数年进出口业务总额超过 1 亿美元。公司目前拥有 8 个具有丰富外贸业务经验的精英团队；客户遍布世界各地，以欧美为主；产品合作的国内外企业达 700 多家，每年组团参加广交会、华东交易会以及纽伦堡玩具展、中国香港玩具礼品展、法兰克福乐器展等重要国际展览会。

上海玩具进出口有限公司被上海市企业诚信创建活动组委会、上海市轻工业协会授予“五星级诚信企业”，是中国重质量讲诚信进出口示范企业，是原上海出入境检验检疫局授予“一类管理企业”。2012 年 1 月，获中国质量认证中心颁发的 ISO9001：2008 质量管理体系认证证书；同时，经原中国出入境检验检疫局及中国出入境检验检疫协会批准，荣膺“2011 年度中国质量诚信企业”这一国家在质量领域中的顶级荣誉称号。

上海玩具进出口有限公司拥有自主知识产权的品牌 5 个，其中“上海玩具”商标 2011 年 1 月被上海市工商行政管理局认定为上海市著名商标；2012 年 12 月，上海进出口商会认定公司“上海玩具”商标为“2010—2011 年度上海市出口品牌”。

上海玩具进出口有限公司作为中国金属玩具的传承者，创办了中国首家上海金属玩具博物馆。馆内收藏了上万件不同年代的中外玩具藏品，其中金属玩具 3 000 余种。博物馆现已是上海市科普教育基地，向社会公众免费开放。

第五章 服 务 贸 易

第一节 总体运行情况

一、 2017 年上海服务贸易基本情况

2017 年，上海市实现服务进出口 1 954.7 亿美元，下降 3.2%，在全市对外贸易总额中的占比达 29.1%，比全国高 14.6 个百分点。其中，出口 524.3 亿美元，增长5.1%；进口 1 430.4 亿美元，下降 5.9%(图 5.1)。

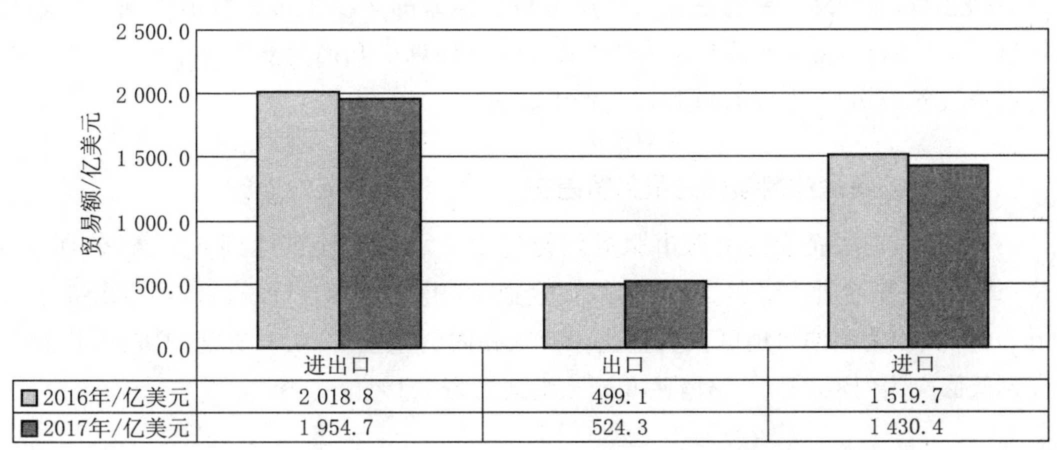

	进出口	出口	进口
2016年/亿美元	2 018.8	499.1	1 519.7
2017年/亿美元	1 954.7	524.3	1 430.4

图 5.1 2016—2017 年上海服务进出口情况

数据来源：上海市商务委员会。

（一）进出口总额略有下降

2017 年，上海市服务进出口同比下降，是近 5 年来的首次年度数据下降，主要原因是受到国家严格控制外汇流出、中国公民出境旅游人数增长放缓、跨境电子商务迅猛发展以及互联网第三方支付方式发展较快等因素共同影响。其中，旅行进出口占上海市服务进出口比重的 53.1%，同比下降 10.4%，拖累了整体服务贸易少增 5 个百分点（按同比持平计算）；与此同时，受货物贸易提速影响，运输服务进出口比增长 14.7%，比上年同期大幅提升 25.3 个百分点。

（二）贸易逆差有所收窄

2017 年，上海市服务出口继续保持平稳增长，增幅超过 5%。其中，建筑服务出口增幅最大，为 28.0%，运输服务出口同比增长 15.1%，比上年同期增加 35 个百分点，继续呈现强劲反弹势头，旅行、金融、电信、法律等服务出口增幅均接近或超过 10%。服务贸易逆差为 906.1 亿美元，比上年同期收窄近 100 亿美元。

（三）文化娱乐进口增长快

2017 年，上海市服务进口 1 430.4 亿美元，同比下降 5.9 个百分点。其中，旅行进口 1 019.0 亿美元，占全市服务进口的比重为 71.3%，继续成为第一大进口类别，而近 1 000 亿美元的贸易逆差也是上海市服务贸易逆差的主要来源。其他类别进口增长超过两位数的有：文化和娱乐服务 32.8%、电信计算机和信息服务 16.2%、知识产权使用费服务 14.6%、专业管理和咨询费 13.1%。

（四）内资企业继续成为服务贸易主力

2017 年，内资企业占上海市服务贸易进出口总额的比重达到 62.8%，位居第 1 位，其次为外资企业 25.7%、港澳台投资企业 10.9%。就出口而言，外国投资企业接近 50%，其次为港澳台地区投资企业 26.7%和内资企业 22.0%；在进口方面，占比从高到低依次为内资 77.7%、外资 16.9%、港澳台资 5.1%。

（五）亚洲继续成为主要贸易市场

2017 年，亚洲地区继续成为上海市服务贸易进出口主要伙伴地区，占服务贸易总额的比重为 59.0%，其次分别为欧洲、美洲和大洋洲地区。从国别/地区情况看，中国香港地区继续成为上海市服务贸易的最大伙伴，双方服务贸易额 519.6 亿美元，占总额的比重为26.6%，其次为美国和日本。从出口数据看，美国、中国香港地区、日本、新加坡、德国和英国分列上海市服务出口市场前6名，上述市场合计出口占比为69.5%；从进口数据看，中国香港地区、美国、中国澳门地区、日本、德国和新加坡分列上海市进口市场前6名，上述市场合计进口占比为65.9%。

（六）技术贸易和离岸服务外包继续增长

2017年，上海市技术进出口总金额117.37亿美元，增长18.8%，其中，技术出口金额69.5亿美元，增长23.8%，技术进口金额47.9亿美元，增长11.9%。当年上海离岸服务外包合同和执行金额分别达95.7亿美元和71.2亿美元，分别增长4.0%和4.4%。

二、 2017年上海服务贸易工作推进情况

（一）发布2017年度《上海市促进服务贸易发展指导目录》

加强对软件、国际物流、专业服务、文化、旅游、中医药和体育等原有8个重点领域分类指导，将离岸服务外包作为服务贸易的重要内容纳入目录，认定和培育重点企业近300家。继续认定一批上海市服务贸易示范基地和示范项目，充分发挥服务贸易资源集聚效应，支持服务贸易公共服务平台等重点项目发展，着力培育服务贸易特色区域。

（二）拓展服务贸易海外营销网络

提升中医药国际服务贸易促进中心服务功能，设立"海上中医"德国分中心、迪拜分中心等，推广中医药科研成果和技术标准。建设技术贸易国际合作交流平台，打造上海服务外包交易促进中心、通信服务贸易海外服务中心和上海软件贸易发展论坛等分平台，推进服务外包网上丝绸之路建设项目，在捷克、印度、爱尔兰和关岛等地建立海外联络点。建设"中国邮轮旅游发展实验区"，成立上海国际邮轮旅游服务中心，2017年上海吴淞邮轮口岸出入境邮轮924艘次，出入境人员超397万人次。

（三）实施三大服务贸易促进战略

实施数字贸易潜力挖掘战略，将基因测序和数据分析列入服务外包潜力领域，全面推动服务外包数字化转型。实施文化贸易海外营销战略，通过"自办展＋海外

展”相结合的方式，支持百余家企业参加科隆游戏展、法兰克福书展等海外知名展会活动，并举办文化授权交易会等自办展览论坛活动，集中展示推介出版物、艺术品、创意设计、民间非遗等文化产品。实施专业服务跟随出海战略，鼓励专业服务机构通过联营、新设等方式，为本土企业“走出去”提供服务，搭建专业服务贸易桥头堡，2017 年上海 14 家律师事务所在境外开设分支机构，共承接 447 个涉外项目。

（四）推动文化贸易拓展海外市场

成功推荐 27 家企业和 10 个项目成为“2017—2018 年度国家文化出口重点企业和重点项目”，指导徐汇区制定文化出口基地建设方案。支持国家对外文化贸易基地（上海）举办 2017 欢乐春节——中新文化贸易促进系列活动、2017 中国（上海）自由贸易试验区文化授权交易会等活动；开展匈牙利等文化贸易国别研究，促进文化企业和重点项目加快海外拓展。

（五）引导服务外包企业走向价值链高端

会同上海市科学技术委员会积极落实技术先进型服务企业扩围相关试点政策，鼓励服务外包企业加快利用大数据、云计算、人工智能和虚拟现实等新一轮技术，实现发展理念、商业模式和交付模式创新。继续推进服务外包企业新入职人员培训，加大对企业中高级人员培训支持，提升在服务外包接包业务的科技含量和服务价值。

（六）推动技术进出口转型升级

加大对技术贸易企业进口先进技术、关键零部件的支持，推动企业引进关键技术，提升产业技术水平，同时输出具有高附加值的成熟技术。促进上海市高科技含量企业加快“走出去”步伐，编制《服务贸易重点海外市场拓展指南》，指导企业扩大对“一带一路”重点市场的技术出口。

（七）研究建立服务贸易统计新体系

建立健全包含国际收支（BOP）和外国附属机构（FATS）统计为核心，覆盖全部 4 种模式的服务贸易综合运行分析体系；编制《上海服务贸易运行监测与促进体系建设研究报告》，研究建立涵盖上海自贸试验区的邮轮旅游、数字贸易、技术贸易、服务外包、中医药服务贸易和跨境电子商务等新兴领域的统计体系，推进服务贸易重点监测企业直报，编制《上海服务贸易动态评析报告》。编撰出版《2017 上海服务贸易发展报告》。

（八）打造服务贸易人才高地

推行标准与培训相结合的国际服务贸易人才培育计划，依托各类专业培训机构，开展服务贸易各领域“通用技能＋专业技能”培训。持续推进服务贸易人才培养“十百千”行动，从供需两侧加以引导，缓解企业人才短缺和大学生就业难之间的矛盾，已成功释放数千个岗位到人才市场。2017 年继续举办 7 场创新企业家进校园活动，进一步加强校企交流和合作。

三、 2018 年上海服务贸易工作展望

（一）深化服务贸易管理体制创新四月

探索服务业扩大开放，加强上海自贸试验区和自贸试验港区的功能联动，加快推进跨境服务贸易负面清单发布工作，探索推动上海自贸试验区内服务贸易相关领域的对外开放，形成开放和便利相融合的服务贸易发展格局。完善市区联动工作机制。在全面下放技术贸易和软件出口合同登记审核权限基础上，进一步加强制度化建设，配套实施登记抽查、业务培训、考核评估等措施，构建效率与监管并重的新型政府服务模式。健全事中事后监管机制。加强同相关行业主管部门、行业协会、公共服务平台的交流互动，形成协同监管格局；试点建立服务贸易企业信用评价体系，加强行业自律；推动部门信息共享和数据交换。

（二）深化服务贸易业态模式创新四月

拓展“一带一路”海外市场，探索建立全球服务贸易促进联盟，构建平台联动、资源流动、市场推动和区域互动的“一带一路”服务贸易跨境合作网络；以“上海服务贸易海外行”活动为主体，编制“一带一路”服务贸易重点领域国别指南以及上海服务贸易推介宣传册；依托进口博览会等平台，重点推进同“一带一路”沿线市场的跨境服务贸易交流合作。聚焦服务贸易发展新业态。加快推进服务贸易新领域、新模式和新业态，培育“数字版权交易中心”，提升服务外包数字化业务占比，提升数字贸易集聚度；推进文化贸易海外营销战略，筹建“文化贸易海外促进中心”，建立文化“走出去”海外桥头堡；完善“海上中医”国际健康服务网络，筹建瑞士、意大利和奥地利等中医药服务贸易海外分中心。加强重点区域分类引导。建设一批服务贸易特色示

范区、示范基地和示范项目，形成错位发展新格局；加快国家文化出口基地（徐汇）建设，集聚文化服务出口骨干企业；完善邮轮旅游配套服务体系，依托中国邮轮旅游发展实验区（上海），创新邮轮船供等相关领域的便利化举措，打造邮轮配套服务集聚区。

（三）深化服务贸易促进体系创新

健全运行监测制度，建立覆盖全市、纵横交错的服务贸易统计体系，将服务贸易重点区域和新兴领域的统计数据纳入全市服务贸易统计框架。编制“上海服务贸易形势分析系列报告”以及上海服务贸易创新领域发展专项报告。发布“上海服务贸易竞争力指数”，加强服务贸易宏观引导。提升贸易便利化水平。提高与服务贸易相关的货物暂时进口便利，探索拓展暂时进口货物单证制度适用范围，延长单证册的有效期；优化生物医药全球系统研发和实验用特殊样品通关检验便利化流程，提升监管效能；创新金融支持方式，研究通过服务贸易引导基金为企业提供融资支持。完善人才培养体系。创新推行标准与培训相结合的国际服务贸易人才培育计划，研究制订国际服务贸易人才标准；培育一家服务贸易综合性培训中心和多家专业分中心，开展各国政策和产业环境宣讲、服务贸易“通用技能＋专业技能”培训和人才实训，加快形成国际服务贸易人才培养体系。

第二节　服务外包

一、 2017年上海服务外包基本情况

2017年，上海市认真贯彻《国务院关于同意开展服务贸易创新发展试点的批复》（国函〔2016〕40号），围绕贯彻落实《国务院关于促进服务外包产业加快发展的意见》（国发〔2014〕67号，以下简称“67号文”），围绕国际经济、金融、航运、贸易、科技创新中心建设打造服务贸易核心功能，加快促进服务外包转型升级，推动从主要依靠低成本竞争向更多以智力投入取胜转变，取得了积极成效。上海离岸服务外包业务规模继续保持全国领先，产业结构持续优化，创新模式不断涌现，促进体系初步形成，便利化水平稳步提升。据初步统计，2017年，上海离岸服务外包合同和执行金额分别达95.7亿美元和71.2亿美元，比上年分别增长4.0%和4.4%（图5.2），并呈现以下特点。

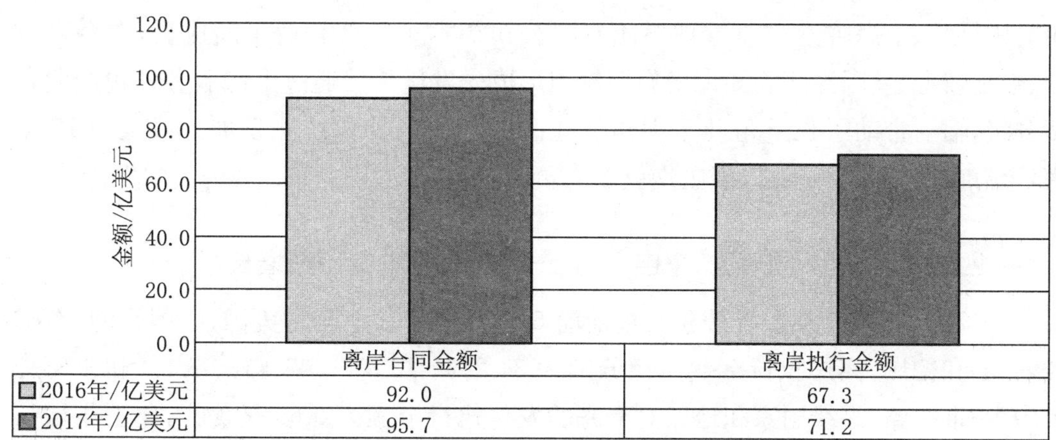

图 5.2　2016—2017 年上海离岸服务外包情况

数据来源：上海市商务委员会。

（一）业务集聚度不断提升、区域布局渐趋完善

2017 年，上海市共有 5 个服务外包示范区和 16 个服务外包专业园区，集中了全市 60%左右的企业和近 80%的离岸服务外包执行金额，业务类型覆盖软件信息技术、生物医药研发、金融服务、人力资源、工业研发设计等服务外包重点领域，初步形成高集聚度、高覆盖率的离岸服务外包全产业链。

（二）转型升级效应明显，产业结构不断优化

上海服务外包开始逐步从劳动密集型的低端业务向智力密集型的高端业务转型升级，大数据市场营销、共享经济服务、基于区块链技术的智能服务、基因测序和分析等新模式新业态层出不穷。2017 年，上海市业务流程外包 BPO 和知识流程外包 KPO 执行金额分别为 17.47 亿美元和 16.33 亿美元，两者之和增长 9.2%，占比由 46.0%提升至 48.1%。

（三）主体规模持续增长，吸纳就业能力增强

截至 2017 年底，上海市共有服务外包企业 2015 家，比 2015 年新增 139 家。《财富》世界 500 强企业中，GM、福特汽车、GE、花旗、汇丰和 SAP 等企业在沪设立全球或亚太业务流程共享中心和数据处理中心，IBM、英特尔、联合技术、辉瑞、惠与、思科、惠普等也将全球研发中心或重要研发基地设在上海，上海药明康德新药开发有限公司、上海海隆软件股份有限公司、易保网络技术（上海）有限公司、万得信息技术股

份有限公司、上海睿泰企业管理集团有限公司等本土品牌企业不断成长，在金融数据、数字教育、基因测序等知识密集型领域形成先发优势。通过上海服务外包产业转型升级，辐射带动了长三角乃至中西部地区在岸服务外包产业发展。截至 2017 年底，上海市服务外包企业已经吸纳就业人员 41.09 万人，其中 87.6%为大学生。

（四）业务来源地广泛，来自“一带一路”地区业务不断增长

2017 年，上海市居服务外包发包地前 5 位的国家和地区为美国、中国香港、新加坡、日本和德国，离岸执行金额占比分别为 34.2%、12.3%、11.4%、7.1%和 4.3%。其中“一带一路”沿线国家和地区对上海的发包执行金额为 9.65 亿美元，比上年增长 12.0%。

二、 2017 年上海服务外包工作推进情况

（一）加强政策研究，引导企业转型升级

一是在深入调研基础上，完成《关于上海自贸试验区服务贸易企业纳入技术先进型服务企业范围的问题研究》《上海服务外包运行分析报告》《上海市开展服务贸易创新发展试点地区推广技术先进型服务企业所得税优惠政策效果评估分析》调研和课题报告，深入分析上海服务外包现有优势和存在问题，对上海服务外包转型升级过程中面临的重大问题，特别是离岸在岸协调发展和扩大享受技术先进型企业范围等提出政策建议；二是继续发布 2017 版服务外包产业发展指导目录，引导服务外包企业向数字化、高端化和智能化方向转型升级。

（二）加强绩效评估，发挥资金效用

一是配合财政部完成上海市使用国家外经贸发展专项资金(鼓励承接国际服务外包事项)财政支出绩效评价工作，进一步规范资金使用范围和制度建设；二是支持服务外包企业协会和生物医药行业协会加大企业培训力度，加大对国家和地方资金政策的宣传和解读，建立企业联系追踪和服务机制；三是联合上海市科学技术委员会等部门，做好对新技术、新业态、新模式“三新”企业的挖掘跟踪服务，做好技术先进型服务企业认定相关工作，帮助更多符合条件的企业了解享受政策。

（三）加强统计研究，规范合同申报

一是进一步研究服务外包内涵外延扩展，加大统计政策宣传力度。与各区分管

业务同志加强沟通交流，共同指导企业按时、合规上报服务外包合同；二是继续调研挖掘服务外包新领域、新业态、新模式，加大为企业服务力度。

（四）加强营造环境，提升外包竞争力

一是持续推进生物医药研发企业的通关便利化。在上海自贸试验区机制下，探索对数量少、价值低，且用于研发的样本通关降低查验比例；二是建立长效机制，加大利用大数据力度。以企业需求为导向，与上海市人力资源和社会保障局建立长期合作机制，加大对相关社保资料大数据的应用，免去企业诸多纸质材料，极大提升工作的透明度、权威性和服务效率；三是为外包企业培养和引进人才服务。继续支持外包人才培训和实训基地；探索外包企业中高级人才入境便利和入住"人才公寓"便利举措；四是开展国际市场拓展。贯彻"一带一路"倡议，指导企业开拓匈牙利等新市场；开展服务外包知识产权调研和业务研讨。

三、 2018 年上海服务外包工作展望

（一）强化政策环境营造

鼓励促进服务外包向产业价值链高端延伸发展，继续发布离岸服务外包产业重点发展领域指导目录，加大对金融服务、数据分析和基因测序、共享经济等新领域、新模式的支持力度；优化生物医药全球协同研发的实验用特殊样品的通关检验便利化流程，提升监管效能；系统开展"通用技能＋专业技术＋岗位实训"的培训项目，加大服务外包复合型人才培养力度。

（二）强化重点区域发展

结合服务贸易创新发展试点，进一步规范外包统计工作的标准和流程，构建效率与监管并重的新型市区政府服务模式。继续做好服务外包示范城市综合评价工作，加强与长三角和长江流域等区域合作，全面提升上海作为服务外包示范城市的综合竞争力。

（三）支持重点平台和中高端业务发展

打造数字贸易功能平台，探索培育数字版权交易平台，建设数字内容和数字产品资源库，形成较强的资源配置功能。提升服务外包数字化业务占比，大力发展以大数据为载体的中高端技术贸易，提升数字贸易集聚度。支持企业深化与"一带一路"沿

线国家和地区的业务合作，加大国际市场开拓力度。鼓励服务外包企业加强业务模式、商业模式和管理模式创新，加大对新模式企业支持力度。

案例 2 宽创国际：为文化"一带一路"插上科技的翅膀

上海宽创国际文化科技股份有限公司（以下简称"宽创国际"）成立于 2005 年，历经十余年的发展，已经成为集"文化、科技、旅游、展览、品牌、工程落地"为一体的跨国文化科技集团，并在意大利、美国、巴西、迪拜等国家的主要中心城市设立了多个创意设计中心和分支机构，行业排名处于全球前列。宽创国际总部位于上海张江，自持一个国际文化科技产业园，两栋独立大厦。

近年来，宽创国际正在逐渐转型为国际文博大展交流的"推动者"。在宽创国际的策划组织下，各种国外精品展览将被引入中国，而越来越多的国内著名博物馆的文博大展也将前往世界各地展出。如法国的《走进欧洲史前文明——拉斯科洞窟壁画展》、美国的《成吉思汗主题展》、意大利的《永恒之城——庞贝展》、埃及的《不朽之旅：木乃伊大展》，很快都将被引进中国。而兵马俑、曾侯乙编钟等众多来自国内著名博物馆的文博大展也等待着被"输出"到世界各地博物馆展出。目前，宽创国际已与国内外近千家博物馆和著名策展人签订了合作协议，将国内优秀的展览带出国门，实现中国文化全球化、世界文化交流化，宽创国际正在用实际行动助推中国文化"一带一路"倡议。

截至 2017 年底，宽创国际已在"一带一路"沿线国家策划实施各类会展数千场，展出总面积近 500 万平方米，并在沿线国家打造了 500 多座博物馆、科技馆、企业展示馆。此外，宽创国际已累计协助华为、阿里巴巴、中石油等 1 万多家国内企业在全球开展品牌形象展示工程，帮助大批中国品牌加快在海外市场的投资进程。宽创国际表示，公司每个月都要承接近百个展览。中国企业在全球展出，代表的是一种品牌自信。希望凭借宽创国际突出的策展实力，帮助中国企业更和谐地融入全球。

作为国家文化战略的骨干企业、国家高新技术认证企业、上海科技小巨人企业，宽创国际已经投入上亿元资金用于文化与科技融合产业的新技术研发。未来 5 年，宽创国际还将继续增加投入。2016 年 7 月，位于张江的宽创国际文化科技产业园正式启动，斯坦福大学合作项目等均将落地于此。产业园还将与设立在德国杜塞尔多夫的宽创国际总部互通互联，成为国内文博科技创新策源地。

第六章　利 用 外 资

第一节　总体运行情况

一、 2017 年上海利用外资基本情况

2017 年，在全球产业结构加快调整、跨国公司战略布局重构、我国推进新一轮对外开放、上海城市发展动能转换的形势下，上海进一步提高开放水平、进一步优化营商环境、进一步加强吸引外资工作，全年外资规模保持稳定，结构不断优化、质量和效益持续提升。

（一）外资规模保持稳定

2017 年，上海新引进外资项目 3950 个，同比下降 23.4%；合同外资 401.9 亿美元，下降 21.2%；实到外资 170.1 亿美元，下降 8.1%，完成年初预定 170 亿美元目标。截至 2017 年底，上海累计引进外资项目 9.1 万个，合同外资 4 242.2 亿美元，实到外资 2 231.4 亿美元(表 6.1)。

表 6.1　2011—2017 年上海利用外资年度对比情况

年度	合同外资		实到外资		
	金额/亿美元	同比增长率/%	金额/亿美元	同比增长率/%	全国同比增长率/%
2011	201.0	31.3	126.0	13.3	9.7
2012	223.4	11.1	151.8	20.5	−3.7
2013	249.4	11.6	167.8	10.5	5.3

续表

年度	合同外资		实到外资		
	金额/亿美元	同比增长率/%	金额/亿美元	同比增长率/%	全国同比增长率/%
2014	316.1	26.8	181.7	8.3	1.7
2015	589.4	86.5	184.6	1.6	6.4
2016	509.8	−13.5	185.1	0.3	4.1
2017	401.9	−21.2	170.1	−8.1	4.0

（二）外资结构持续优化

2017 年，上海服务业实到外资 161.5 亿美元，占比为 95%。服务经济为主的引资结构不断优化，以总部项目为主的商务服务业继续成为上海市引进外资第一大领域，实到外资近 50 亿美元，比上年增长 5.1%，占全市外资的比重进一步提高至 29.4%。其次为商贸业，实到外资 26 亿美元，增长 27.7%，占比达到 15.3%。以信息服务、专业技术服务、研发设计为主的高技术服务业引进外资快速增长，实到外资 28.4 亿美元，增速达到 30%，占比为 16.7%。房地产业、金融服务业引进外资下降。房地产业实到外资大幅下降近 40%，实到外资 22.9 亿美元；受融资租赁项目回落影响，金融服务业实到外资 20.5 亿美元，下降 23.9%（表 6.2）。上海外资逐步形成了以总部经济、服务经济、研发经济为升级动力的引资新格局。

表 6.2　2017 年上海服务业实到外资情况

产业/行业	金额/亿美元	同比增长率/%	占比/%
服务业	161.5	−1.1	95.0
#租赁和商务服务业	49.9	5.1	29.4
信息服务业	22.2	45.2	13.1
商贸业	26.0	27.7	15.3
房地产业	22.9	−39.4	13.5
交运仓储业	10.5	258.3	6.2
金融服务业	20.5	−23.9	12.1

（三）地区总部集聚提升

2017 年，上海继续加大总部培育和支持力度，上海市政府发布了修订后的《上海市鼓励跨国公司设立地区总部的规定》，全年新增跨国公司地区总部45家，其中雅玛多管理(中国)有限公司、沃尔沃(中国)投资有限公司等14家跨国公司设立了亚太区总部。近5年引进跨国公司地区总部222家，占累计引进地区总部数量的36%；截至2017年底，地区总部数量达到625家，上海继续保持中国内地跨国公司地区总部最多的城市。地区总部不断集聚，能级不断提升，亚太区总部达到70家。功能持续拓展，越来越多的地区总部成为集管理决策、采购销售、研发、资金运作、共享服务等多种职能于一体的“综合性总部”。

（四）外资研发优势效应明显

2017年，《上海市关于进一步支持外资研发中心参与上海具有全球影响力的科技创新中心建设的若干意见》的出台进一步激发了外资参与上海科技创新中心建设的积极性。全年新增上海李尔技术中心、上海科勒电子科技有限公司、巴德医疗研发(上海)有限公司等外资研发中心15家，累计达到426家，约占内地总数的1/4，居全国首位，累计引进亚太区以上研发中心57家。外资研发中心集聚了全球高端创新要素，吸引了大量的创新资本、创新人才，“在上海、为世界”开展技术创新和产品开发，一批创新产品从上海走向世界，推动上海加快融入全球创新网络。英特尔、联合利华、罗氏、诺华、微软等一大批跨国公司不断提升研发能级，拓展创新方式，以合作、共享、开放和协同为特征的开放式创新开始涌现，助力上海科技创新中心建设。如强生在上海设立了全球北美以外第一个JLABS生物医药孵化器项目，给上海生物技术领域的创新合作带来全新活力。

（五）外商投资企业效益良好

根据纳入可比口径的1.46万家外商投资企业运营情况监测结果，2017年，外商投资企业营业收入比上年增长11.2%，纳税总额增长13.1%，利润总额增长21.7%。除房地产业外，主要行业营业收入均实现增长，其中，金融服务业、交运仓储业、租赁和商务服务业、科技服务业、商贸业营业收入增长较快，涨幅分别为17.8%、16.6%、15.1%、15%、11.4%。得益于化工、汽车、电子、装备制造行业营业收入及利税大幅增长，外资制造业企业效益继续好转，合计营业收入比上年增长10.2%，纳税增长9.9%、利润增长19.6%。

（六）投资来源地日益增多

截至2017年底，在上海投资的国家和地区增至175个。主要投资来源地保持稳定，投资上海前10位国家和地区（以实到外资计）分别为中国香港、日本、新加坡、开曼群岛、英属维尔京群岛、美国、丹麦、法国、荷兰、韩国，合计实到外资141.29亿美元，占全市实到外资的83.1%。日本对沪投资保持恢复性增长态势，实到外资7.88亿美元，比上年增长62.7%。美国对沪投资实到外资5.54亿美元，同比增长8%。欧洲对沪投资实到外资16.67亿美元，比上年下降10.5%，主要国家投资涨跌不一，其中法国、荷兰、丹麦投资增长，德国、卢森堡、瑞士、瑞典投资下降。"一带一路"沿线国家合计对沪投资实到外资8.85亿美元，占比为5.2%。

（七）上海自贸试验区引进外资成效显著

随着上海自贸试验区改革开放力度进一步加大，引进外资成果斐然。2017年，上海自贸试验区实到外资70.2亿美元，同比增长13.5%，实到外资额在全国11个自贸试验区中位列第1位。上海自贸试验区占上海市实到外资的比重升至41.3%，助推浦东新区实到外资达到78.3亿美元，占上海市实到外资的46%。

二、 2017年上海利用外资主要举措

（一）推进上海自贸试验区扩大开放先行先试

落实上海自贸试验区3.0方案，推进上海自贸试验区扩大开放措施项目落地。会同上海市投资促进中心、上海市外商投资企业协会，联合美国商会、欧盟商会等机构，以上门走访、早餐会、座谈会、高管沙龙等多种形式宣传上海自贸试验区扩大开放措施，吸引优质外商投资企业落户。2017年，上海自贸试验区新增扩大开放项目412个，截至2017年底，54项扩大开放措施累计落地项目2 404个。新落地项目主要集中在融资租赁、工程设计、旅行服务、文化服务、教育培训等领域，引进了全国第一家外资金融类投资性公司——宏利投资（上海）有限公司；上海自贸试验区第一家中外合作教育培训机构——德珍教育培训（上海）有限公司；吸引全球第二大船舶管理企业落户，投资设立了中英中船船舶管理（上海）有限公司；全球著名的资产管理公司——美国纽约梅隆银行投资管理公司设立了纽银梅隆投资管理（上海）有限公司。同时，继续推进新一轮扩大开放，向商务部研究提出金融、航运、商贸、文化、社会、专业服务及先进制造业七大领域的16条扩大开放措施建议。

（二）深化外商投资管理体制改革

2017年，上海全面实施准入前国民待遇加负面清单管理制度，贯彻落实《自由贸

易试验区外商投资准入特别管理措施(负面清单)》(2017 年版)和《外商投资产业指导目录》(2017 年修订)。一是充分赋予各区、开发区备案权限,将所有的备案权限下放给 16 个区和 9 个开发区,组织上海市外商投资负面清单和外商投资备案管理专题培训,指导各区、开发区做好外商投资备案管理工作;二是完善事中事后监管制度。下发《上海市商务委员会关于做好上海市外商投资企业设立及变更备案监督检查工作的通知》,明确了上海市检查机构、重点行业抽查比例、检查具体文件以及相关要求。同时,针对融资租赁等特定行业建立风险排查机制,并建立黑名单制度;三是优化服务。对保险经纪、医院、增值电信、教育培训等许可证管理的重点行业,商请行业主管部门提前介入,帮助企业备案(审批)、登记后尽快取得行业许可、开业经营。2017 年上海市共完成外商投资备案事项 26 750 件,99%外资新设、变更事项通过备案方式办理,平均备案办理时间从审批时的 20 个工作日(承诺 8 个工作日)缩短至 3 个工作日,新设企业所需材料从审批时的十几份纸质文件减少为最多在线提交 7 份,外资准入便利性显著提高。

(三)推进外资总部经济提质增效

一是进一步完善了跨国公司地区总部政策。上海市政府发布了修订后的《上海市鼓励跨国公司设立地区总部的规定》(沪府发〔2017〕9 号),优化了跨国公司地区总部的认定标准,延续了开办资助、租房资助和经营奖励等支持政策,完善了总部的政策体系;二是加大了跨国公司地区总部的投资促进力度,分别会同部分区政府以及美国商会、欧盟商会、上海市外商投资企业协会、投资促进机构等举办了 10 场总部新政策的宣传推介活动;举行第 27 批跨国公司地区总部颁证仪式,应勇市长为新认定的 40 家跨国公司地区总部颁发证书;三是扎实推进政策落实,开展年度资金评审,共有 39 家跨国公司地区总部获得支持资金 1.6 亿元。

(四)加强投资促进工作机制建设

组建上海市商务委员会投资促进工作小组,作为跨平台、开放式、战略型的投资促进功能性平台型组织,按地区设立美大区、欧洲区、亚非区和中国台港澳地区项目组,建立投资促进机构、项目和活动等三个信息库,协同联动全市投资促进网络,建立以来已累计跟踪推进外资项目 50 余个。充实现有海外办事处驻外人员力量,同时加强与中国华信能源有限公司、华谊集团、上海电气集团股份有限公司等与上海市商务委员会共建海外办事处的企业,动员多方力量,拓展海外网络。驻美国洛杉矶办事处首次走出美国,在墨西哥举办“上海招商引资政策专题推介会”;驻德国法兰克福办事处赴意大利等欧盟国家参加推介会，宣传上海最新投资环境。

（五）广泛开展各类投资促进活动

一是配合上海市领导高访开展一系列区域双向投资促进活动。2017 年 6 月，时任上海市委书记韩正出访意大利，会同意大利对外委员会在罗马共同举办“中国-意大利经贸合作论坛”，并召开投资上海推介会。全年累计在境外举办 10 场多种形式的投资环境推介活动；二是参与和举办一系列区域投资促进论坛活动。联合部分区和开发区以及外国驻沪投资促进机构，先后举办和参与了“威尔士-上海投资产业说明会”“中挪商务论坛”“匈中物流论坛”“‘一带一路’合作论坛”等 10 余场投资促进活动；在中美两国商务部“中美经贸合作机制”框架下，积极参与了在加州洛杉矶、华盛顿州西雅图、纽约举办的“中美省州贸易投资合作论坛”，推介上海投资环境。会同上海市经济和信息化委员会发布《上海市制造业利用外资三年行动计划》，在中国国际工业博览会期间举办“制造业利用外资招商引资大会”。与中国香港特区政府驻上海经贸办事处合作举办“扩大开放新政宣传会—中国香港企业专场”；连续第 13 次组团参加香港贸易发展局在中国香港举办的“中国国际中小企业博览会”，并在展会期间举办“上海营商环境暨政策说明会”。

（六）稳步推进经贸合作关系网络签约工作

按照“2017 年‘一带一路’推进工作计划”，一是扩充“一带一路”签约网络，已与斯洛文尼亚马里博尔市经济局、挪威创新署、柏林经济技术发展局、英国诺丁汉市政厅签署经贸合作备忘录；会同香港贸易发展局和上海市工商业联合会共同主办“新领域、新模式、新机遇‘一带一路’合作论坛”，上海市商务委员会与香港贸易发展局共同签署《关于深化合作的框架协议》；二是与西澳大利亚州政府就业、旅游、科技创新部、西班牙加泰罗尼亚自治区贸易发展局、智利国际经济关系总司等政府和投资促进机构就备忘录文本基本达成共识，择期签署；三是与已签约机构保持紧密联系，通过项目对接、商务代表团互访、开展双向投资活动等形式共同推动和落实备忘录的有关内容。

（七）推进国家级经济技术开发区转型升级

落实国家级经济技术开发区考核评价工作。总结分析 2016 年国家级经济技术开发区综合发展水平考核评价结果，提出针对性的改进提高工作方案，以考核促发展。组织开展 2017 年国家级经济技术开发区考核评价工作，全面反映上海国家级经济技术开发区在全国的综合发展水平。贯彻落实《国务院关于促进外资增长若干措施的通知》,研究推动闵行开发区、虹桥开发区扩区事宜,指导嘉定工业园区、浦东新区康桥工业园区、青浦工业园区、上海临港产业区等一批发展较好的市级开发区(功能区)开展升级准备工作。落实上海市商务委员会与云南、湖南、江苏、重庆、四川、江西等地商务主管部门签订的促进国家级经济技术开发区合作协议,推动上海市国家级经济技术开发区与相关省市开发区在品牌输出、人才交流等方面开展合作。推动上海漕河泾开发区与江西赣南原中央苏区龙南开发区开展结对共建。会同漕河泾开发区、闵行开发区、上海化工区等做好"长江经济带国家级经济技术开发区协同发展联盟"相关工作,2017 年,漕河泾开发区担任首届"长江经济带国家级经济技术开发区协同发展联盟"理事长单位,成功举办"第五届开发区对话 500 强暨长江经济带国家级经济技术开发区协同发展联盟产业对接峰会"。推进国家级经济技术开发区依托产业转移促进中心平台,结合园区转型发展需要,促进有需求的外资企业向中西部和东北地区有序转移。

(八)不断优化外资营商环境

一是出台支持外资发展的政策。贯彻《国务院关于扩大对外开放积极利用外资若干措施的通知》,制定出台了《上海市人民政府关于进一步扩大开放构建开放型经济新体制的若干意见》,在进一步扩大开放、进一步营造公平竞争的环境、进一步加强利用外资工作等方面提出了 33 项举措;二是建立权益保护机制。依托外资工作领导小组下设"外商投资权益保护工作组",由领导小组各成员单位组成,并发文明确了受理、协调处理、通报等工作机制,协调解决外资企业反映的生产经营中遇到的权益保护问题;三是加强企业服务。会同上海市外商投资企业协会举办早餐会、外资研发论坛、"外资服务直通车"、白玉兰奖获得者恳谈活动等,进一步营造"安商、稳商、富商"的良好氛围。完善"问题清单""重点企业首问联络员"等制度,发挥"外资服务直通车""投资促进沙龙"等微信平台作用,持续推进协调解决外资企业反映的问题和困难。

三、2018 年上海利用外资工作展望

2018 年,上海市引进外资面临的形势总体较为严峻。根据联合国贸发组织发布,2017 年全球外国直接投资下降了 16%,全球直接投资前景不明朗。随着上海土地、资源、成本、环保约束加大,引进外资产业结构在不断调整,制造业、房地产业等传

统主要引资领域下降较快，新的外资增长领域项目规模总体偏小，加之引进外资面临的国内外竞争激烈，上海外资保持增长压力较大。

与此同时，外资也面临难得的历史机遇：2017 年国务院连续出台扩大对外开放、鼓励外商投资政策，将进一步坚定外商对华投资信心；上海积极贯彻国务院文件精神，结合本地实际，修订鼓励跨国公司地区总部政策、出台扩大开放“33 条意见”、支持外资研发中心参与上海科技创新中心政策等，随着政策效应的逐步显现，将对上海引进外资有较大促进作用。加之上海外资企业整体经营情况良好，2018 年制造业复苏势头明显，总部、商贸、金融、物流等服务业领域营业收入持续扩张，外资企业经营情况的改善有助于在沪稳定发展和扩大投资。

2018 年是上海全面贯彻落实党的十九大精神的重要一年，上海市商务委员会将按照十九大“推动形成全面开放新格局”的要求，坚定改革开放再出发的信心和勇气，不断提高利用外资的质量和水平，力争全年实到外资规模保持在 170 亿美元左右，新增跨国公司总部 45 家，外资研发中心 15 家，外资企业在经济社会发展中的贡献度不断提升。重点将做好以下三方面工作。

（一）坚持扩大开放不动摇

以上海自贸试验区、自由贸易港建设为契机，推动新一批服务业扩大开放措施取得突破，争取外资银行、船舶代理、增值电信、航运服务、文化体育、养老医疗和专业服务等更多领域开放，有序放宽汽车、化工、运输设备等制造业领域的外资股份比例限制，加大对已有扩大开放政策的宣传力度，争取将上海自贸试验区制度创新举措加快在全市范围复制推广。

（二）紧抓招商引资不放松

抓好“四个一批”，即：①跟踪一批，调研摸底一批潜在项目信息，市区联动开展精准招商。充分发挥现有“5+5+1”海外办事处的功能，加强与 48 个经贸合作伙伴及近 90 个在沪外国投资促进机构的合作，加强外资项目信息的收集。继续完善投资促进机构库、项目库和投资促进活动库，协同联动全市投资促进工作网络，充分借助进口博览会举办之际，建立部分区与主宾国对接机制，举办 10 场“走进上海”投资促进活动，开展针对性招商。结合上海市领导和委办领导出访，拟在境外举办 10 场投资环境推介会，并采用购买服务、委托招商及合作增设办事处等多种方式，进一步加强信息收集和项目储备。②落地一批，建立重点项目清单，委办联手协调推动一批项目落地。加强与土地、环保、食品药品监督管理局等部门的协调力度，推动一批新业态、新领域的项目落户上海。结合外资大调研，了解外资企业的“痛点、难点、堵点”，充分发挥上海市外资工作领导小组的协调机制，市区联动、委办联手着力打通外资项目落地“最后一公里”，推进一批新项目签约，促成一批新业态、新领域项目落地，推动一批新项目按时竣工。③增资一批，做好存量外资企业的服务，内外联合推动一批已落户外资企业增资。通过多举措打造“上海服务”品牌，支持企业在沪业务发展及功能拓展，帮助企业进一步提升在全球总部的话语权，力争全年增资额超过利用外资的50%。④升级一批，积极引导外资企业在沪设立地区总部和研发中心，鼓励更多地区总部升级为亚太或全球总部，支持外资研发中心升级为全球研发中心和独立法人研发中心。着力拓展在沪跨国公司地区总部投资控股、集中销售、研发、资金管理、共享服务等功能，引导总部企业更深层次融入全球价值链。突破地区总部在实现转口贸易、结算、维修等功能方面的难点问题，提升上海地区总部在配置全球资源的能力和话语权。鼓励国家级经济技术开发区转型升级，推动一批符合条件的开发区“走出去”开展国际对接，设立境外网络。

（三）营造良好环境不减弱

加快落实开放型经济新体制“33 条”、外资研发中心“16 条”、总部经济等政策，支持鼓励各区、各开发区因地制宜出台配套举措，举办 10 场“政策说明暨问需问计圆桌会议”。启动拜访总部计划，形成拜访总部清单，请市领导、各委办局出访时安排拜访。完善重大外资项目推进机制、外商投资企业权益保护机制和服务外资企业工作机制“三大机制”。

案例 3　上海寺冈电子：注重产品研制和开发

上海寺冈电子有限公司（以下简称“公司”）是日本独资企业，投资方是日本寺冈精工，于 1992 年 10 月 12 日注册成立，坐落于金山区亭林镇工业开发区，注册资本为 838 万美元，投资总额 1 000 万美元。专业生产称重传感器、包装机、自动售货机、条码机、电子秤、电子称重显示仪表以及电子收款机等。2017 年实现销售 3.9 亿元，实现税收 1 300 万元。

公司占地面积 1 万平方米，厂房建筑面积 9 298 平方米，从日本引进 CNC 加工中心等一批先进设备和精密仪器组成完整的生产线和试验室。如 VERTIMAC 型 CNC 加工中心、LR—P、LTR、LTF 恒温恒湿槽、自动贴片流水线，超声汽相清洗机、多工位装配作业线、整机老化室以及晶体管图示仪、高压测试仪、耐压试验仪、直流电位差计、恒温恒湿箱、静电许容度试验机、电子元器件检测装置、双踪示波器、标准砝码、感量砝码和电磁天平等生产设备和检测设备近 200 多套。

公司自 2002 年被评为先进技术企业以来,始终十分重视产品研制和开发。公司清楚地认识到,在现代科技日益进步、生产力水平迅速提高的条件下,只有坚持走科技发展的道路,大力开发高新技术产品,加快提高自主创新能力,提升核心竞争力,加快实现高新技术成果向现实生产力转化,争取以高技术含量产品占领市场,才能在市场上永远立于不败之地,在行业中永远处于领先地位。

公司成立至今 20 多年,为保持企业发展优势,首先开发了一个具有强大前台功能的称重收银一体设备 RM-5800,其次是建立一套基于 WEB 的总部/后台管理系统 MaxChain,再次是在该技术中心设立一个服务器运行 MaxChain,为全球客户提供 MaxChain 应用的租用服务。这个新的业务模式使得公司摆脱了同业者的竞争,从产品的销售走向"产品一系统集成一云服务"一体化方案的提供者。公司产品以其稳定性和准确快速性博得了广大用户的一致好评,主要用户有盒马鲜生、沃尔玛、家乐福、乐购、联华、欧尚、来伊份、三只松鼠、绝味、第一食品商店等。公司产品通过美国 UL 认证、德国 TüV 认证、欧共体的 EC 认证和日本经济产业省颁发的指定外国制造事业者指定书,并在 2003 年获得 ISO9001 质量体系的认证。公司被评为金山区十佳企业、星级企业和重点企业,是海关信任管理企业(双 A 类);税务管理 A 类企业;国家外汇管理局红色通道企业。自 1996 年以来,公司每年都评为全国外商投资双优企业,2002 年度被确认为外商投资先进技术企业,此后还被认定为高新技术企业。

第二节　总 部 经 济

吸引跨国公司地区总部是上海主动扩大开放,提高利用外资质量和水平的重要内容,是上海推动外资参与"四个中心"和科技创新中心建设的有效途径,也是上海提升全球城市功能的有力举措。经过十多年的不断努力,落户上海的跨国公司地区总部数量不断增多,能级不断提升。上海已成为我国内地跨国公司地区总部最集中的城市。

一、 2017 年上海总部经济基本情况

2017 年,上海市新增跨国公司地区总部及总部型机构 45 家,其中有 14 家企业被认定为亚太区总部;新增投资性公司 15 家;研发中心 15 家。截至 2017 年底,外商在

上海累计设立跨国公司地区总部 625 家，投资性公司 345 家，研发中心 426 家。跨国公司地区总部数量占全市外商投资企业的 1.3%，营业收入占比 10.0%，利润总额占比 17.3%，从业人数占比 6.2%，纳税总额占比 11.6%(图 6.1)。

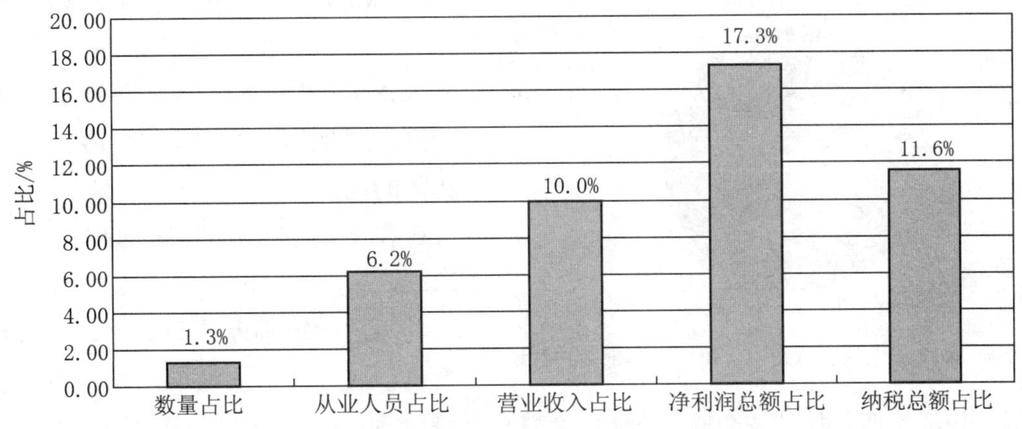

图 6.1 跨国公司地区总部占上海市外商投资企业各项指标比重

2017 年，上海总部经济发展特点如下。

一是从投资国别看，以美、欧、日企业为主。2017 年，美国企业设立地区总部 12 家，占 26.7%；欧洲企业 10 家，占 22.2%；日本企业 9 家，占 20%(图 6.2)。截至 2017 年底，美国企业累计设立地区总部 176 家，占 28.2%；欧洲企业 173 家，占 27.7%；日本企业 136 家，占 21.8%(图 6.3)。

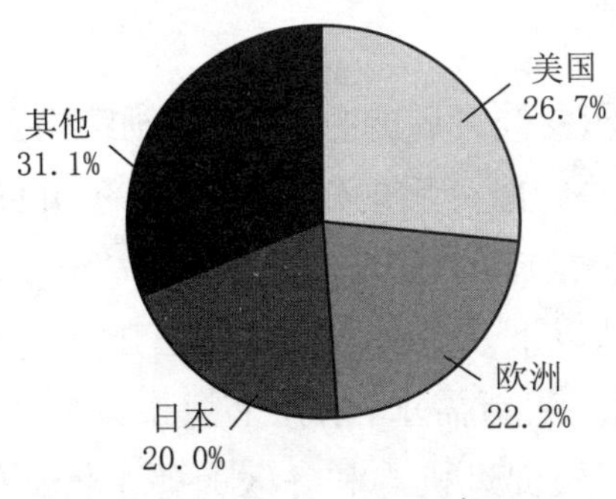

图 6.2 2017 年上海新设跨国公司地区总部来源地区分布

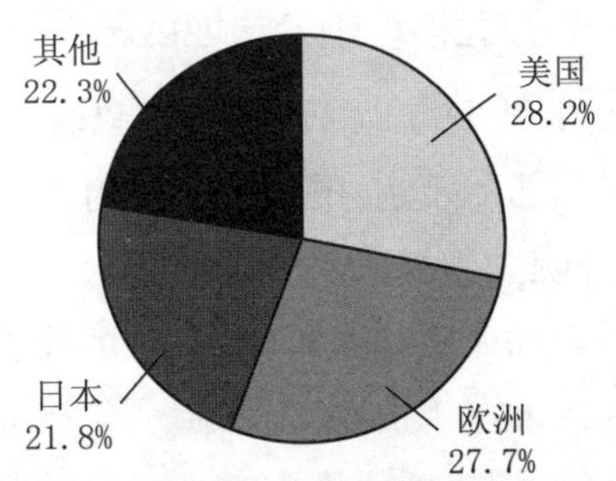

图 6.3 截至 2017 年底上海跨国公司地区总部来源地区分布

二是从行业分布看，以制造业企业为主。2017 年，制造业跨国公司设立地区总部 27 家，占 60%；服务业企业 18 家，占 40%。截至 2017 年底，制造业企业累计设立地区总部 455 家，占 72.8%；服务业企业 170 家，占 27.2%。

三是从落户区域看，浦东新区是吸引跨国公司地区总部的主要区域。2017 年，落户浦东新区的跨国公司地区总部 16 家，占 35%，其中 13 家落户上海自贸试验区。其他区域分布为：长宁区 8 家、静安区 6 家、徐汇区 5 家、黄浦区 3 家、虹口区和嘉定区各 2 家、闵行区、奉贤区、青浦区各 1 家（图 6.4）。从落户上海的跨国公司地区总部整体看，落户浦东新区的地区总部 275 家，占 44%，其中落户在上海自贸试验区的地区总部 222 家。

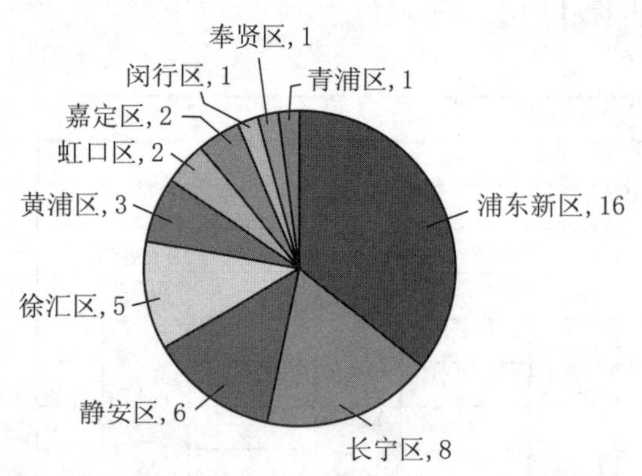

图 6.4　2017 年上海新设跨国公司地区总部落户区域

四是能级不断提升。2017 年，升级或新认定沃尔沃汽车技术（上海）有限公司、希革斯贸易（上海）有限公司、蕾碧裳品牌管理（上海）有限公司等 14 家公司为亚太区总部，全球最大的电视购物商科文思、全球领先的安全服务提供商 G4S、日本最大的物流配送集团雅玛多等行业知名领先企业在上海设立了地区总部。总体来看，落户上海的跨国公司地区总部的功能不断拓展，在沪地区总部成为集多种营运职能为一身的“综合性总部”。

二、 2017 年上海总部经济重点工作

（一）完善跨国公司地区总部政策体系

2017 年 1 月 27 日，上海市政府发布《关于印发修订后的〈上海市鼓励跨国公司设立地区总部的规定〉的通知》（沪府发〔2017〕9 号）。修订后的《规定》是上海市贯彻落实《国务院关于扩大对外开放积极利用外资若干措施的通知》（国发〔2017〕5 号）的重要举措。总部新政发布后，上海市商务委员会从以下几个方面开展配套工作：一是开展系列政策宣传活动。根据跨国公司发展新趋势、新需求，依托上海市外资企业协会、上海外国投资促进中心、在沪外国商会、各投资促进机构和各区商务主管部门，结合双月早餐会、外资服务直通车、各类政策宣讲会、招商专题会、投资论坛、企业对接会等活动等多种形式的活动，举办了 10 场新政宣传活动，加大新政的宣传力度，做好新政解读工作；二是启动了总部资金政策的修订工作。开展大量调研、排摸和梳理，会同上海市财政局根据地区总部的不同规模、能级和职能，完善财政支持和奖励政策；三是鼓励和帮助各区出台自身的总部支持政策。静安区、浦东新区、杨浦区都先

后出台相应的政策;同时协调相关行业主管部门,落实各行业主管部门对跨国公司地区总部的鼓励政策。

(二)鼓励总部企业强功能、提能级,推进总部企业数量和质量再上新台阶

顺应全球贸易投资发展新趋势,着力引进和培育一批高能级市场主体,总部能级和经济贡献再上新台阶。一是依托各区商务主管部门,做好重点企业的排摸、梳理工作,建立潜在总部企业库,协同各区加大对潜在总部企业的关注度和培育力度,增强政策宣传、推送的精准度。点对点的对潜在企业进行挖掘,了解企业需求,解决企业痛点,帮助企业落户;二是鼓励一批在沪跨国公司地区总部升级为亚太区或更大区域的总部,支持外资研发中心转型升级为全球研发中心和开放式创新平台。在这样的工作机制下,沃尔沃汽车技术(上海)有限公司升级为亚太区总部,普立万聚合体(上海)有限公司将其亚洲创新中心和亚太总部放到上海。

(三)优化营商环境,加大服务总部企业力度

一是继续推争取上海自贸试验区在服务业领域进一步扩大开放,向国家层面提出扩大开放措施建议,同时争取上海自贸试验区扩大开放措施复制推广至全市,营造有利于各类总部企业拓展功能的政策环境;二是发挥上海市外资工作领导小组等市级协调机制的作用,积极推进部门间联动协调。建立市区联动、委办联合、委内联手的服务各类总部企业的快速反应机制,继续推进"重点企业首问联络员""问题清单"等制度,加大为总部企业提供一对一服务的力度。响应总部企业诉求,积极协调各行业主管部门解决企业各种疑难杂症。比如:上海市商务委员会帮助汉高公司解决高管办理任职类永居的问题,帮助华特迪士尼高管协调办理外国专家证的问题,积极联系上海市合作交流办,鼓励外资企业参与遵义的扶贫工作等;三是举办各类活动,深度了解企业需求并扩大各类政策普及度。结合国际经贸新形势和企业运营中遇到的新问题举办多项活动:举办美资企业高管沙龙活动,针对特朗普上台,倾听美国企业心声,了解美国贸易、投资政策趋势;举办"外资服务直通车"第四次线下活动,走进外资企业,深度解读跨国公司地区总部和广告法最新政策;举办 2017 年白玉兰奖获得者联谊活动。上好佳(中国)有限公司、赢创特种化学(上海)有限公司、科莱恩化工(中国)有限公司、通用汽车中国公司上等获奖的外籍高管出席了联谊活动。该活动增进了总部企业高管和上海之间的感情,感谢获奖外籍高管为上海经济发展所做贡献,鼓励他们继续为上海的明天奉献智慧和热情;四是按期举办区县及开发区商务干部的培训,培养一支业务精良的专业队伍,提升区县及开发区为外资企业服务的业务

水平和工作能力。线上运营“外资服务直通车”微信服务群，打造“7×24”全年无休的在线服务平台，及时发布政策信息和行业动态，为跨国公司地区总部了解行业发展动向、政策信息、问题反映等提供便利。

（四）举办地区总部颁证仪式

2017年9月按期举办第27批跨国公司地区总部颁证仪式。上海市市长应勇为新认定的40家跨国公司地区总部颁发证书。此次获颁证书的40家跨国公司地区总部，其中13家为亚太区总部，27家为中国区总部，包括全球最大的汽车座椅供应商安道拓（中国）投资有限公司、全球最大的电视购物商科文思（上海）管理有限公司、英国最大的汽车制造商捷豹路虎（中国）投资有限公司等行业知名跨国公司。

三、2018年上海总部经济工作展望

立足不断扩大开放，顺应跨国公司地区总部“在上海、为全球”的战略变化，加强总部新政宣传，修订资金扶持政策，落实鼓励政策，强化综合服务，营造良好环境，进一步促进跨国公司地区总部集聚功能，提升能级，提升上海在全球价值链中的地位。

（一）修订并发布《上海市鼓励跨国公司地区总部发展专项资金使用和管理办法》

作为总部经济政策体系的重要组成部分，《上海市鼓励跨国公司地区总部发展专项资金使用和管理办法》（沪商外资〔2013〕283号）自2013年4月发布以来，为落实地区总部鼓励政策、提升总部经济能级发挥了重要作用。该《办法》已实施5年，其所依据的《上海市鼓励跨国公司设立地区总部的规定》（沪府发〔2011〕98号）已于2017年1月修订，为保持政策的准确性、连续性和稳定性，进一步优化总部经济发展环境，及时修订、延续总部资金管理办法十分有必要。为规范财政资金的使用和管理，提高财政资金使用效益，进一步发挥财政资金的引导作用，上海市商务委员会会同上海市财政局在听取企业、区县和专业机构的意见建议基础上，将修订发布新的《上海市鼓励跨国公司地区总部发展专项资金使用和管理办法》。

（二）推动在沪跨国公司地区总部拓展功能，提升能级

实施总部经济提质工程，一是依托外资企业协会，办好双月早餐会、地区总部高管沙龙、问需问计圆桌会议、政策宣讲会、研发论坛等多种形式的活动，宣传上海的营

商环境、鼓励政策；二是落实《上海市政府关于印发修订后的〈上海市鼓励跨国公司设立地区总部的规定〉的通知》(沪府发〔2017〕9号)，吸引更多的地区总部落户上海、扩展功能、提升能级；三是加强与各区、开发区合作，加大对潜在总部企业的关注度和培育力度，推进总部企业落户，鼓励总部企业拓展功能，提升能级。

（三）营造亲商、稳商、扶商的良好氛围

发挥上海市外资工作领导小组等市级协调机制的作用，着力推进部门间联动协调，形成重大问题协调机制，共同推进解决各类总部企业发展面临的重大问题。继续加强对外资队伍的专业培养，对总部企业做到有联系、有走访、有交流，及时解决各类总部企业运营中的疑难杂症。着力构建包括信息服务、金融服务、投资促进、人才培训、风险防范等公共服务新机制，提升公共服务能力，帮助各类总部企业拓展功能、扩大业务、规范经营。继续推进"重点企业联络员制度"，指派专人联系服务地区总部和研发中心等重点企业，形成全年无休的在线服务平台，及时为跨国公司地区总部、研发中心解决困难和问题，增强协调与服务能力，扩大服务维度，充实服务内容，为跨国公司在沪发展营造更好的营商环境。

案例4　蔡司：百年"蔡司镜头"定格"中国创造"

卡尔蔡司(上海)管理公司(以下简称"蔡司")既是蔡司中国总部的所在地，也是蔡司全球25个研发中心之一。不同于其他研发中心，上海的创新研发中心首先强调创新，这是蔡司集团在德国以外设立的首个前瞻性研究中心和技术部，对蔡司在华乃至全球的发展起到了重要的推动作用。蔡司表示，将继续立足上海，坚持蔡司深耕中国市场的承诺，为促进中国的蓬勃发展做出更大贡献。

早在1999年，蔡司公司就入驻外高桥保税区，成立了蔡司光学仪器(上海)国际贸易有限公司。2013年，蔡司贸易公司成功升级为蔡司集团在中国的管理型地区总部，并正式更名为"卡尔蔡司(上海)管理有限公司"，履行对中国6家子公司的管理和服务职能，并率先设立了外币和人民币资金池，对其管理的子公司进行资金统筹和调拨。2015年，蔡司全面启用位于外高桥保税区内的全新蔡司中国总部大楼。

在蔡司中国总部大楼内，新扩建的工业测量事业部工厂是蔡司全球检测设备产量最高的生产设施，也是其全球制造网络中的重要一环。除了工厂、客户中心外，蔡司还建立了亚洲第一个提供车身全系列检测解决方案的车身检测中心、亚太地区显微镜中心，凭借行业内最丰富的产业链，为客户提供包括演示、客户培训、合同测量、

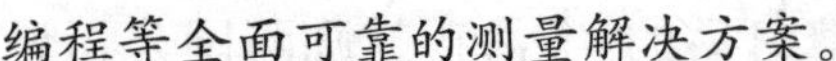

编程等全面可靠的测量解决方案。

作为研发驱动的科技型公司，在中国成立创新研发中心，并将全球研发工作的部分业务落户上海，是蔡司在中国乃至全球市场上取得的一大突破。自推出第一款本土研发面向全球的智能光学显微镜以来，蔡司（中国）创新研发中心的职责已逐步覆盖了光学技术与设计、机械设计、电子工程、软件开发、系统工程以及创新升级。6 年多来，创新研发中心已有 66 个高质量的创意。其中，有 38 个申请了知识产权保护，包括 15 项发明专利、9 项实用新型专利、12 项设计专利和 2 项著作权登记；有 23 项专利已获得授权，并提出了相应的国际化专利申请。

此外，蔡司还携手上海各大院校和研究机构，在科学研究和本土人才培养方面展开了长期合作，全力支持打造“产学研联通”的良好创新环境。

2010 年，蔡司与上海大学建立工业测量人才培养合作培训基地。2012 年，蔡司在清华大学开设几何量课程，设立了清华之友奖学金。2013 年，蔡司参与建设同济大学中德学院先进制造中心，共创工业 4.0 实验室。2014 年，“东华大学-卡尔蔡司光学联合实验室”揭牌。2015 年，蔡司联合复旦大学启动了博士培养计划。2017 年，蔡司与复旦签约建设校外实习基地，并设立蔡司奖学金。通过加强与政府和产业的全方位交流合作，蔡司始终致力于在国内探索未来产业转型的方向，助力推动产业转型升级。

蔡司表示，公司始终将本土创新视为其在中国发展的战略核心。蔡司（中国）研发创新中心致力于将蔡司全球的高端技术与适用于本土需求的创新相融合，研发更加贴合中国以及海外市场的产品。

第三节　外资研发中心

上海始终把科技创新作为推动发展的动力，坚持把吸引外来投资与提升自主创新能力相结合，大力吸引跨国公司在沪设立研发中心。经过多年发展，外商投资研发中心成为上海跨国公司功能性机构的重要组成部分，也成为上海推进建设“具有全球影响力的科技创新中心”的重要载体之一。

一、 2017 年上海外资研发中心基本情况

截至 2017 年底，累计落户上海的外资研发中心达 426 家，上海已成为中国内地吸引外资研发中心最多的城市之一。落户上海的外资研发中心，集聚了大量高端人

才，在促进上海产业水平提升和产业结构转型升级方面，发挥了积极的作用。近年来，落户上海的外资研发中心呈现出以下特点。

（一）行业分布集中在高新技术产业

截至2017年底，落户上海的外资研发中心主要集中在信息技术、医药、汽车及零部件和化工等高新技术行业。医药及生物技术行业98家，占23%，全球最大的15家制药企业中有7家在上海设立研发中心，包括辉瑞中国研发中心、葛兰素史克（上海）医药研发有限公司、阿斯利康中国创新中心、罗氏研发（中国）有限公司、诺华上海研发中心、礼来（中国）研发有限公司、勃林格殷格翰上海研发中心；信息技术行业93家，占21.8%；汽车及零部件行业50家，占11.7%；化工行业46家，占10.8%。随着全球节能环保产业的兴起，从事新材料、新能源领域的外资研发中心也逐渐增加达24家，占5.6%（图6.5）。

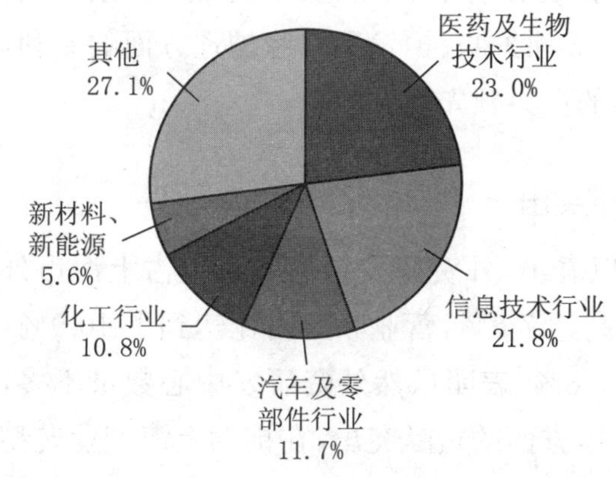

图6.5　截至2017年底上海外资研发中心行业分布

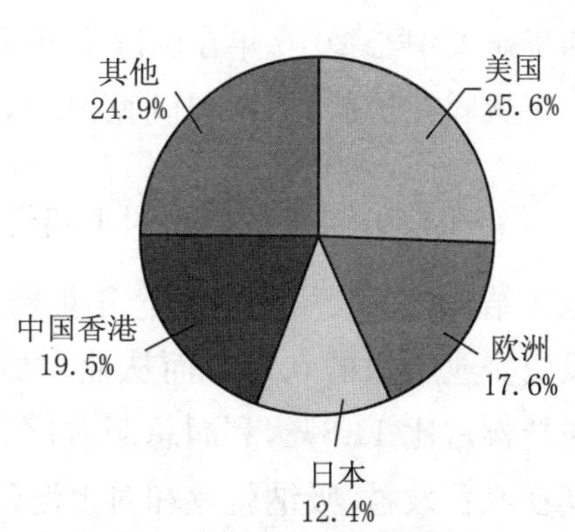

图6.6　截至2017年底上海外资研发中心来源地区分布

（二）投资国别集中在发达国家和地区

截至2017年底，落户上海的外资研发中心主要来源于美国、欧洲、日本和中国香港等发达国家和地区。其中，来自美国的109家，占25.6%；来自欧洲的75家，占17.6%；来自日本的53家，占12.4%；来自中国香港的83家，占19.5%（图6.6）。

（三）研发功能以技术和产品开发为主

目前，上海市外资研发中心可分为基础研发、技术和产品开发、产品本地化三种类型。由于设立在上海的外资研发中心大多向其地区总部靠拢，与生产企业配套，以便及时应对市场，因此绝大多数的跨国公司还是将上海研发中心定位为技术和产品开发，主要以"D(development)"为主，如汽巴精化中国研发中心、联合利华研发中心等。近年来，随着资金、人才等创新要素在上海不断集聚，越来越多的跨国公司也开始选择在上海研发中心进行基础研发。

（四）研发活动从本地化向全球化发展

跨国公司正在不断提升上海市研发中心在其全球战略体系中的层级，在上海设立全球性或区域性研发中心。如通用电气上海研发中心是其全球三大研发机构之一，联合利华中国研究院是该公司全球三大研发中心之一，可口可乐产品研发检测中心是该公司在亚太地区的研发总部。在沪外资研发中心在上海乃至全球获得了一系列研发成果，如陶氏化学上海研发中心 2016 年专利发表数达 106 项，新产品创新收益达 18.3 亿美金；通用汽车中国科学研究院已先后申请国际专利超过 200 余项；联合利华研发中心 2016 年在国际上共申请了 38 项护肤、护发和口腔护理方面的专利，进一步巩固在护肤、护发和口腔护理等方面的世界领先地位。

（五）外资研发中心对上海经济贡献突出

结合外商投资企业联合年报数据可以看出：外资研发中心数量仅占上海市外商投资企业总数的 0.7%，而从业人员占比高达 7.6%，营业收入占比达到了 10.9%，纳税总额占比 11.8%，利润总额占比高达 17.8%，表明虽然外资研发中心数量不多，但其在经营效益、吸纳就业和对上海经济发展方面的贡献突出，在推动上海产业转型升级中发挥了重要作用。

（六）外资研发中心已经成为上海嵌入全球创新网络的重要接口

部分跨国公司正逐步提升上海研发中心在全球战略体系中的能级，通过在沪设立区域性或全球性研发中心，面向亚太地区乃至全球开展技术创新和产品开发，包括通用电气上海研发中心、联合利华中国研究院等均是总部在全球布局的最高层级研发机构之一，目前约有 30 家此类型的外资研发中心落户上海。这些高能级的研发中心通过积极整合配置全球创新资源，为外资研发中心中超过 4 万名的中方研发人员搭建了更为宽广的平台、提升了国际化视野，也使上海与全球创新网络的联系更为紧密。

二、 2017 年上海外资研发中心主要推进举措

（一）制定支持政策

会同相关部门研究制定了《上海市关于进一步支持外资研发中心参与上海具有全球影响力的科技创新中心建设的若干意见》，并由上海市政府发布。聚焦创新要素跨境流动和全球配置、知识产权保护和落地、创新成果转移转化、更好服务外资研发活动等方面，提出了推动外资研发中心更加深入广泛地参与上海科技创新中心建设的 16 条措施，在资金支持、知识产权落地、人才集聚等方面取得新突破。

（二）落实外资研发中心税收政策

上海市商务委员会会同上海市财政局、国家税务总局上海市税务局、上海海关发布了《上海市外资研发中心享受进口设备免税政策资格认定的公告》和《上海市外资研发中心享受采购设备增值税政策资格认定的公告》，确保 36 家外资研发中心享受国家相关的税收优惠政策。

案例 5　高通：20 多年扎根本土助力中国创新

坐落于张江的高通企业管理（上海）有限公司（以下简称“高通”）是美国高通公司在华的地区总部，承担着重要的研发和客户服务功能。公司高管表示，每一部 3G、4G 智能手机都使用了高通的发明。目前，中国前十大手机厂商都与高通签署了专利许可协议。

根据相关研究机构数据显示，目前高通是全球最大的无线半导体设计公司，高通的旗舰产品骁龙芯片已经成为手机性能领先的代名词。搭载骁龙处理器的安卓智能手机，在 2014 年出货量就超过了 10 亿部。而且，高通的产品和服务并不局限于移动智能终端，还拓展至医疗、汽车、物联网、智能家居、智慧城市等多个领域，推出了超过 25 款物联网智能平台。截至目前，高通物联网芯片平均每天出货量超过 100 万颗，市场上已有超过 15 亿部物联网设备采用了高通的技术。

在高通的支持下，中国领先的设备和终端制造厂商不仅努力满足国内需要，还向海外市场高歌猛进。作为绿色智能出行领域的行业领袖，被誉为“新四大发明”之一的摩拜单车已计划采用高通的物联网方案，在美国发展无桩智能单车业务。高通对于中国手机制造业的大力支持，也让国产手机在“出海”大军中异军突起。据统计数

据显示，高通已与超过125家中国企业达成技术许可协议。同时，高通还帮助中国智能手机和平板产品厂商利用现有专业知识与经验快速打开海外市场，而无须花费大量时间了解当地运营商和渠道商的市场需求。

为进一步推动中国半导体专业能力的提升，增强中国半导体行业整体优势，2016年9月，高通在外高桥成立了高通通讯技术(上海)有限公司，这也是高通在全球首次涉足半导体制造测试业务。今后，新公司将成为高通布局半导体业务运营体系中的重要一环，显著缩短产品上市周期，提升产品质量。

第七章　对外经济合作

第一节　对 外 投 资

2017年，在商务部和上海市政府的坚强领导和各兄弟部门的大力支持下，上海市商务委员会紧紧围绕国家“走出去”战略和“一带一路”倡议，不断完善对外投资合作体制机制，着力创新公共服务体系，推动重大项目实施，规范经营秩序，加强安全风险防范，全市对外投资合作持续平稳健康发展。全年备案和核准对外直接投资项目608个，对外直接投资备案中方投资额110.8亿美元，实际对外直接投资额123.5亿美元，居全国各省市第1位。

一、 提升价值链、产业链、创新链、供应链水平

（一）积极开展跨境并购

2017年新增项目中，中方投资额超1亿美元的境外并购项目达60个。如九阳集团通过上海力鸿新技术投资有限公司并购美国知名企业，扩展小家电品牌和流水线，以渠道整合生产资源，迈出全球发展的重要一步。上海申达股份有限公司收购世界第三大汽车内饰零部件供应商IAC集团下属的汽车软饰业务和资产，有效加强了公司汽车内饰业务板块优势，提升国际影响力。

（二）大规模“走出去”和高水平“引进来”有机结合

当前不少上海企业坚持通过开展一系列境外并购，将“走出去”与“引进来”有机结合，在实现自身跨越式发展的同时，更好地服务和开拓国内市场。如刚泰集团收购

意大利顶级珠宝品牌布契拉提，中国首家精品店在上海揭幕，同时预计开设多家门店，基本覆盖一线城市及主要的二线城市，全面铺开在中国市场的销售网络。赛领资本管理有限公司通过境外注资北京市商汤科技开发有限公司，从而进一步支持商汤科技在国内全面开展人工智能关键技术创新，商汤科技开发有限公司与上海市政府签订 5 年内在沪总投资额不低于 60 亿元，打造全球领先的人工智能企业。

（三）新兴优势产业瞄准境外市场开展全球化经营

随着“一带一路”倡议的深入实施，不少上海市行业龙头企业开始将视线转移到境外新兴市场。如圆通速递股份有限公司收购知名国际物流公司先达国际控股有限公司，后者在全球 16 个国家建立了超过 50 个独立稳定的组织机构，拟打造全球领先的综合性快递物流运营商和供应链集成商。复星集团在国内物流领域已有菜鸟网络科技有限公司、百世物流科技（中国）有限公司、上海韵达速递（物流）有限公司等多个投资项目，日前在海外物流领域试水第一个投资项目，参股印度最大的电子商务物流企业 Delhivery Private Limited，将把中国物流领域的发展经验和商业动力嫁接给后者。蚂蚁金融服务集团成为“印度支付宝”Paytm 大股东一年来，已成为印度打造普惠金融的最佳解决方案之一，其发展目标是在两年内普惠到 5 亿印度人口。

二、 积极推动企业参与“一带一路”倡议

（一）牵头出台“一带一路”推进工作方案

上海市政府关于《上海服务国家“一带一路”倡议发挥桥头堡作用行动方案》发布以后，上海市商务委员会结合商务工作实际情况，第一时间研究出台了全市商务领域《关于聚焦“贸易畅通”推进服务“一带一路”桥头堡建设实施方案》，提出以上海自贸试验区为制度创新载体，以经贸合作为突破口，以金融服务为支撑，以基础设施建设为重点，以人文交流和人才培训为纽带，以同全球友城和跨国公司合作为切入点，聚焦贸易畅通，到 2020 年基本形成支撑“一带一路”桥头堡建设的制度创新、要素配置、贸易集散和开放合作四大功能，着力推动 8 个辐射带动力强的功能性平台建设，构筑贸易畅通的“四梁八柱”，力争在服务国家对外开放战略中发挥更大的作用。

（二）“一带一路”沿线对外投资取得新突破

2017 年，上海对沿线国家的非金融类直接投资中方备案额为 12.9 亿美元，占全市比重 11.6%。在沿线国家新签对外承包工程合同额 72.5 亿美元，占全市总额

66.8%；完成营业额59.7亿美元，同比增长49.4%，占全市总额的60.1%。聚焦产能合作，鼓励支持装备企业在沿线国家开展直接投资，加快装备制造和产能合作。如上海汽车集团股份有限公司继在泰国投资建设了两家整车制造工厂之后，又将在印度投资建设生产基地，通过输出有竞争力的整车产品和完整的供应链体系。上海电气集团股份有限公司在巴基斯坦、印尼、伊朗等重要节点国家以对外投资带动工程承包，按照"重技术、轻资产"的思路，实现"两头在沪、中间在外"的产业布局。聚焦境外园区，由鼎信集团投资建设的国家级境外经贸合作区印尼青山产业园，园区及入园企业已完成总投资额超过30亿美元，园区累计总产值逾15亿美元，带动当地就业近1.3万人，为当地创造税收约1.4亿美元。聚焦资源能源，支持上海市企业如鹏欣集团在刚果、南非开拓矿产资源，在巴西开拓农业领域都获得较大进展。

（三）沿线基础设施互联互通项目再创佳绩

2017年，依托在基础设施建设领域的比较优势，上海市企业积极开拓"一带一路"沿线基础设施建设和互联互通市场。如隧道股份上海城建国际工程有限公司在新加坡首次以独立设计施工总承包的形式，中标新加坡深层隧道污水处理系统第二阶段T11项目，不但提升了公司在新加坡的基建市场份额，更进一步打开了海外水利水务工程的"新版图"。中国建材国际工程集团有限公司在哈萨克斯坦承接2 500吨熟料水泥生产线新建项目，是当地目前规模最大、技术最高、设备最先进的水泥生产线项目。上海建工集团逐步在沿线国家和地区形成了对外投资、工程承包、项目融资、运营维护等全产业链的"投建营一体化"发展格局。

三、 加强"走出去"公共服务体系建设

着力构建国际化、专业化、市场化的走出去公共服务体系，打造以服务企业为核心的"走出去"生态圈，为企业提供信息服务、融资服务、投资促进、人才培训、风险防范等服务，支持企业稳妥高效的"走出去"。

信息服务方面，持续运营"走出去服务港"微信公众号，为企业提供重点国别、重点领域投资合作指南、法律法规、产业政策和安全形势等动态信息，目前关注用户超过3万人，阅读数超过340万次。在已编制发布30个重点国别和11个行业领域投资指南的基础上，2017年发布了针对境外用工、社会责任、知识产权保护、国际税务等四大专业领域的投资合作指南。

金融服务方面，与国家开发银行、中国进出口银行、中国出口信用保险公司等建

立了推进政、银、企融资对接工作机制，重点支持在“一带一路”沿线实施的国际产能合作、基础设施和互联互通重点项目。

投资促进方面，常态化举办投资促进活动，与热点国家官方机构和专业服务机构合作，根据需要举办各类投资促进活动，发掘合作新领域和新机遇。如与英中贸易协会等联合举办“一带一路”机遇研讨圆桌会和“一带一路”招投标与融资技巧研讨会。

人才培训方面，通过政府购买服务的方式，在法律、税务、融资、商务、人力资源、并购后管理、海外工程承包、社会责任、风险防范等领域，开展实用型跨国经营人才培训，目前累计培训超过 1.5 万人次。

风险防范方面，联合上海市“一带一路”安全领导小组工作成员单位指导帮助企业建立风险防范机制；按照商务部要求完成多次安全风险防范大检查；每天推送全球安全信息；对企业进行安全防范培训；通过专项资金支持企业使用保险、雇佣安保等商业模式防范和化解境外风险；支持帮助上海本土安保企业中保华安在澳大利亚、新西兰、柬埔寨等地设立企业。

第二节 对外承包工程及劳务合作

2017 年，上海新签对外承包工程合同额 108.5 亿美元，同比下降 8.4%；完成营业额 99.3 亿美元，同比增长 49.2%。上海市对外劳务合作新签劳务人员合同工资总额为 8 349 万美元，劳务人员实际收入总额为 34 084 万美元；派出各类劳务人员 32 837 人次(其中境外工程承包项目项下派出劳务人员 13 902 人)，同比增长 50.7%；期末在外人数为 42 483 人(其中境外工程承包项目项下期末在外人数为 16 959 人)，同比增长 23.0%(图 7.1)。

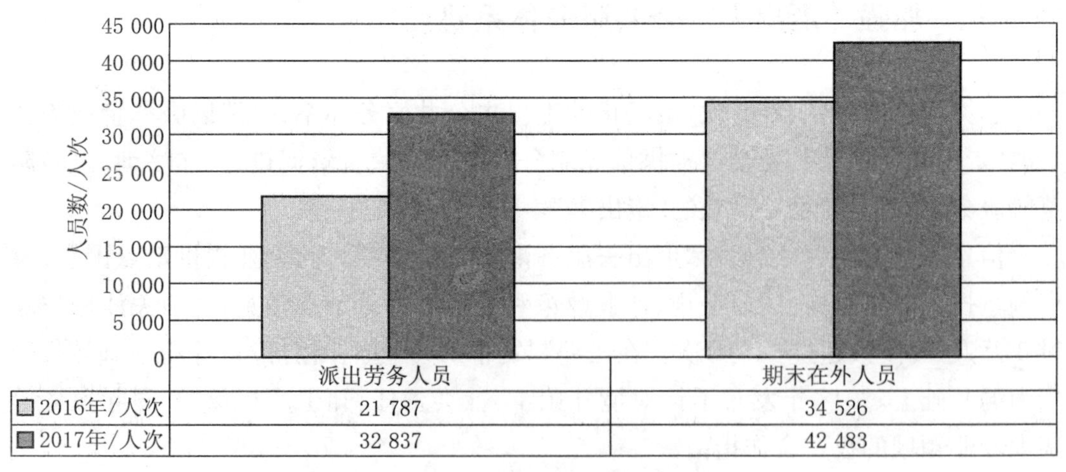

	派出劳务人员	期末在外人员
2016年/人次	21 787	34 526
2017年/人次	32 837	42 483

图 7.1 2016—2017 年上海对外劳务合作情况

从市场分布看，主要集中在亚洲和非洲等发展中国家，以巴基斯坦、新加坡、马来西亚等国为主。亚洲地区合同额为 71.6 亿美元，占总额的 66.0%；非洲地区合同额 7.9亿美元，占总额的 7.3%。

从行业分布看，主要集中在电力工程建设业、制造加工设施建设业、交通运输业。其中，电力工程建设项目 31.0 亿美元，占总额的 28.6%；制造加工设施建设项目 19.4 亿美元，占总额的 17.8%；交通运输建设项目 14.2 亿美元，占总额的 13.1%。

从项目规模看，大中型项目占比近七成。新签合同额超 5 000 万美元的大中型项目 43 个，合同总额为 74.9 亿美元，占全市合同总额的 69.0%。

从企业性质看，国有企业新签合同额 80.5 亿美元，同比下降 20.7%，占全市总额的 74.2%；民营及外资企业新签合同额 28.0 亿美元，同比增长 64.8%，占全市总额的 25.8%。

第三节　对 外 援 助

2017 年，上海 7 家援外培训承办单位共计承办援外培训项目 46 个（双边 17 个、多边 29 个，部级研讨班项目 2 个），为 94 个发展中国家政府机构和企事业单位培训人才 1 384 人，其中 491 人来自“一带一路”沿线国家。培训内容涵盖了宏观和区域发展规划、金融与财经管理、基础设施建设、中小企业发展、国有企业重组、园区开发区建设等领域。积极发挥援外培训平台机制和主场优势，助推“一带一路”倡议工作，为企业开拓国际市场、开展投资合作创造条件。如“一带一路”国家电力基础设施互联互通合作研修班、中国—白俄罗斯国有企业破产重组政策与实施研修班等来沪考察期间，组织学员们前往上海自贸试验区、上海电气集团股份有限公司、上海中兴通讯技术有限责任公司、闵行经济技术开发区临港园区等单位和机构参观交流，培训学员们与多家企业达成初步合作意向，为日后增进商务往来、加强产业合作打下良好的基础。

案例 6　中信保：助力“一带一路”重大项目融资安全

中国出口信用保险公司上海分公司（以下简称“中信保”）为上海海外联合投资股份有限公司（以下简称“海联投”）在俄罗斯的项目——波罗的海明珠项目提供海外投资保险，并配套出具见索即付、不可撤销的融资性保函，通过境外融资银行为项目建设提供融资支持，保险金额达 9 500 万美元。该项目是我国在俄罗斯最大的非能源类投资项目，中信保通过出具融资性保函为项目引入外资银行参与，在降低企业融资成本的同时，运用海外投资保险承保项目东道国的政治风险，保证“走出去”企业在风险分散的情况下开展对外投资活动。海联投是由上实、绿地、锦江、百联、爱建等多家在沪企业联合成立、具有“走出去”战略服务功能的企业。

此项目的创新点在于：一是该项目业务模式创新，中信保为客户量身定制融资与风险管理方案一体化服务模式，提供由融资性保函与海外投资保险债权保单两类信用保险产品的组合方案；二是该项目交易结构创新，外资银行基于中信保的融资性保函，将融资款项直接放款至项目公司在项目所在国的银行账户，而非通过第三国的投资平台进行转账，节约了“走出去”企业的税收成本；三是该项目在承保过程中进行了流程创新，中信保优化对大股东提供全部授信的要求，简化企业的投保流程，由各股东按出资比例向中信保提供还款担保。

此项目的应用价值在于：一是有利于保障企业对外投资的金融安全，既帮助“走出去”企业建立系统、安全、应保尽保的境外投资风险防控体系，也可将其作为境外投资全流程尽职调查手段，有利于相关部门丰富监管手段，在风险可控前提下，助推上海市国有企业进行全球布局；二是有利于推动对外投资的融资便利，中信保通过对企业对外投资过程中配套海外投资保险配套保函，在降低项目风险的基础上，有利于吸引更多中外资金融机构参与，拓宽了境外项目资金解决渠道，降低了融资成本。

第八章 贸易投资服务

第一节 功能性平台

一、 虹桥商务区

按照《上海市人民政府办公厅关于开展上海市“十三五”规划实施情况中期评估工作的通知》(沪府办〔2018〕22号)及《〈“十三五”时期〉任务分工(2016—2020)》(沪商综〔2016〕383号)的文件要求,依照《〈“十三五”时期上海国际贸易中心建设规划〉实施情况中期评估任务分工》,虹桥商务区2017年工作实施情况如下。

(一) 国际贸易服务能级显著提升

2018年11月5日首届中国国际进口博览会(以下简称“进口博览会”)将在虹桥商务区的国家会展中心举办,为进一步推进虹桥商务区功能打造,主动承接进口博览会辐射和溢出效应,虹桥商务区管委会积极搭建平台建设,着力打造一批功能性服务平台,形成“6天+365天”常年展示模式。

一是推动上海虹桥进口商品展示交易中心建设。以进口博览会为契机,充分对接国家“一带一路”倡议的新要求和“虹桥国际经贸论坛”成果清单,与上海市商务委员会联手设立上海虹桥进口商品常年展示中心,面积13.5万平方米,形成博览会六大类重要展品的365天常年展示平台。该展示交易平台积极引进进口商品博览会参展国国家级创新型技术及产品展示以及企业的创新型技术及产品展示,并将着力打造保税区,引进海关、商检部门和专业的报税、清关等长期性贸易服务功能,提供一流的产业发展环境。

二是设立了虹桥海外贸易中心。在核心区设立了虹桥海外贸易中心，面积约 1.7 万平方米，定位为海外主要经济体贸易及投资服务机构、组织集聚地，以国际共享办公及贸易展示为主题，为一批海外政府机构、国际组织、行业协会、跨国机构提供便捷的一站式商办展览的综合服务平台。目前瑞士、新加坡、墨西哥等一批国家的贸易机构组织已经明确表示有入驻意向。

三是总部类企业进一步集聚。虹桥商务区总部类企业集聚发展，吸引国内外总部类企业近 150 家，包括罗氏诊断产品(上海)有限公司、壳牌(中国)有限公司上海分公司、蒂森克虏伯工程技术(中国)有限公司、大陆汽车投资(上海)有限公司、基恩士(中国)有限公司上海第二分公司、宣伟(上海)涂料有限公司闵行分公司等在内 28 家世界 500 强和行业领军企业入驻。其中经上海市商务委员会认定的 5 家跨国公司地区总部注册落地，分别是科施博格(中国)投资有限公司、梅塞尔管理咨询(上海)有限公司、光宝科技(上海)有限公司、文晔领科(上海)投资有限公司和永恒力叉车(上海)有限公司，注册资本合计 3.09 亿美元。

四是抓紧加快设立虹桥商务区保税仓库。为做好包括进口博览会在内的会展服务，落实功能性平台项目，打通国际国内市场、提升商务区贸易服务能级，虹桥商务区管委会主动研究，积极对接上海海关，推动设立公用型保税仓，得到上海市委市政府领导肯定和支持。目前，公用型保税仓拟设立在“长三角电商集聚中心”，位于申昆路 1999 号星月物流用地 1 号楼，建筑面积约 1.5 万平方米。该保税仓一方面可满足现阶段 86 平方公里内企业对保税仓储需求，同时，探索依托保税仓储开展保税展示的创新做法、进口博览会续展保税功能落地等；另一方面，通过公用型保税仓的规范经营、合规经营、技术创新监管等，为虹桥商务区申请综合保税区做好技术创新及经验积累。相关申请报告和可行性分析已于 5 月 21 日审议通过，正向上海海关进行申报。

（二）长三角一体化协同发展能级进一步强化

虹桥商务区管委会本着“联动、共享、服务”的原则，以改革创新的精神着力在服务长三角的功能性载体建设上形成特色、打出品牌，切实提升商务区联动服务长三角城市群一体化发展的能级。

一是以功能性平台为依托，深入对接长三角各主要城市。目前管委会已与宁波、南京、苏州、嘉兴、金华、无锡、盐城等城市签订合作协议。虹桥商务区管委会将与这些长三角城市在推动长三角区域国际贸易展示全方位发展、打造长三角“会商旅文体”示范区联动平台、提供招商引资平台和重点项目对接服务、推进国际商务人才服务中心建设、推动长三角商品品牌创业创新基地建设、加快建立商务区与长三角城市区域间联动模式等方面加强合作，共同推进长三角一体化全面深化发展。

二是设立了长三角区域城市展示中心（长三角国际贸易展示中心）。推进设立的长三角区域城市展示中心，总面积约10万平方米，定位于世界主要经济体（国别展示）、长三角城市发展及优势企业、国内外创新技术的产品展览展示中心。同时，利用枢纽客流溢出效应，围绕“上海所需、各市所能”，为长三角城市提供平台，集中展示一批既有历史底蕴又有时代气息和特色产品、知名品牌，营造上海购物新亮点。现已初步投入运营，并形成规模。

三是设立了虹桥长三角电商集聚中心。管委会与阿里巴巴、京东和唯品会等开展全面战略合作，成立了虹桥长三角电商集聚中心，引入阿里巴巴上海总部及其线上线下向融合的“实体新零售”业务、京东电商生态聚集中心、唯品会长三角跨境电子商务总部等总部项目。集长三角合力共同致力于进口博览会线上线下“6天＋365天”天贸易服务平台建设。长三角电商集聚中心的建设得到社会各方的支持。中国电子商务协会决定授予长三角电商集聚中心“中国长三角跨境电子商务创新示范集聚区”称号，着力推动长三角跨境贸易发展；中国电子商会表示将跨境电子商务专委会落户平台，挂牌建立长三角电商服务中心（机制），计划在进口博览会期间举办全国性跨境电子商务峰会，打造工作品牌。

四是推动长三角“会商旅文体”示范区联动。以“政府引导、企业主体、政策支持、各方联动”为基本原则，以“共商、共治、共享”为指导思想，启动了长三角“会商旅文体”联动平台建设，与三省一市26个主要城市相关政府部门、单位共同发布《虹桥倡议》，建立联动共享平台，打响长三角会展、商务、旅游、文化、体育5张名片，提升长三角区域整体影响力，汇聚长三角城市精华，共同构建公共服务和网络，分享进口博览会溢出效应。

五是推动长三角商品品牌创业创新基地建设。建设面向长三角的商标品牌行政服务平台，集聚商标品牌社会服务资源，鼓励服务企业和商标协会组织入驻基地，营造有利于品牌成长的优良环境。在商标品牌创业创新基地内依需求设立商标注册申请受理窗口、注册商标专用权质押登记受理点，为长三角企业商标品牌创建、商标品牌资本化运作提供便利。

（三）区域功能优势进一步突出

一是核心区总体建成，功能初显。核心区开发建设有序推进、总体建成，总建筑面积近600万平方米，投入运营的商办面积达114万平方米，占商办总量的46%。

2016年和2017年两年间，核心区注册企业分别为664家和1 206家，企业增长率达81.6%，累计注册资本约1 310亿元，总计完成税收47亿元，税收增长率25%。2017年以来，虹桥商务区关注度持续上升，核心区入驻企业已超过1 400家，其中外资企业达150家，累计引进外资注册资本44.2亿美元。虹桥商务区开放型经济体系和外向型发展特色加快形成，逐渐成为上海总部企业、高端商务、现代服务业、科技创新产业和长三角企业汇聚的一个集中区域。

二是一主多辅、产城融合开发格局基本体现。开发建设形成“一主多辅、相互配套、协同发展”的格局，东西南北4个重点片区定位清晰，组团推进。近3年来，在管委会的推动协调下，9条区区对接道路已经启动建设，5条区区对接道路已列入计划当中，一批重点开发地块和重点配套项目相继开工建设，产业集聚区、人口集聚区、综合服务区、生态保护区等统筹发展。

三是两大功能性项目能级不断提升。虹桥综合交通枢纽客流总量达3.9亿人次，已成为世界规模最大、功能最全的综合交通枢纽之一。紧邻主功能区的国家会展中心项目，于2016年12月全面投入使用，2016和2017两年，国家会展中心分别举办展览29场和39场，展览面积分别达375.9万平方米和470万平方米，远超地区平均水平。此外，首届进口博览会将使环境整治进一步提升，并促进配套设施服务不断改善。

四是鲜明区域开发理念和特色正在形成。虹桥商务区开发建设坚守品质，坚守标准，已形成了“最低碳、特智慧、大交通、优贸易、全配套、崇人文”六大发展理念和特色。最低碳：目前正积极申报全国首个国家绿色三星级国家示范区创建。特智慧：上海首批智慧园区和智慧新城试点单位，一批智慧项目实施应用。大交通：虹桥枢纽已成为世界规模最大、功能最全的综合交通枢纽之一。优贸易：成为现代服务业、高端商务、创新型企业以及跨国公司区域总部的新高地。全配套：完善服务功能，打造宜商宜居的高端商务区。崇人文：以旅带文、以文兴商、以商促文，形成与高端商务区相匹配的人文环境。

（四）区域创新能力进一步加强

关注科技前沿，积极抢占发展制高点，充分发挥市场主体作用，围绕互联网、大数据、人工智能、空间信息应用、新能源汽车及智能网联汽车、高端医疗、航空等产业发展前沿，引进和做强龙头企业，打造高质量的发展集群。

一是紧盯产业发展前沿。聚焦新能源和智能汽车，引进了斑马网络技术有限公司、威马汽车技术有限公司、联陆智能交通科技（上海）有限公司、上海游侠汽车有限公司等行业领军企业总部，推动智能汽车、新能源汽车等领域的自主创新。依托阿里上海产业中心，引进菜鸟、阿里影业、阿里云、阿里 B2B 等上海业务总部，聚焦云计算与大数据，推动新一代信息技术发展。依托长三角电商集聚中心平台，集聚阿里巴巴、京东、唯品会等知名电子商务企业，聚焦"互联网＋新消费"，深入开展体验消费、展览展示、智慧新零售等创新业态，推动阿里新零售体验店落户虹桥，以新消费模式实现线上线下融合发展。

二是完善区域产业布局。在南虹桥地区着力推进医疗健康产业发展，引进设立百汇医院、泰和诚肿瘤医院、万科儿童医院、慈弘妇产科医院等综合及专科医院，积极延伸医疗卫生服务业产业链，拓展保健、康复等功能。在东虹桥地区着力推进航空产业发展，依托国家级虹桥临空经济示范区建设，引进东方航空、吉祥航空、春秋航空、中国国际航空等航空企业总部，推进航空企业、航空机构和航空要素集聚，服务航空产业创新发展。在西虹桥地区，依托北斗产业基地，引进了上海华测导航技术股份有限公司、上海普适导航科技股份有限公司、上海北伽导航科技有限公司等一批高新技术企业，打造标志性的位置科技产业集群和创新中心，加快推进重大科技攻关、成果转化和示范应用项目，提升创新创造活力和能级。在北虹桥地区，加快张江自主创新示范区嘉定园建设，协同新兴产业领域上、中、下游企业和高校、科研院所等创新力量，促成小 I 机器人、上海盛图遥感工程技术有限公司等科技创新企业注册落地。

（五）产城融合发展的理念进一步深化

虹桥商务区围绕"产城融合"，按照国际一流商务区的标准，教育、医疗、居住、文化、体育、餐饮等商务配套和生活配套，努力建成一个宜商、宜居、宜业的商务区。

一是酒店配套进一步完善。虹桥商务区 86 平方公里内共有各类酒店 71 家，可提供 10 098 间客房。其中，高档酒店 14 家，客房数 4 469 间(占比 44.3%)；中档酒店 6 家，客房数 1 146 间(占比 11.3%)；经济型酒店 51 家，客房数 4 483 间(占比 44.4%)。包括洲际酒店、新华联索菲特酒店、凯悦嘉轩精选式酒店、凯悦嘉寓公寓式酒店、Cordis、绿地铂骊、铂瑞酒店等。

二是商业配套实现综合性、全覆盖。目前已建成虹桥天地购物中心(12 万平方米，开业率 85%)、龙湖虹桥天街(17 万平方米，开业率 85%)、新华联购物中心(7.2 万平方米，开业率 70%)等三大商业中心，拥有购物、餐饮、咖啡店、健身房、书店、影院等配套设施。到 2018 年 11 月前，核心区虹桥汇、丽宝广场、阿里巴巴、中骏广场、协信中心等还将有 20 万平方米的商业中心对外营业，围绕科技展示、奇幻乐园、健康管理、体育休闲、文化跨界融合等元素，服务虹桥商务区整体配套需求。

三是“会商旅文体”活动深入开展。管委会发挥开发商及各类主体的积极性，加强与市文联等部门的合作，深入推进“会商旅文体”工作。2016 年以来，各类市场主体围绕“会商旅文体”整体要求共开展了中国好声音虹桥行、海上雅乐、纪念莫扎特诞辰 260 周年钢琴盛典、光影上海、航海王主题展、天地世界音乐节、长三角城市群“双智”定向赛等一系列内容丰富、形式多样的“商旅文”活动 125 个，逐步、稳步推进商务区文化建设，示范区内的环境提升、人气提升、文化品位提升、影响力提升等方面均达到了预期效果；2017 年虹桥商务区“会商旅文”专刊——“周游大虹桥”微信公众号正式开通，旨在通过宣传推介商务区入驻企业、娱乐设施、文化活动、美食美味、游览景点等信息，凝聚人气，打造宜商、宜居、宜住的商务区整体形象，公众号每周更新一次，目前已累计更新 65 期。

（六）区域营商环境进一步优化

一是构建国际人才的创新创业体系。全力做好海内外高端人才的服务。虹桥商务区与上海市人力资源和社会保障局合作，在企业服务中心开设外国人来华工作许可受理窗口，力求提供更积极、更开放、更高效的服务，吸引国内外高层次人才进一步集聚和发展。近期管委会与上海市人力资源和社会保障局积极对接，并争取到国家外国专家局的大力支持，大力推进“放管服”，为商务区引进外国人才给予了 5 条政策红利，包括：①支持虹桥商务区内企业聘用外籍高校毕业生；②允许长三角企业聘雇的长期工作在虹桥商务区两大平台备案的外国人就近在沪办理外国人工作许可；③给予外国人工作许可加分项；④给予外国人才签证加分项；⑤下放海外人才居住证 B 证受理权限。自 2016 年 11 月外国人来华工作许可窗口开设以来，系统共计注册 96 家用人单位，发放外国人工作许可证 230 张。

二是切实做好人才公寓配套，为企业白领解决阶段性居住需求。为加快虹桥商务区产业集聚和功能打造，完善综合配套，促进产城融合发展，逐步解决虹桥商务区人才过渡性需求，为企业及其人才营造良好的商务配套和生活环境，自 2017 年以来虹桥商务区着力推进人才公寓，得到了各政府方及企业支持，虹桥商务区的旭辉人才公寓、北翟路虹桥乐贤居人才公寓项目，总计落实房源 1 600 余套。截至目前虹桥商务区共配租到包括唯品会、阿里巴巴、文晔、正荣、中骏在内企业 39 家共计 745 套人才公寓。

三是当好“店小二”，形成区域联动的综合服务体系。做好“店小二”，切实强化服务企业的责任意识，做好属地政府企业服务的工作统筹，在企业注册信息填报、行业准入、跟踪服务等环节改革创新，提高企业服务中心的商事服务能级，推进虹桥商务区“统一市场”机制形成；积极搭建招商推荐平台和企业跟踪平台，协调相关单位部门人员入驻管委会，实现多部门合署办公，区域一门式服务体系，联合举办“长三角健康产业互动发展”“长三角汽车新经济论坛”等大型招商推介活动；联合管委会及属地招商部门落实重点项目首接责任制，切实推进重点项目和重点企业落地加快产业集聚，形成区域联动的综合服务体系；充分发挥专项发展资金的产业引领作用，适时修订完善促进产业经济和功能配套发展的相关政策，并规范使用和管理。有序推进产业扶持政策配套，大力统筹主功能区和拓展区的发展，对 86 平方公里依据“十三五”规划，统筹产业发展。

二、 国家汽车及零部件出口基地（上海）

国家汽车及零部件出口基地(上海)(以下简称“上海出口基地”)自成立以来在部委、市区各级政府的大力支持下，认真贯彻执行《管理办法》及《指导意见》的要求，认真领会各项会议精神，加快推进上海出口基地各项服务平台建设，促进对外合作与交流，帮助企业增强自主创新能力，提高国际竞争力。

（一）2017 年发展情况

2017 年，上海出口基地一直坚持“政府引导扶持、市场化运作、集聚服务性企业、搭建公共平台”这一工作核心和重点，继续做好展览展示平台、海外服务平台、保税仓库建设工作，打造上海汽车金融港孵化平台，加快推进上海出口基地产业集聚和产业转型升级，并取得了一定的实质性进展。

1. 组织企业参加国内外知名展会，搭建企业展示平台

依托国家汽车及零部件出口基地平台，搭建企业展览展示平台，参观国际国内各类专业展会，例如 “2017 中国国际模具技术和设备展览会”“2017 年法国国际汽车零部件展览会”“2017 法兰克福国际汽车零配件及售后服务展览会”等。

2. 强强联合举办各类论坛，打造企业交流平台

依托汽车城已有的汽车产业优势，积极举办各类活动，在打造企业交流平台的同时，集聚各类汽车人才，扩大上海出口基地在业界的影响力、号召力。借助过去 3 年成功举办各类大型论坛的背景优势和行业积累，为了更好地扩大出口基地行业影响力，如“2017 上海汽车电子商务发展论坛”“2017 中国汽车后市场国际峰会” “2017 国际汽车检测技术研讨会”“中国汽车创新大会”等。

3. 重点建设机动车出口认证检测平台项目

汽车出口认证检测平台顺利运行已 5 年，2017 年，机动车出口认证检测网保持每

月更新最新的企业和市场新闻、国内外管理动态和 WTO/TBT 通报评议等信息，月均上传信息 50 条；同时，平台的数据库进行了新一轮的内容更新与完善，更新了原数据库中的欧洲、美国、澳大利亚、海湾等国家和地区的标准，录入标准的最新版；2017 年度为上汽乘用车技术中心提供了澳大利亚法规、巴西法规与 ECE 法规的对标服务，涉及的技术领域包括被动安全、零部件、整车、灯具和排放等。还开展了“机动车出口认证平台软件优化研究”课题，根据近年来平台运行过程的一些不足之处以及客户意见，对中心“机动车出口认证平台”进行二次开发，在平台人机界面、数据库结构及平面设计等方面得到改进，提高管理水平，增强工作效率。

4. 积极推进海外服务中心建设，进行企业走出去平台创新

海外服务中心是上海出口基地重点建设项目。北美服务中心和欧洲服务中心成立至今，积极帮助企业走出国门，深入海外市场一线，实现商务部赋予上海出口基地的责任，完成市场调研、行业信息报告等若干篇，建设汽车零部件企业信息数据库，并且加大口贸易推动服务和配套，为上海地区汽车零部件出口企业开拓国际市场提供了坚实的依靠和支撑。

5. 稳步推进保税仓库工作，深化企业服务平台功能

安亭保税仓库项目规划土地总面积 13 915 平方米。一期房屋建筑面积 3 097 平方米，二期房屋建筑面积 5 000 平方米，合计库房总面积约为 8 000 平方米。2016 年 8 月验收完毕投入使用，为安亭地区更多的汽车零部件企业提供便利的保税物流服务。安亭保税仓库在业务引进过程中兼顾公共平台服务功能，市场化运营的经营理念，坚持以价格市场化、服务优质化吸引客户。根据客户的业务需求开发了“分送集报”“一日游”接转业务等新业务模式，得到了客户的认可。2017 年拓展了出口货物“包装—物流—清关”的组合业务模式，满足客户多样化的进出口需求。截至 2017 年 11 月底，安亭保税仓库累计实现进出库货物量 10 607 吨，相比上年同期数 9 892 吨，增长 7%；进出口货值 5 385 万美元，关税、增值税 3 106 万元人民币。

6. 搭建信息集聚、资源整合、金融服务和企业孵化的平台

上海汽车金融港致力于搭建信息集聚、资源整合、金融服务和企业孵化的平台，并逐步建立起服务于汽车全产业链的金融服务体系，成为嘉定建设金融硅谷的特色板块。上海汽车金融港成立至今，金融招商已经初见成效；平台建设逐步成熟，资源集聚效应日渐显现；发展规划更加明确，影响力不断提升。上海汽车金融港成立至今，已成功扶持中小板挂牌企业 1 家、助推新三板挂牌企业 15 家、上海股权交易托管中心挂牌企业 20 家、正在申请和办理的挂牌企业 20 多家。

（二）2018 年工作展望

1. 继续做好国内外展会组织工作，推进展示平台建设

做好企业参加"2018 年中国国际汽车商品交易会""2018 俄罗斯（莫斯科）国际汽车零配件及售后服务展览会""2018 法兰克福国际汽车零配件及售后服务展览会"和"2018 美国（拉斯维加斯）国际汽配及售后服务展"等各类展会的组织及参展工作，继续推进出口基地展览展示平台的建设。

2. 继续举办各类论坛，打造企业交流平台

在成功举办 2017 年各类论坛的基础上，吸取举办各类论坛活动的经验，2018 年继续做好"上海汽车电子商务发展论坛""中国汽车企业走出去战略高峰论坛""中国汽车后市场连锁发展论坛""安亭国际汽车金融论坛"和"中国汽车创新大会"等大型论坛的组织和筹备工作，通过举办各类论坛，营造更完善的汽车生态环境，把握汽车行业新的增长点，孕育更多的汽车行业机会，为企业搭建信息和服务平台。

3. 完善北美服务中心功能、推进欧洲服务中心建设

2018 年将继续完善北美服务中心各项服务功能，帮助企业了解最新的行业机构及连锁机构运营模式和技术信息，提高企业走出去的信心。推动采配对接会的举办，组织企业与通用、福特、克莱斯勒等车企，以及 AIAG、NAPA 等对接。

4. 推进上海汽车金融港孵化器建设

继续完善汽车金融港服务功能，通过举办各类论坛和活动，搭建金融企业服务实体经济的对接平台。结合汽车产业链，2018 年将举办汽车金融、汽车电子商务、汽车广告、汽车后市场连锁等论坛和活动；结合企业的具体金融需求，组织企业上市、场外市场挂牌、法务、财务等方面的专场培训，交流企业投融资信息，帮助企业对接金融机构和专业服务。进一步挖掘汽车零部件企业在主板、中小板、创业板上市以及在场外市场挂牌的潜力，做好企业宣传、辅导，帮助上市和挂牌企业切实解决上市和挂牌推进过程中遇到的实际问题。

5. 加快推进保税仓库二期建设

继续扩大对基地内外相关企业提供保税仓储、运输、报关、商检等进出口保税物流相关服务，加快二期建设进度，尽快使保税仓库平台形成一定的规模效应，完善功能，为出口基地内更多的企业提供便利的保税物流服务。坚持汽车零部件保税仓储为主的特色经营方向，在提供保税仓储、物流配送、代理报关、预归类等服务的基础上，进一步完善安亭保税物流公共服务平台的功能。

三、上海市（崇明区）国家船舶出口基地

（一）2017 年发展情况

1. 抓住建设世界级生态岛契机，进一步加强国家船舶出口基地建设

崇明世界级生态岛建设，是优化上海城市布局、促进上海市城乡和区域协调可持续发展的重要举措。崇明出口基地抓住这一契机，进一步加强国家船舶出口基地建设。出口基地的主要生产地——长兴岛是“国家战略、上海重点、崇明关键”。长兴海洋装备岛的开发建设，是崇明世界级生态岛建设的重要内容。目前，长兴岛正在积极推进中船二期、中国远洋海运集团工业园腾地工作；积极做好上海轨道交通崇明线上岛配套工程前期工作；抓紧编制长兴岛总体规划和崇明产业园区产业布局 2035 规划，把崇明的生态优势转化为崇明出口基地的发展优势。

2. 召开船舶出口基地工作会议

会议介绍了推进崇明世界级生态岛发展“十三五”规划的主要内容和发展前景，肯定了在崇央企为崇明经济社会发展所做的贡献。长兴镇政府汇报了关于政府服务企业工作情况。江南造船(集团)有限责任公司、江南长兴造船有限责任公司、上海船厂船舶有限公司、上海振华重工集团等央企交流了 2017 年和“十三五”期间发展重点，并提出了希望崇明区政府进一步改善整体经营环境等方面意见建议。

3. 制定和完善相关政策，进一步做好为央企的服务工作

崇明出口基地的骨干企业均为央企，基地的主要工作就是积极主动转变政府职能、优化发展环境、培育壮大出口基地的新动能，为央企做好服务。主动引导出口产品由中低端产品向高端船舶和海洋装备转变，引导产业由传统制造业向船舶和海洋装备制造的设计、研发及高附加值零部件的智能制造和自主创造等前沿核心业转变。

(1) 研究制定崇明区生态产业发展导向指引文件，提升区域经济发展质量效益。为构建世界级生态岛产业体系，即将出台《崇明重点发展产业正面清单》和《崇明区产业准入负面清单》《崇明区促进工业、生产性服务业和文化创意产业发展暂行办法》《推进崇明世界级生态岛建设科技创新实施办法》等文件作为崇明区重点引导和支持的产业发展方向。

(2) 吸引重点行业企业落户，延伸海洋装备产业链。为满足出口基地海洋装备企业的发展需要，更好的聚焦符合海洋装备功能定位的产业和吸引优质项目落户，崇明区制定了关于给予重点发展行业企业人才发展奖励和专项资金扶持的相关措施，

对符合条件的企业，给予多种形式的奖励，以促进符合生态岛功能定位的金融业、海洋装备业、现代服务业等企业的集聚和发展，推动出口基地企业做大做强。

(3) 加大人才引进、培养力度，吸引和留住各类人才助推企业发展。针对崇明出口基地地处上海远郊，交通、商业、教育、医疗资源不足和配套不全，央企人才引进难、人才留住难的短板，崇明出口基地在人才服务方面进一步创新人才发展综合环境，制定完善各项人才配套政策，梯度建立人才服务机制，系统和梯度设计崇明区人才政策体系，制定了《崇明区关于加强世界级生态岛建设人才发展的若干意见》，人才服务工作重点向出口基地的央企和重点配套企业倾斜。

4. 主动对接央企，大力发展配套产业

崇明出口基地内的央企是船舶与海洋装备的集成总装领域企业，而船舶与海洋装备的设计、研发及核心部件制造等产业以及相关的金融服务、物流、保税、检验检测、船检等生产性服务业尚未在崇明基地内形成集聚。上海长兴海洋装备产业园区作为崇明出口基地海洋装备配套产业的承载地，主要为央企做好、做大、做强海洋装备配套产业，配合央企在产业能级上逐步提升，加快形成海洋装备产业核心竞争力。推动央企的“产、学、研”工作，用好各类扶持政策，鼓励央企加大科技投入，推动海洋装备制造向智造转型。推进轨道交通、岛内交通、医院、教育、商业和文化等各项基础设施建设，将长兴岛打造成宜居、宜业，海洋装备人才集聚和世界先进的集总装集成、核心配套和生产服务为一体的全要素产业基地。

（二）2018年工作展望

1. 进一步完善基地组织领导体系

崇明出口基地将根据建设世界级生态岛的工作节奏，进一步加强出口基地领导小组的协调统筹能力，积极争取上海市商务委员会、上海市经济和信息化委员会和上海市长兴岛开发办公室等部门的支持，主动加强与基地内的中国船舶工业集团、中国远洋海运集团和中国交通建设集团等央企总部的沟通和联系，为长兴岛中船二期、江南造船扩建、中国远洋海运集团长兴工业园等项目尽快落地和开工做好配套工作，进一步优化出口基地的产业结构。

2. 积极争取市级专项政策扶持，推进出口基地的发展

根据崇明出口基地企业的特点，崇明区正在积极争取出口基地内央企税收落地；参照市政府对浦东临港地区的产业扶持、人才集聚、公共交通便利化、公共租赁房、人才公寓等支持措施，优先用于支持海洋装备人才安居长兴岛；鼓励在上海中心城区的相关科研院所在长兴产业基地建立分部，鼓励在长兴产业基地布局海工装备关

键零部件制造，支持海洋装备配套业发展等方面向市政府相关部门争取政策支持。目前中国船舶重工集团 704 所，上海船舶运输科学研究所等科研部门已在长兴设立分部。

3. 明确目标，创新发展

按照上海市产业布局规划和崇明生态岛建设目标，崇明出口基地将以建设成为引领中国船舶及海工装备创新集群为目标，积极引导船舶及海工装备研发、设计、总成、总包向长兴岛集聚。崇明出口基地将进一步优化出口服务体系，积极完善企业孵化、生产、出口、技术、资金、信息、市场、人才培训、物流、营销等支持体系，提升企业的竞争力和实现产业升级；努力营造好科技创新创业的环境，促进新产品开发设计和工艺改造、品牌推广、公共信息资源的利用；大力培育生产力中心、技术服务中心、检验检测中心、物流服务中心、专利服务中心、人才中介中心等社会组织，进一步加强基地内科技创新载体建设，培育集群技术服务系统，完善创新支持体系；积极实施出口名牌战略，增加产品附加值，加快优化出口商品结构，培育企业国际竞争优势，助推崇明出口基地成为我国名列前茅的船舶与海工装备出口基地。

4. 主动服务中小企业，全力为企业发展创造条件

加大央企服务力度。根据商务部对崇明区国家船舶出口基地的考核意见，加强出口基地管理，协调好企业与政府的关系。加强张江高新区崇明园政策的宣传，鼓励企业用足用好政策，并帮助企业申报市外贸公共服务平台项目。会同有关部门做好海洋装备企业来沪人员的管理和服务。

第二节　贸易便利化

一、 2017 年上海贸易便利化基本情况

2017 年，上海市贸易便利化联席会议各成员单位全面贯彻落实党的十九大精神，根据中央和上海市委、市政府决策部署，按照当好全国改革开放排头兵、创新发展先行者的要求，坚持稳中求进工作总基调，主动适应经济发展新常态，积极践行新发展理念，推动全市贸易便利化工作取得明显成效。

（一）对标国际的便利化措施在上海自贸试验区实施

上海自贸试验区便利化监管制度框架进一步巩固，国际贸易“单一窗口”、货物状态分类监管等制度优化升级。上海海关、原上海出入境检验检疫局会同浦东新区推

出 20 条便利化通关举措，设立风险防控中心和税收征管中心、试行进出境生物材料检验检疫正面清单、对接国家统一信用信息交换共享平台等一批符合国际惯例的监管制度在上海自贸试验区试点实施。

（二）进出口各环节时限压缩取得较大进展

上海海关推进全国海关通关一体化改革，推行“一次申报、分步处置”，减少人工干预，海关通关时间较上年压缩三分之一。原上海出入境检验检疫局将不合格假定转变为合格假定，充分运用合格评定程序简化流程，80％入境货物通过审单合格评定直接通关放行。国家税务总局上海市税务局推进全市出口退税全程“网上办理”。上海市商务委员会将自动进口许可证办理时间压缩至 8 个小时。

（三）降低企业经营成本获得显著成效

上海海关支持 FTA 优惠贸易项下货物进口 33.8 万批次，税款优惠 179.4 亿元，同比增长 18.7％和 33.9％。免于征收出入境检验检疫费 2.9 亿元，至此全部出入境检验检疫费用均已停征。国家外汇管理局上海市分局支持 146 家跨国公司和 19 家合作银行开展跨国公司外汇资金集中运营管理业务。上港集团调整引航费、拖轮费收费，减少相关用户年港口物流成本支出 1.4 亿元。

（四）聚焦解决重点问题提升企业感受度

按照 2017 年贸易便利化重点工作，抓重点、补短板、强弱项，启动“四个 100”专项行动，推动各项任务。上海海关优化商品归类服务，制发 6 项商品归类行政裁定，原上海出入境检验检疫局推动非特化妆品改革举措落地，各单位共同推动解决问题清单中 15 项，其余 8 个问题，例如空港便利化、扩大第三方采信范围等，涉及体制机制改革，将在 2018 年进一步深化。

二、 2017 年上海贸易便利化工作主要举措

（一）推进 3.0 版上海自贸试验区贸易监管服务制度创新

将上海自贸试验区作为对接 WTO 贸易便利化协定的最重要载体，再造监管流程。

1. 优化升级上海自贸试验区监管制度

上海海关优化“先进区、后报关”“批次进出、集中申报”操作模式，完善货物状态

分类监管制度，并复制推广至 4 个出口加工区、试点企业增至 56 家。原上海出入境检验检疫局发布上海自贸试验区检验检疫精准服务计划，提出设立出入境检验检疫局智能服务中心、原产地信用签证等 10 条举措。国家外汇管理局上海市分局拓展自由贸易账户主体和服务范围，“上海科技创新职业清单”企业和海外人才均可申请开设，首次将自由贸易账户向上海自贸试验区外复制推广。

2. 深化国际贸易“单一窗口”建设

上海市口岸服务办公室进一步完善扩大单一窗口应用领域，建立健全政府补贴运维资金使用的办法和制度，基本实现与国家版单一窗口的对接和融合，上海市商务委员会将服务外包、技术贸易等服务贸易业务办理纳入单一窗口。

3. 服务科技创新中心建设

上海海关和原上海出入境检验检疫局共同入驻张江跨境科技创新监管服务中心，实施关检合作一体化查验，将通关时间缩短到当天完成。上海市公安局出入境管理局确保公安部支持上海科技创新中心建设的 22 项出入境政策措施全部落地见效，2017 年共办理相关出入境证件 22 万余证次，3.9 万余名外国人享受 144 小时过境免签入境政策。

4. 完善自由贸易港便利化方案

构建以境内关外为特征的监管政策体系，以实现货物、管理、人员、资金、运输自由流动为目标，建立自由进出、便利安全的进出境管理制度设计。

（二）保障国家各项重大任务顺利实施

努力完成中央交给上海市的重大任务，出台各种便利措施，做好各项工作。

1. 响应“一带一路”倡议

上海市商务委员会制定《关于聚焦“贸易畅通”推进服务“一带一路”桥头堡建设实施方案》，以“四梁八柱”为目标，提出打造桥头堡四大功能和 8 个功能性平台。

2. 服务进口博览会

在进口博览会城市保障领导小组下，成立贸易便利化保障组，和上海海关等部门联合制定《进口博览会展品和人员出入境便利化监管建议方案》，争取各对口部委政策支持。

3. 深化全国海关和检验检疫通关一体化改革

上海海关配合全国海关通关一体化改革，建立协同运行和联系配合机制。原上海出入境检验检疫局牵头推行以“进口直通、出口直放”为核心的长江经济带检验检疫一体化改革，与长江经济带 11 个直属局已全部实施一体化工作。

4. 推进 APEC 示范电子口岸网络(APMEN)建设

APMEN 召开高官会、公私对话会等多次国际会议，举办成员口岸能力建设培训班，2017 年我国厦门、智利利尔奎和科罗内尔等 3 个口岸加入，2018 年菲律宾宿务港加入，目前成员已拓展至 11 个经济体的 16 个口岸成员。

（三）建立新型监管制度

营造适宜创新的贸易环境，释放市场活力和社会创造力，对新业态、新模式建立"包容审慎"的监管模式。

1. 推进跨境电子商务发展

上海海关和原上海出入境检验检疫局优化归类、申报、物流监控措施，将邮政商业快件中的跨境电子商务业务纳入跨境电子商务模式监管。国家外汇管理局上海市分局批复同意新增 1 家跨境支付试点企业，试点开展出口电子商务企业凭海关报关电子化信息办理收结汇业务，全年累计收结汇 23.2 亿元。上海市商务委员会新认定嘉定出口加工区为跨境电子商务示范园区，稳步推进全市 8 个示范园区建设。全年上海市跨境电子商务试点交易额 41.8 亿元，同比增长 74.8%。

2. 推进平行进口汽车发展

上海市商务委员会、上海自贸试验区管委会保税区管理局、上海海关、原上海出入境检验检疫局等八部门联合印发《关于进一步促进中国(上海)自由贸易试验区汽车平行进口若干支持措施》，明确简化自动进口许可证办理手续、创新 CCC 认证制度、动态调整试点企业等措施，2017 年平行汽车实际到港和报关量超过 5 000 辆，是上年度 2.5 倍。

3. 支持外贸综合服务企业发展

贯彻落实国家五部委《关于促进外贸综合服务企业健康发展有关工作的通知》，国家税务总局上海市税务局着力解决出口退税函调率高的问题，带动全市外贸综合服务企业发展，其中上海一达通企业服务有限公司 2017 年出口 11.6 亿元，已成长为全市百强出口企业。

4. 促进其他新型贸易模式发展

原上海出入境检验检疫局为促成集多业态为一体的星巴克烘焙工坊开业，设计量身定制的监管方案，得到应勇市长批示肯定。上海海关在上海自贸试验区实施境外中转货物 6 位 HS 商品编码的简化申报模式，全年累计办理国际中转集拼业务 424 票，货值 3 580.0 万美元，业务量超过前 2 年总数。上海市商务委员会和上海海关争取商务部、海关总署赋予昌硕科技(上海)有限公司在海关特殊监管区外开展保税维修业务资质。

（四）降低企业经营成本

通过信息化应用和政府信息共享等手段，不断降低企业办事成本，提升企业的满意度和获得感。

1. 深入开展“多证合一”改革

上海市工商行政管理局将海关报关单位注册登记证、出入境检验检疫报检企业备案表、对外贸易经营者备案登记表等单证纳入到“多证合一”，企业办事创业便利度进一步提升。

2. 深入推进出口退税无纸化管理

国家税务总局上海市税务局在全市范围内全面推广出口退税无纸化管理，实现业务全流程网上操作。同时，推进部门间数据共享，深化应用国际贸易“单一窗口”申办出口退税，实现出口退税从申报“无纸化”向信息“免填报”跨越。

3. 规范进出口环节收费

上海市发展和改革委员会对上海港引航站在“引航费”之外加收“超区域引航费”等价格违法行为进行规范，进一步规范口岸经营单位收费行为。

4. 推进贸易便利化金融创新

上海市金融服务办公室支持金融机构创新跨境贸易结算和投融资便利服务，协调争取在保税区开展经营性租赁收取外币租金业务。国家外汇管理局上海市分局放宽外汇资金集中运营管理准入条件，具备一定条件的区内金融租赁公司、资产管理公司可按规定备案开展外汇资金集中运营管理试点，便利跨国公司经常项目外汇收支。

（五）推进解决企业反映强烈的实际问题

真抓实干转作风，密切与企业的联系，提升企业的满意度和获得感。

1. 建立部门合作机制

上海市商务委员会、上海海关、原上海出入境检验检疫局、国家外汇管理局上海市分局、国家税务总局上海市税务局、中国出口信用保险公司上海公司、中国进出口银行上海分行联合签署《促进上海市外贸转型升级创新发展“四个一百”专项行动合作备忘录》，发挥各自职能优势，相互配合、相互支持、形成合力，共同推动专项行动。

2. 密切与企业的联系

除实地走访、企业座谈会等传统方式，还建立了政企联络员、网络微信群等多种线上线下的联系渠道，实时听取企业意见建议。

3. 切实推进解决一批问题

上海海关帮助英特尔(上海)贸易公司解决转关保证金问题,原上海出入境检验检疫局运用动植检创新政策支持在洋山建立新西兰猕猴桃亚太分拨中心,国家外汇管理局上海市分局帮助兰生轻工解决市政工程外汇付款问题,国家税务总局上海市税务局帮助解决上海东方国际集团出口退税问题。各成员单位全年帮助企业解决问题数百个,并惠及其他同类型企业,有效支撑了全年外贸进出口规模。

三、 2018 年工作重点任务

2018 年,上海市贸易便利化工作的总体要求是:认真贯彻落实上海市委市政府各项决策部署,坚持稳中求进工作总基调,坚持新发展理念,按照高质量发展的要求,紧紧围绕加快上海"五个中心",特别是国际贸易中心建设,坚持需求导向、问题导向、效果导向,强化创新驱动,突出制度供给,扩大服务功能,营造有利于外贸发展的营商环境。重点推动落实如下 5 个方面 18 项重点任务。

(一) 对照国际最高标准、最好水平,打造高度便利的自由贸易试验区

1. 加快推进自由贸易港建设

进一步研究自由贸易港货物、资金和人员进出监管模式,形成符合国际标准的自由进出、便利安全的货物进出境和人员往来便利的管理制度。以洋山深水港和浦东新区国际机场为依托,促进实现畅通和便利的转口贸易和离岸贸易功能。

2. 建立适应高标准全球供应链要求的监管制度体系

以适应国际跨国公司运营需求和培养本土跨国公司全球运营为目标,增强跨部门和跨区域监管协同,鼓励和支持企业建设全球和亚太分拨中心,提升上海市供应链水平。研究出台非海关特殊监管区域企业开展自产设备维修,扩大全球维修业务的制度性安排。

3. 进一步完善"单一窗口"功能

优化"单一窗口"贸易功能,实现与国家标准版"单一窗口"无缝对接。完成会展功能建设,为首届进口博览会展品进出境,提供一站式的网上报关便利服务。

(二) 完善对外贸易管理制度

1. 深入推进跨境电子商务综试区建设

加快推进跨境电子商务出口功能落地,确保年内业务实际运行。优化线下跨境

电子商务示范园区管理制度，促进线上线下联动发展。创新监管模式，试点开展保税进口退货业务。完善跨境电子商务统计工作，推动国际邮包出口纳入统计。

2. 完善平行进口汽车产业链

细化落实《关于进一步促进中国（上海）自由贸易试验区汽车平行进口若干支持措施》，在上海自贸试验区引入检测线服务和第三方检验机构，为试点企业提供“一站式”服务，落实平行进口汽车进境保税不受 3 个月限制的措施，进一步改善平行进口汽车运营环境，提升运营企业竞争力，扩大平行汽车进口规模。

3. 推进高端设备再制造业务

进一步开展国产高端设备维修和再制造出口试点，在临港建设进口高端装备再制造基地，扩大出口。鼓励加工贸易转型升级，在海关特殊监管区内，发展高端再制造业务。

（三）优化监管服务制度

1. 优化跨境贸易营商指标

贯彻落实优化营商环境要求，对照世界银行《全球营商环境报告》，做好推进报检报关、通关与物流“并联”作业、便利企业通过单一窗口申报、推进口岸物流作业无纸化、完善和规范口岸收费、便利单证办理、完善口岸通关服务机制等相关工作，提升跨境贸易指标排名。

2. 做好首届进口博览会服务保障工作

健全工作机制，强化服务保障，做好首届进口博览会展品和人员出入境监管便利的实施工作。根据进口博览会需要，发布展品进出境通关指南，落实展前、展中、展后一揽子服务，实施符合国际通行做法的贸易便利化举措。

3. 稳步提升物流枢纽通关便利化

协同推进海关、原出入境检验检疫航空货物监管系统开发建设，促进两大机场实现监管互认，统筹设计合理的航空中转和中转集拼货物监管流程，提升空港的货物吞吐能级。

4. 深化商事制度改革

做好企业报关资质和报检资质合并、通关单和报检单合并工作。优化外贸企业开办流程，建设线上企业开办“一窗通”服务平台，争取实现申请人只需在线上提交一次申请，相关部门实时获取数据，同步开展审批，即时反馈结果。

5. 开通“沪欧通”精品中欧班列

推动沪欧班列市场化、常态化运行，为长三角区域跨境贸易开辟一条连通亚欧的

安全、高效、便捷的全新物流通道，初步形成以“高时效、高增值”为特征的“中欧通”班列品牌效应。

（四）降低企业交易成本

1. 规范进出口环节收费

根据国家发展和改革委员会开展反垄断调查的有关要求，协调口岸经营单位调降外贸本港集装箱收费标准。督促相关企业不得发生向交易对象附加强制服务等价格违法行为。

2. 推进税收征管方式改革

扩大汇总征税适用规模，推进企业自报自缴，推广归类、价格、原产地行政预裁定，实施归类先例制度，推动税收担保多元化创新，推进税收征管作业无纸化。

3. 优化出口退税服务

全面启用出口退税管理服务平台企业端服务功能，为企业提供外部信息查询、退税办理进度查询、年度未申报退税业务提醒等增值服务。在全市范围内全面推广国际贸易“单一窗口”的退税功能应用，提升退税服务能力。

4. 扩大自贸协定关税优惠措施惠及范围

建设和完善自贸协定优惠关税应用服务系统（SMART FTAX），在现有 FTA 原产地标准、FTA 优惠关税及通关手续信息查询的基础上，进一步实现进出口货物原产地预裁定、原产地证书申领等功能。加大系统推广应用，扩大自贸协定关税优惠措施的惠及范围。

5. 加大外贸企业金融支持

鼓励金融机构创新出台金融产品，支持开展出口退税抵押贷款，推广“保易融”中小微外贸企业融资服务平台，降低外贸企业融资成本。加快面向国际国内的人民币资金池建设，支持符合条件的企业集团开展跨境人民币双向资金池业务。

（五）解决企业关切问题

1. 稳妥应对中美贸易摩擦

高度重视中美贸易摩擦对上海市进出口业务的影响，及时回应企业关注的知识产权、汇率波动等各种问题，努力将贸易摩擦对企业的影响降到最低。

2. 推进解决问题清单所附问题

根据企业调研，在 2017 年工作基础上，2018 年贸易便利化问题清单列举了 20 项问题，涉及体制机制完善、货物通关监管、新型贸易发展、降低企业成本和事中事后监管等五个方面,并提出了解决问题的责任分工。各单位按负责分工,协同互动,促进问题解决。

案例 7 星巴克上海工坊:政府创新便利化企业

2017 年 12 月 6 日,星巴克亚洲首家全沉浸式咖啡体验门店——星巴克臻选上海烘焙工坊(以下简称"上海烘焙工坊")正式开业。这是继西雅图臻选烘焙工坊落成三年之后,星巴克在全球开设的第二家臻选烘焙工坊,也是全球面积最大的星巴克门店。与此同时,由意大利面包烘焙大师 Rocco Princi 创立的高端手工烘焙品牌"焙意之"也将亚洲首秀"落户"上海烘焙工坊。上海烘焙工坊拥有一支由 30 多名技艺精湛的面包师和主厨组成的团队,每天现场手工烘焙制作 80 种新鲜烘焙的纯正意大利美味。

在引进该项目之前,政府部门主要面临以下几个问题:一是按传统流程设备进口时间长,为完整呈现咖啡"从生豆到饮品"全程,星巴克要将整个咖啡烘焙系统引入工坊,设备由美国、德国定制,进口涉及十余批次,从进口成套设备信息登记、海外装运前检验、到货后开箱检验、安装调试检验等,按照传统流程至少需要 3 年;二是该新型业态与现有监管政策有出入,该烘焙工坊将工厂引入商业用地,此前没有先例,其体验式工坊的新型业态与现行《食品生产通用卫生规范》《食品生产许可审查通则》存在摩擦;工坊内,烘焙炉和生产线呈半开放式,更有长达数百米的咖啡豆输送管道,存在安全隐患;三是引进人才与现有政策侧重不同,此次星巴克特地从美国总部和亚太区引进 11 位咖啡烘焙和制作师,由于上海目前政策更侧重于高精尖国际人才,使得咖啡专才们在办理就业许可和人才引进方面遭遇尴尬。

为了顺利引进该项集合烘焙加工、体验、品鉴服务、零售和餐饮等业态的全新商业模式,政府各审批和监管部门通过环环相扣的政府协同创新,实现了在用地性质、生产方式、环境评价、安全生产等方面的突破,确保了该项目在 2017 年底顺利开业。为引进这一创新项目,单区长层面的协调会就开了不下 8 次,小范围现场协调办公更是不计其数,难点也由此各个击破。

为了解决进口设备时间长的问题,原上海出入境检验检疫局为星巴克工坊设计量身定制的方案,进行流程再造。对于高 10 余米的咖啡豆储罐,因其罐身、输送管、链条、阀盘等与咖啡豆直接接触,按常规检验流程,需进行破坏性取样。这意味着,庞大的储罐需专门拷贝一套,取样后即报废。但为对方成本考虑,原出入境检验检疫局采集了储罐在海外生产时的同批次"边角料",送上海局下属技术中心出具检测报告,并依此进行技术评估，由此省略了设备装运前检验这一步骤；设备分批进入中国后，原本需每批检验，各方到场。但此次，由星巴克提供合格保证，允许其抢抓时间先安装起来，原出入境检验检疫方则采取集中抽查模式，检验次数从常规的数十次浓缩到了3次，也为食品药品监督管理局、安全生产监督管理局、消防局等部门后续跟进留足时间。由于该项目试运行时间不足，存在风险"埋伏"，这又促使原出入境检验检疫部门与静安区相关部门建立沟通联动机制，形成政府领导、企业自律、部门监管的闭环。这套流程，为星巴克节省下至少70%的时间以及难以估量的成本。

关于烘焙工坊能否将工厂引入商业用地，现行规定中，并未明确表述商业用地不能用于生产。为了解决这一问题，静安区发展和改革委员会、静安区规划和土地管理局、静安区住房和城乡建设管理委员会等多个职能部门合议"非禁即入"，讨论解决了项目用地性质的问题；静安区市场监督管理局邀请国家食品药品监督管理总局、上海市食品药品监督管理局、上海市卫生和计划生育委员会、上海市食品协会等各领域专家，就开放式生产模式合规性等问题进行可行性研究，结合现行法律规范和上海发展实际，制定了《上海市焙炒咖啡开放式生产许可审查细则》。该细则不仅为星巴克项目排除了最大的法规障碍，为后续发证和事后监管制定了相关依据，更为上海甚至全国其他同类商业模式、业态提供参考。

在国际人才引进方面，静安区人力资源和社会保障局多次协调上海市人力资源和社会保障局、上海市人才服务中心及上海市外国专家局，开启绿色通道，星巴克上海烘焙工坊咖啡人才引进问题迎刃而解。

第三节　公平贸易

一、2017年全国及上海国际贸易摩擦情况

（一）国外对华贸易救济新立案数同比下降近四成

2017年，共有21个国家和地区对华启动76起贸易救济调查，同比减少45起，降幅37.2%。其中，反倾销54起，反补贴13起。2017年，得益于外部环境改善、大宗商品价格温和回升以及内需强劲，新兴经济体和发展中国家经济继续回暖，经济增速总体有所提升，使得大部分发展中国家对华贸易救济调查出现下降。14个发展中国家对华启动贸易救济调查，共计40起，降幅高达52.4%。从发达国家来看，尽管贸易救济调查总数有所下滑，但降幅远不及发展中国家。共有6个发达国家对华启动35起贸易救济调查，同比减少2起，降幅为5.4%。与2016年冶金产品是国外对华贸易救

济调查重点不同，2017 年，轻工和化工产品成为国外对华贸易救济调查的重点。其中，涉及化工的案件居首位，其次是轻工，冶金列第 3 位。

（二）上海企业应诉的 18 起调查做出裁决

2017 年，共有 19 个国家和地区对华启动 54 起反倾销调查。其中，印度居各国之首，其次是美国，位居第 3 位的是哥伦比亚。在 54 起国外对华新启动的反倾销调查中，轻工、冶金、化工是涉案数居前 3 位的行业。其中，涉及冶金的反倾销调查数比上年同期减少 22 起，降幅为 66.7%；涉及轻工的反倾销调查数同比增加 3 起，增幅为 33.3%（表 8.1）。

表 8.1　2017 年国外对华启动反倾销调查情况

立案时间	涉案产品	申诉国/地区	立案时间	涉案产品	申诉国/地区
2017-01-10	圆合金钢条	澳大利亚	2017-05-09	工具箱和工具柜	美国
2017-01-31	钢条	智利	2017-05-15	冷轧不锈钢	马来西亚
2017-02-02	0.6～6 丹尼尔的非染色聚酯短纤	印度	2017-05-16	可用于机加工的冷拔管	美国
2017-02-09	甲基乙基酮	印度	2017-05-19	陶瓷卫生洁具	阿根廷
2017-02-15	异丙胺	印度	2017-06-09	彩涂钢板/卷	巴基斯坦
2017-02-17	饰面工程木地板	印度	2017-06-15	聚酯高强力纱	印度
2017-02-19	拉链及其配件	秘鲁	2017-06-21	细旦涤纶短纤	美国
2017-03-17	二甲基乙酰胺	印度	2017-06-23	低碳铬铁	欧盟
2017-03-17	五氧化二磷	印度	2017-06-26	金属膜塑料气球	墨西哥
2017-03-28	玻璃器皿	印度	2017-07-10	涂布印刷纸	韩国
2017-03-30	铝箔	美国	2017-07-21	太阳能电池	印度
2017-03-30	扑克牌	印度	2017-08-01	镀锌低碳钢丝	韩国
2017-03-31	渔网	印度	2017-08-08	铸铁排水管件	美国
2017-03-31	碳钢对焊管件	日本	2017-08-10	焊接用微丝	墨西哥
2017-04-19	腈纶纤维	印度	2017-08-11	卡客车轮胎	欧盟
2017-04-19	陶瓷辊	印度	2017-08-15	螺纹钢和热轧卷板	新西兰
2017-04-21	不锈钢洗涤槽	哥伦比亚	2017-08-17	U 型和 L 型钢材	哥伦比亚
2017-04-25	无缝钢管产品	海湾合作委员会	2017-08-18	聚对苯二甲酸乙二醇酯	加拿大
2017-04-27	封箱钉	美国	2017-08-23	用橡胶处理的织物	印度

续表

立案时间	涉案产品	申诉国/地区	立案时间	涉案产品	申诉国/地区
2017-08-24	牛仔布	哥伦比亚	2017-10-27	纺延丝	印度尼西亚
2017-09-04	紧急照明设备	阿根廷	2017-11-01	锻钢件	美国
2017-09-11	不锈钢法兰	美国	2017-11-06	电动吸尘器	阿根廷
2017-09-22	合金钢棒材	印度	2017-11-13	钢制托盘货架	澳大利亚
2017-10-03	钢绞股绳	哥伦比亚	2017-11-23	三聚氰胺餐具	泰国
2017-10-19	铝型材	澳大利亚	2017-11-28	普通铝合金板	美国
2017-10-20	电动自行车	欧盟	2017-11-30	厨房用打火器	土耳其
2017-10-26	聚四氟乙烯(PTFE)树脂	美国	2017-12-21	葡萄糖酸钠，葡萄糖酸及衍生产品	美国

在 2017 年上海企业参与应诉的 18 起反倾销调查中，15 起做出终裁、3 起做出初裁。涉案产品分别是:胶印油墨，涂镀钢板，汽车玻璃，弹性单丝，卡车及公共汽车轮胎，镀锌钢板，四氟乙烷，铁、非合金钢或其他合金钢冷轧板材，热轧合金或非合金钢棒材和线材(盘条)，光伏产品，铝制预涂感光板，装配工业用钢构件，氧氟酸，硬木胶合板，耐腐蚀钢，钢条，封箱钉和工具箱柜。

(三) 上海企业参与应诉的 7 起案件做出裁决

2017 年，国外对华 13 起反补贴调查分别由美国、欧盟、加拿大和新西兰这 4 个国家和地区发起。其中，美国发起的反补贴调查占国外对华反补贴调查的 69.2%，同比持平(表 8.2)。

表 8.2　2017 年国外对华启动反补贴调查案件

立案时间	涉案产品	涉及行业	申诉国/地区
2017-03-30	铝箔	有色金属工业	美国
2017-05-09	工具箱和工具柜	金属制品工业	美国
2017-05-16	可用于机加工的冷拔管	冶金工业	美国
2017-06-21	细旦涤纶短纤	纺织工业	美国
2017-08-08	铸铁排水管件	机械工业	美国
2017-08-15	螺纹钢和热轧卷板	冶金工业	新西兰
2017-08-18	聚对苯二甲酸乙二醇酯(PET 树脂)	化学工业	加拿大
2017-09-06	不锈钢法兰	机械工业	美国

续表

立案时间	涉案产品	涉及行业	申诉国/地区
2017-10-14	公交车或卡车的新轮胎和翻新轮胎	化学工业	欧盟
2017-11-01	锻钢件	机械工业	美国
2017-11-28	普通铝合金板	有色金属工业	美国
2017-12-21	葡萄糖酸钠,葡萄糖酸及衍生产品	化学工业	美国
2017-12-21	电动自行车	轻工业	欧盟

2017 年,上海企业应诉的 7 起国外对华反补贴调查做出裁决,且均做出终裁,分别是美国对华卡车及公共汽车轮胎反补贴案、美国对华非晶硅织物反补贴案、美国对华不锈钢板材和带材反补贴案、加拿大对华装配工业用钢构件反补贴案、美国对华硬木胶合板反补贴案、新西兰对华镀锌钢卷反补贴案和美国对华工具箱和工具柜反补贴案。

(四)美国 ITC 就进口光伏电池及家用大型洗衣机向特朗普提交救济措施建议

2017 年,共有 6 个国家和地区启动 9 起保障措施调查,分别是土耳其、美国、印度、越南、海湾合作委员会和乌克兰。其中,美国时隔 16 年后再次启动保障措施调查。国外启动的 9 起保障措施调查主要涉及化工(5 起)、电子(2 起)和轻工(2 起)3 个行业(表 8.3)。而 2016 年同期,上述 3 个行业的保障措施调查数均为 0。值得关注的是,新能源产业首次成为保障措施调查对象,并接连遭遇美国和印度的保障措施调查,涉案产品为光伏电池。

表 8.3 2017 年全球保障措施调查新立案件

立案时间	涉案产品	涉及行业	申诉国/地区
2017-04-06	轮胎	化学工业	土耳其
2017-04-22	牙刷	轻工业	土耳其
2017-05-12	复合肥	化学工业	越南
2017-05-17	晶体硅光伏电池(无论其是否部分或全部组装到其他产品)	电子工业	美国
2017-05-31	家用大型洗衣机	轻工业	美国
2017-06-17	聚对苯二甲酸	化学工业	土耳其
2017-08-10	硫酸和发烟硫酸	化学工业	乌克兰
2017-09-20	水泥、灰泥及混凝土用添加剂产品	化学工业	海湾合作委员会
2017-12-19	光伏电池及组件	电子工业	印度

二、 2017年上海公平贸易主要工作

（一）深化完善上海市产业安全保障促进机制

在中国科学院上海分院设立“上海产业安全监测与预警研究中心”，与在上海社科院设立的“新经济产业国际竞争力研究中心”共同成为产业安全保障促进体系两大智库平台。“产业国际竞争力与安全指南网”正式上线，“上海进出口贸易案件数据库”“上海产业安全预警数据信息库”构建完成。以信息化为基础，以数据为依据，聚合了政、协、企、研的产业安全保障促进机制健全完善。聚焦上海市12个国际贸易变化较大的行业发布了9期“季度预警简报”、107次“行业国际贸易风险监测和分析”；通过风险监测，全年共对异常波动大类产品提出警示近10次，为上海市行业发展和企业生产出口提供了参考借鉴。

（二）基本形成上海产业国际竞争力评价体系

成功举办2017上海产业国际竞争力发展论坛，以上海12个重点产业为基础，对外发布《2016年上海产业国际竞争力指数报告》，标志着产业国际竞争力的评价体系基本形成，在社会各界取得了较大反响。指数发布以后，对产业国际竞争力的评估方式进行深化研究，完成“上海产业国际竞争力调查报告”专项调研项目，进一步突出价值链的引领作用，同时将对产业链、技术链的辐射带动效用纳入评价范围，并探索性地引入产业发展环境指标体系，从而实现对产业国际竞争力传统理论的创新和丰富。

（三）贸易调整援助制度试点取得突破

与上海自贸试验区管委会联合印发《中国（上海）自由贸易试验区贸易调整援助试点办法》，创造性地引入了贸易调整援助制度。探索对受进口产品冲击和贸易摩擦影响严重的企业，通过技术援助等方式帮助其恢复竞争力，为推动企业更好参与国际竞争，消解不利贸易环境因素影响提供保障。《试点办法》发布以后，又积极协调浦东新区，推进贸易调整援助中心设立筹备，并以通信制造行业为示范点，在检验检测、品牌推广等方面对有关企业探索援助实施。

（四）技术性贸易措施服务能级不断提升

依托上海电机行业协会，设立了机电行业技术性贸易措施服务示范点，技术性贸易措施公共服务覆盖到上海市出口排名靠前的机电、化工、生物和农食领域，服务企

业 1 000 余家，出口规模超过 600 亿美元。发布了《中药技术性贸易壁垒研究报告》《上海电机行业技术性贸易措施研究报告（政策篇）》等 11 份国内首创的行业技术性贸易措施报告和政策汇编，召开 10 余场培训会，帮助企业化解非关税贸易壁垒带来的影响。深化开展出口产品质量提升服务，依托第三方机构，支持企业参与非强制性、高标准国际认证检测，进一步融入行业价值链上游。参与认证的上海农食企业，通过打通国际供应链高端，产品附加值和规模增长一倍以上。

（五）"上海知识产权海外维权基地"服务持续优化

知识产权作为一类更加隐蔽的贸易保护措施，对高技术含量产品出口影响较大。上海知识产权海外维权基地以案件应对为基础，深化本土专业高端人才培训、强化国际服务网络构建，加强了对最新国际知识产权贸易政策动态跟踪分析。设立上海市国际贸易知识产权海外维权服务人民调解委员会。与英国伦敦女王大学建立联合办学机制，成功举办了"首届中英合作国际贸易知识产权海外维权高端培训班"，来自 80 多家企业、律所和专业机构负责人参加了培训并获得了英方颁布的结业证书。编制了《2017 年上海知识产权海外维权基地白皮书——337 调查》，帮助企业有效规避保护措施影响。

（六）不断完善反垄断配合审查机制

一是加强案件配合审查，就上海汽车集团股份有限公司与英飞凌科技（中国）有限公司新设合营案加强与商务部协调，推动案件在较短时间内通过审查，截至 2017 年底，商务部共无条件批准涉及上海市的经营者集中反垄断申报 29 起，对 1 起（美年大健康产业集团有限公司收购慈铭健康体检管理集团股份有限公司）未依法申报案予以行政处罚；二是做好案件咨询服务，就陶氏化学公司与杜邦公司合并案、日月光半导体制造股份有限公司收购矽品精密工业股份有限公司股权案等对上海市行业发展影响较大的集中案件，及时反映上海市行业组织、企业意见、通报附加限制性条件决定情况，就延锋汽车饰件系统有限公司等企业的经营者集中行为接受企业申报咨询等；三是加强新技术领域反垄断调研，会同上海软件协会编制《新兴技术领域经营者集中反垄断实践指引》，配合国务院反垄断委员会办公室开展电子商务企业竞争情况调研，支持"中国竞争政策论坛"首次在上海举行。

（七）贸易摩擦应对公共服务网络基本形成

依托上海市国际贸易促进委员会深化对上海市中小企业经贸摩擦服务，针对年度钢铁类、铝制品等重点涉案产品的中小企业开展培训和集体应诉服务近 30 次，进一步提升中小企业国际市场拓展中的被动应对和主动预防能力。持续拓展公共服务覆盖范围和能级;"进出口公平贸易行业工作站"增至44家;完成公平贸易公共服务项目18项,首次将公共服务延伸到中医领域,并覆盖到集成电路、通信制造、有色金属、新材料、软件等制造业和服务业领域。率先开展了"一带一路"商事调解上海实践。2017年通过全方位公共服务、较为有效的产业安全风险防范及针对重点案件的提前介入,在涉及上海企业的44起贸易摩擦新立案件中(其中美国19起,印度5起,分别排名前两位,上海市直接涉案企业近700家,涉案出口金额超过8.18亿美元),应诉率较高,重点产业、重点企业继续保持应诉率100%。应诉结果也较理想,在2017年已裁决的涉及上海市的贸易摩擦案件中,上海市企业总体胜诉率超过71%,产品海外市场得到有效维护。通过加强对企业、协会等多角度案件应对协调服务,为2017年全市外贸出口保持了2012年以来的最好增速,提供了较好的外部环境。

(八)持续推进"放管服"改革

根据党中央全面深化改革要求,在上海市委市政府统一部署下,按照"两高、两少、两尊重"原则,牵头推进全市商务领域"放管服"改革,聚焦企业关注度高的外贸、外资、外经、拍卖、典当等商务重点领域加大改革力度,激发市场主体创新创业活力。持续推进深化"证照分离"改革试点,在5个商务改革事项全面复制推广的基础上,主动对接浦东新区,扩大改革范围,深化试点力度,探索推动拍卖、典当、对外劳务合作等事项实施"告知承诺"审批方式改革。推进实施外资准入前国民待遇加负面清单管理模式,下放清单外备案权限,并探索开展外资企业监督检查。

(九)深入推进商务依法行政工作

推进商务重点领域立法建设。全面梳理"十三五"上海市商务重点领域立法需求,推动展览业和单用途预付卡2项地方立法工作。目前,单用途预付卡立法项目已正式通过"预转正";展览业立法项目也已向上海市人民代表大会提出了列入2018年正式立法项目申请。同时上报了3项五年内立法规划项目。建立贸易政策合规制度,加强地方规则意识。制定出台《上海市贸易政策合规工作实施细则》,细化上海市贸易政策意见处理,合规评估机制、流程。完善政府法律顾问制度,做好商务日常法律事务工作。

(十)积极营造法治政府建设制度环境

贯彻落实"公平竞争审查制度",强化规范性文件管理。开展《行政规范性文件制定程序规定》修订，建立完善"公平竞争"审查制度和工作机制。做好规范性文件合法性审查、报送备案、即时清理工作，清理相关规章、规范性文件。深化内部制度规范建设。起草制定上海市商务委员会《关于重大行政执法决定法制审核实施细则》，保障行政执法行为规范；制定并实施《上海市商务委员会经济类合同管理办法》。结合"七五"普法，开展商务法宣传。

三、2018年上海公平贸易工作展望

（一）强化法制在上海国际贸易中心建设和商务发展中的保障、规范和引领作用

完善商务立法工作机制，以提升立法质量与效率，为开放性经济发展提供制度保障。健全行政风险防控机制，在提升依法行政能力基础上探索公平与效率契合的法治路径。深化行政审批改革，持续推进商务行政资源最优配置。

（二）健全全面开放新格局下的安全保障与国际竞争优势为一体的综合促进机制

在贸易摩擦前端，健全贸易监测和产业安全预判网络，探索预警信息发布和服务路径。在贸易摩擦后端，完善针对企业和整体产业发展的贸易调整援助制度和产业国际竞争力评估体系。服务国家战略，探索建设"一带一路"国家产业国际竞争力合作联盟。

（三）建立与安全预警、案件应对、调整援助和竞争力评估相适应的公共服务体系

进一步提高知识产权海外维权工作效能，拓展国际合作网络。进一步深化技术性贸易措施服务能级，将技术性贸易措施服务聚焦点向产业链上下游延伸。进一步强化中小企业经贸摩擦平台体制机制建设，在完善案件应对处理流程同时，服务国家"一带一路"倡议。

案例8　上海麦源：应对"双反"案件取得实效

2017年4月11日，美国企业Waterloo Industries LLP向美国国际贸易委员会申请对进口自中国和越南的工具箱进行"双反"(反倾销和反补贴)调查。5月2日美国

商务部发布公告称，对进口自中国的工具箱发起"双反"立案调查。据不完全统计，2016年美国自中国进口涉案产品工具箱总额约10亿美元，涉及上海企业110余家。上海麦源实业有限公司（以下简称"上海麦源"）在所有上海涉案企业的涉案金额最高，年出口金额约1 500万美元。因上海麦源对美涉案产品的出口量排名居于前5位，且对美市场依赖程度高，如应对不力，将对公司的经营产生巨大影响，甚至面临关停倒闭的风险。为帮助企业有效应对，上海市商务委员会公平贸易处积极作为，深入实战一线，帮助企业奋力应对。

一是依托经贸摩擦服务平台，及时通报信息，鼓励企业积极应诉。在获悉美国企业提出"双反"调查申请后，公平贸易处便第一时间查找上海涉案企业，通过"中小企业经贸摩擦服务平台"将案件信息转发至各涉案企业，同时重点与上海麦源等涉案值较大的企业取得联系，并于4月18日召开案件预警会议。预警协调会上，公平贸易处对案件信息及进程向企业进行了通报解读，对案件应对流程进行了辅导，同时邀请专业律师对企业进行个案答疑和指导，鼓励企业提早谋划，积极应诉。上海麦源作为上海最大的涉案生产商积极开展应诉准备工作。

二是多体联动、多方协调，全力应对案件。4月19日商务部贸易救济局在北京就该案召开全国范围专题应诉协调会议，公平贸易处也立即派员参加，并于会后第一时间将"组织全国行业损害抗辩"等会议情况通报给上海麦源等上海市相关涉案企业。在公平贸易处的动员和鼓励下，上海麦源积极报名参加商务部、全国轻工商会组织的行业损害抗辩协调。后由于各种原因，全行业损害抗辩最终未能达成，在此情形下，公平贸易处又深入企业一线，辅导上海麦源通过其在美进口商积极向美申请方及调查方发起游说，并做好自行开展行业抗辩的准备。

三是持续跟进案件进展，提供多方位支持。5月2日美国正式对中国进口的工具箱进行"双反"调查立案后，公平贸易处持续跟进，并多次主动联系上海麦源等涉案企业，积极提供最新信息支持、询问企业应对中有何问题，是否需进一步帮助。在多方努力下，上海麦源积极筹备、梳理公司相关资料，主动申请作为强制应诉企业参加应诉，并单独向ITC提出无损害抗辩申请和单独税率申请，尽最大可能争取最低税率，保住企业在美市场。

9月11日，美国商务部做出了反补贴初裁，上海麦源获得了27.13%的平均税率。11月22日，美国商务部做出了反补贴肯定性终裁，上海麦源获得了14.39%的单独税率。同时在11月13日，美国商务部做出了反倾销初裁，上海麦源获得了145.99%的单独税率（强制应诉企业中认定的最低倾销税率为90.4%，其他未获得单独税率的生产商倾销税率为230.31%），预计美国商务部将于2018年3月对该案做出反倾销终裁(基本会维持该税率)。尽管上海麦源未被作为强制应诉企业抽中,但通过公平贸易处深入一线,积极发挥公共服务平台、行业协会等各方协调作用,为企业增添了应诉的底气,最终以其自身合理的价格机制和良好的市场口碑,赢得了较好的平均税率。

补贴税率和倾销税率显然会对企业对美国出口产生影响,但上海麦源通过积极应对取得的单独税率也让其在美市场保留了基本的应对同行竞争和发展生存的条件,下一步企业将根据实际出口情况及时调整经营策略。公平贸易处在后续跟踪及与企业的沟通中,也为其出谋划策,提出优化产品质量,提升服务,进一步加快国际步伐,开拓其他新兴国际市场等建议意见。

第三篇

专　　题

第九章　中国（上海）自由贸易试验区

建设中国(上海)自由贸易试验区(以下简称"上海自贸试验区")是党中央、国务院在新形势下全面深化改革和扩大开放的一项战略举措。4 年多来,上海自贸试验区按照中央的部署和要求,在国家有关部门的指导和支持下,以建设开放度最高的自由贸易园区为目标,把制度创新作为核心任务,把防范风险作为重要底线,在建立与国际通行规则相衔接的投资贸易制度体系、深化金融开放创新、加快政府职能转变和构建开放型经济新体制方面,取得了重要成果,激发了市场创新活力,一批制度创新成果复制推广到全国,总体上实现了初衷。

第一节　总体运营情况

一、 总体概况

(一) 基本情况

4 年多来,上海自贸试验区制度创新进一步激发了市场创新活力和经济发展动力。一是上海自贸试验区经济活力明显增强。截至 2017 年底,上海自贸试验区累计新设立企业 5.2 万户,4 年来新设企业数是前 20 年同一区域企业数的 1.4 倍。2017 年实到外资、外贸进出口额占全市比重均超过 40%。二是上海自贸试验区推动上海经济转型升级步伐进一步加快。在上海自贸试验区建设的带动下,2017 年浦东新区地区生产总额增长 8.7%,达到 9 651 亿元,第三产业比重为 74.7%;一般公共预算收入增长 8.5%,达到 996 亿元。上海自贸试验区以浦东新区 1/10 的面积创造了全区 3/4 的生产总额、70%的外贸进出口总额;以上海市 1/50 的面积创造了全市 1/4 的生产总额、40%的外贸进出口总额(表 9.1)。

表 9.1　2017 年上海自贸试验区主要经济指标及其增长率

经济指标	单位	绝对值	同比增长率/%
一般公共预算收入	亿元	578.5	8.6
外商直接投资实际到位金额	亿美元	70.1	13.5
全社会固定资产投资总额	亿元	680.3	12.4
规模以上工业总产值	亿元	4 924.9	14.8
社会消费品零售额	亿元	1 494.6	7.0
商品销售总额	亿元	37 042.7	10.2
服务业营业收入	亿元	5 157.7	14.3
外贸进出口总额	亿元	13 500.0	14.7
#出口额	亿元	4 053.1	3.0
期末监管类金融机构数	个	849	4.2
新兴金融机构数	个	4 630	−0.5

（二）外商投资

2017 年,上海自贸试验区新设项目 1 192 个,合同外资 219.4 亿美元,实到外资 70.2 亿美元。其中,“一带一路”沿线 52 个国家在区内投资新设企业 1 002 个,利用合同外资 62.1 亿美元。截至 2017 年底,上海自贸试验区累计新设外资企业 9 400 多户,占比从上海自贸试验区挂牌初期的 5%上升到 20%左右,累计实到外资 195 亿美元。实到外资大幅增长,从扩区前月均 6 000 多万美元,增长到扩区后月均 5.1 亿美元。全国《2017 版自由贸易试验区负面清单》及《外商投资产业指导目录》公布实施。全国首家金融类投资性公司——宏利投资(上海)有限公司,全国首家外资不良资产管理公司——上海墨盛资产管理有限公司等顺利落户。推动了“一带一路”沿线国家项目如沙特阿拉伯最大投资项目——沙伯基础上海研发中心落户。

（三）境外投资

截至 2017 年底,上海自贸试验区累计办结境外投资项目超过 1 900 个,其中中方投资额累计 592 亿美元。先后与以色列、俄罗斯、新加坡等“一带一路”沿线国家联合建立跨国孵化器,搭建跨境项目交流平台。进一步完善上海自贸试验区境外投资服务平台功能,发挥境外投资服务联盟作用,建立境外投资项目库、信息库。目前,境外投资服务平台已经集聚了42家银行、法律、会计、保险、投资促进、信息等专业服务机构，涵盖了咨询、法律、信息、融资等服务功能。2017年9月14日，中国质量认证中心等4家中外企业、机构在浦东新区政府签署了服务中国（上海）自由贸易试验区建设"一带一路"桥头堡检测认证机构质量合作协议。此外，"一带一路"技术贸易措施企业服务中心也揭牌成立，成为推进"一带一路"倡议、打造国际互联互通监管合作新模式、全面提升质量发展的助推器。截至2017年底，上海自贸试验区已累计在25个"一带一路"国家投资了198个项目，中方投资额60亿美元。

（四）国际贸易

贸易便利化改革效应持续显现。2017年，上海自贸试验区完成外贸进出口总额1.35万亿元，同比增长14.7%，占上海同期外贸总额的42%。洋山港和外高桥港区全年合计完成集装箱吞吐量3 638.2万标箱，同比增长7.3%，推动上海港连续8年位居全球第一大集装箱港。

二、分片区情况

（一）保税片区

2017年，保税片区积极推动贸易和投资自由化、便利化，经营范围登记调整、注册登记全程电子化、企业准入"单一窗口"和对接叠加上海国际贸易"单一窗口"3.0版等各项上海自贸试验区特色的改革创新政策的集成效应逐渐显现。探索建设自由贸易港，全力参与自由贸易港的功能、产业、规划、风险防控和规划选址等需求梳理以及运行规则和信息管理服务平台建设方案的牵头研究制定工作。深化拓展总部经济、专业贸易平台等创新功能，率先实施进口非特化妆品备案改革试点。

（二）陆家嘴片区

2017年，陆家嘴片区聚焦国际化的产业发展生态环境，大力推进战略精准招商和企业服务，加速集聚上海华信国际集团财务有限责任公司、中国远洋海运集团运财产保险自保公司、纽银梅隆投资管理（上海）有限公司等一大批功能性、引领性、创新性、平台性的国际国内知名持牌类金融机构、外资资管机构和行业组织，引进和培育麦格纳汽车技术（上海）有限公司、中化石化销售有限公司、威孚商务信息咨询（上海）有限公司等跨国公司、大型企业地区总部，建立完善陆家嘴楼宇信息平台及相关工作机制，促进楼宇经济健康发展。推动城市更新和市区重大项目建设。

（三）世博片区

截至 2017 年底，世博片区积极推进重大产业发展项目，各类总部快速集聚，累计引进央企总部及衍生公司 49 家，推进全球展览业协会（UFI）上海代表处落户世博片区。高起点规划建设前滩地区，推进世博和前滩地区世界级中央公共活动区建设，不断加大文化产业和公共文化投入。

（四）金桥片区

2017 年，金桥片区积极打造新能源汽车、智能装备、移动视讯和新兴金融集聚区，通过精准招商、提升行政审批效能、优化营商环境等，集聚起一批新兴产业、企业和平台。成功举办第二届全球 VR 论坛。园区以全国第一的成绩通过国家三部委对国家生态工业示范园区的复查评估，并获得上海市低碳发展示范园区的称号。

（五）张江片区

2017 年，张江片区努力推进张江综合性国家科学中心建设，领军企业规模不断壮大，中芯国际集成电路制造有限公司 12 英寸[①]生产线、复星医药凯特生物科技（中国）有限公司等重大项目落地进展顺利。深入推进“双自联动”，试点 CMO 代工模式至医疗器械领域。张江药品上市许可持有人制度试点范围扩大到 11 家企业 16 个品种。张江跨境科技创新监管服务中心完成试运营，企业整体通关时间缩短为 6～10 小时。配合推进上海光源二期等重大科学设施集群建设。促进国内重点院校设立创新中心和关键共性技术研发平台建设。打造五大众创孵化集聚区和 6 个跨国联合孵化载体。推进浦东新区国际人才试验区、国家知识产权示范园和国家专利导航产业发展试验区建设。首轮“五个一批”重点项目建设加快建设，配套环境和景观日益完善。

第二节　管理制度创新推进情况

4 年多来，上海自贸试验区坚持以制度创新为核心，按照“自由贸易试验区是国家的试验田，不是地方的自留地；是制度创新的高地，不能成为优惠政策的洼地；是苗圃，不是盆景”的要求，聚焦投资、贸易、金融和事中事后监管等领域，形成了一批基础

① 1 英寸＝2.54 厘米。

性制度和核心制度创新，100 多项制度创新成果已向全国复制推广。

一、 确立了以负面清单管理为核心的投资管理制度

对标国际通行规则，制定和完善负面清单，开展了外商投资、境外投资管理和商事登记等方面的一系列制度创新，进一步扩大服务业和制造业对外开放。

（一）全面实施外商投资和境外投资备案管理

深化投资管理体制改革，外商投资负面清单从 2013 版的 190 条减少到 2017 版的 95 条；市场准入负面清单制度试点工作方案及市场准入负面清单涉及的区级行政审批事项目录发布试行；率先实施企业名称登记改革，推出企业名称网上自主申报等 6 项创新举措。清单外实施备案制，外商投资的办理时间由 8 个工作日缩减到 1 个工作日，申报材料由 10 份减少到 3 份。90％以上的投资项目都是负面清单以外的，以备案方式设立。境外投资管理方面，改核准为备案管理，办结时间从 3～6 个月缩短至 3 天，截至 2017 年底，累计办结境外投资项目超过 1 900 个，其中中方投资额累计 592 亿美元。

（二）进一步扩大服务业制造业领域开放

不断探索开放型经济发展新领域，实施更为充分的压力测试。服务业扩大开放取得新成效，先后推出 2 批 54 项扩大开放措施，其中服务业领域 37 项，制造业等领域 17 项，2017 年新落地服务业项目数 412 个，累计有 2 404 个项目落地，融资租赁、工程设计、旅行社等行业的扩大开放措施取得明显成效，落地企业中涌现出一批首创性项目，包括中国第一家专业再保险经纪公司、第一家合资道路运输公司、第一家独资游艇设计公司、第一家独资国际船舶管理公司和第一家执行国际食品安全标准的独资认证公司。特别是全球高等教育领先者美国劳瑞德投资设立的德珍教育培训（上海）有限公司落户，填补了外资文化教育培训领域的空白，成为上海自贸试验区服务业扩大开放的一项重要突破。同时，整理出版了第 3 批《中国（上海）自由贸易试验区服务业创新案例集》，遴选了多领域具有代表性的 26 个服务业开放创新案例，3 年来累计形成了 3 批共 72 个服务业创新和可复制推广的典型案例。

（三）深化商事登记制度改革

在全国率先开展注册资本“实缴制”改为“认缴制”、“先证后照”改“先照后证”，推

动从办事大厅“一门式”办理到单一窗口“一口式”办理，推进“多证合一”和全程电子化登记，开展从“一址一照”到“一址多照”集中登记，深化网上自主申报等企业名称登记改革。

二、 确立了符合高标准贸易便利化规则的贸易监管制度

借鉴国际经验，海关、原出入境检验检疫局、海事局等口岸监管部门推出了近百项创新举措，探索建立具有国际先进水平的贸易监管制度，促进区内货物、服务等各类要素自由流动。

（一）进一步深化“一线放开、二线安全高效管住”贸易便利化措施

海关、原出入境检验检疫局等部门推出了“先进区、后报关报检”“一区注册、四地经营”“十检十放”等一系列创新举措。这些举措使通关效率大大提高，保税区进出境时间较全关水平缩短 78.5%和 31.7%，企业物流成本平均降低约 10%。

（二）实施国际贸易“单一窗口”管理制度

国际贸易“单一窗口”1.0 版、2.0 版和 3.0 版已先后建成上线，功能模块增加到 9 个，覆盖 23 个口岸和贸易监管部门，实现了与国家“单一窗口”标准版全面融合对接。口岸货物申报和船舶申报 100%通过“单一窗口”办理，平台用户达 5 800 多家，服务企业数超过 24 万家。企业申报数据项在船舶申报环节缩减 65%，在货物申报环节缩减 24%，累计为企业节省成本超过 20 亿元。

（三）探索建立货物状态分类监管模式

采用信息围网技术，实现了保税、非保税货物、口岸货物同仓存储、分类监管。目前，保税区域所有符合条件的物流类企业已全面开展货物状态分类监管试点，5 家贸易型企业和 1 家加工型企业开展试点。

三、 确立了适应更加开放环境和有效防范风险的金融创新制度

围绕服务实体经济发展，以自由贸易账户为载体，促进投融资汇兑便利化，深入推进上海自贸试验区金融创新和上海国际金融中心建设联动，并建立完善金融监管和防范风险的机制。

（一）金融创新框架体系基本形成

2015年10月29日，人民银行等部门和上海市共同印发了《进一步推进中国（上海）自由贸易试验区金融开放创新试点加快上海国际金融中心建设》，与之前国家金融管理部门发布的金融支持上海自贸试验区建设的51条政策意见和实施细则，共同构成了上海自贸试验区金融制度创新框架体系。按照"成熟一项、推动一项"的原则推进金融改革，目前已发布8批95个上海自贸试验区金融创新案例。发布全国首张自由贸易试验区金融服务业对外开放负面清单指引。

（二）本外币一体化运作的自由贸易账户功能进一步拓展

截至2017年底，已有56家商业银行、财务公司和证券公司等金融机构直接接入自由贸易账户监测管理信息系统，开立自由贸易账户7.0万个，当年累计收支总额7.6万亿元，通过自由贸易账户获得本外币境外融资总额折合人民币超过1.1万亿元。

（三）人民币跨境使用和外汇管理创新进一步深化

跨境人民币结算、跨国公司总部外汇资金集中运营、本外币双向资金池等金融创新试点规模化运作。截至2017年底，人民币跨境结算总额累计超过5万亿元，跨境双向人民币资金池累计769家，收支总额9 761.5亿元。上海自贸试验区内共有95家企业开展跨国公司外汇资金集中运营管理业务。

（四）一批面向国际的金融交易平台已正式运行

境外机构通过黄金国际板进行国际黄金交易的规模不断扩大，"上海金"的国际定价话语权不断增强。上海保险交易所、中国信托登记有限责任公司挂牌成立，上海期货交易所的国际能源交易中心、中国外汇交易中心的国际金融资产交易平台等加快建设。

四、确立了以规范市场主体行为为重点的事中事后监管制度

加快以上海自贸试验区理念推进政府职能转变，探索在一个完整行政区域内一级地方政府的管理新体制、监管新模式，努力做到放得更活，管得更好，服务更优。

（一）深化"证照分离"改革试点

2016年，经国务院批准同意，选择116项行政许可事项，按照取消审批、审批改备

案、实行告知承诺、提高透明度和可预期性、强化准入监管等5类方式开展“证照分离”改革试点。2017年，深化“证照分离”改革试点，第一批116项改革事项已复制推广到其他自由贸易试验区。

（二）进一步深化事中事后监管体系

制定实施进一步深化事中事后监管体系总体方案，初步确立了市场主体自律、业界自治、社会监督、政府监管“四位一体”的监管格局。监管方式上，实施精准监管、协同监管、分类监管、动态监管，重点推进“六个双”监管机制（双告知、双反馈、双跟踪；双随机、双评估、双公示）和“信用画像”（采用绿色低风险、黄色中风险、红色高风险对30万家企业进行直观评价），已实现21家监管部门全覆盖，108个监管行业、领域全覆盖。

（三）建立分类综合执法新体制

率先开展市场监管（工商、质检、食品药品监督管理局、物价检查“四合一”）、知识产权（专利、版权、商标权“三合一”）、城管执法（城市管理领域执法权归并，基本实现全覆盖），推进形成系统、综合、集成的治理体系。

（四）推进政务信息化

形成“1533”信息化格局（1个一体化政务云数据中心、5个区级政务信息共享交换枢纽平台、30个左右的区级行业政务平台、300个左右的业务应用系统）。建设“三全工程”，企业市场准入104个事项实现“全网通办、一次办成”，个人社区事务188个事项实现全区通办，政府政务信息全域共享，保税区域已实现与80个国家和市区部门信息共享集成。探索建立了首席信息官（CIO）制度，建立网上督查室，实现在线督办，即时查询，实时监管，归集分析，考核评分。①

第三节 保税片区发展情况

随着改革创新的规模运作和成果转化，上海自贸试验区保税片区产业优化升级和新旧动能转换进一步加快，经济结构调整、转型发展取得积极成效，总体上呈现平稳有序、质量效益加速显现的良好态势。

---

① 数据来源：本节资料根据中国（上海）自由贸易试验区公开数据整理。

一、 主要经济指标实现两位数增长

2017年，上海自贸试验区保税片区完成经营总收入17 630亿元，同比增长14.2%；商品销售额15 270亿元，同比增长14.0%；航运物流服务收入1 269亿元，同比增长18.0%；工商税收（扣除"免抵调增值税"因素）605.5亿元，同比增长13.1%；完成进出口总额8 357.1亿元，同比增长18.3%，占全市比重提升至28.5%；商品销售额、工商税收、进出口额占全国海关特殊监管区域的比重达56%、55%和20%。

二、 经济发展质量效益加速显现

2017年，上海自贸试验区保税片区内企业利润总额同比增长50%，重点企业中实现盈利的达78.5%，接近历史最好水平；完成地方一般公共预算收入162亿元，同比增长17.5%，占浦东新区比重提升至16.7%。

三、 新动能加快发展

2017年，上海自贸试验区保税片区新技术企业加快集聚，71家经上海市科学技术委员会认定的高新技术企业完成经营收入超过百亿元；新产业规模化发展，租赁产业服务收入增长超过六成，技术服务业同比增长16%；新设企业贡献度持续增强，超过1.3万家前三季度贡献税收86.6亿元，同比增长59.2%，5家当年新设企业被认定为跨国公司地区总部。

案例9 中行上海市分行：运用自由贸易账户联合国际金融机构开展并购融资

中国银行上海市分行（以下简称"中行上海市分行"）作为唯一中资联合牵头行和簿记行，与巴克莱、JP摩根、花旗等7家外资银行共同组建国际银团，助力私募股权投资基金——凯雷基金发起收购法国道达尔石油化工集团的下属安美特集团100%股权。该项目的收购对价为30.45亿美元，凯雷基金以自有资金出资12.2亿美元（占比40%），Term Loan B（简称TLB）高级债务融资14亿美元，剩余4.25亿美元通过发行高收益债券募集。中行上海市分行参与TLB高级债务部分中5亿美元，并购交割提供美元，并在7年期贷款期间提供给借款人5亿美元转换成等值人民币的选择权，到期一次性还本付息。

中行上海市分行此次并购融资的创新点在于：一是交易结构新颖，TLB是一个以银行贷款为蓝本，但同时向高收益债券演化的债务融资工具，在还款比例安排、新增债务、财务约束指标等方面给予借款人一定灵活性。对发起并购方凯雷基金无追索，担保结构设计依靠安美特核心子公司提供担保及核心资产抵押，并辅以财务指标约束警示，还款来源依靠安美特现金流；二是独特币种转换机制，由于未来还款来源的资产包中有近36%的收入来自中国，因此币种转换安排的独特设计更好地匹配了还款资金来源，降低了汇率风险。此外，币种转换在分账核算单元内进行，采用自由贸易账户的使用规则进行交易，有效控制风险。

中行上海市分行此次并购融资的应用价值在于：一是有利于发挥上海国际金融中心和上海自贸试验区联动发展优势，利用自由贸易账户量身定制的双币种和币种转换选择权融资方案独具创新，具有可复制可推广的效应；二是有利于提升中资银行国际影响力，本并购项目是中资银行与凯雷基金共同在欧美市场TLB结构融资模式的首次突破。通过与国际知名投行、外资银行合作，提升了中资银行的国际并购能力，促进了人民币国际化。

第十章　国际会展业

第一节　国际会展业总体运行情况

一、 2017年上海国际会展业发展情况

按照“十三五”规划要求，上海市会展规模和结构在稳步发展。2017年，上海市主要展馆共举办各类展览及活动1 020个，同比增长15.0%，举办总面积1 769.9万平方米，同比增长10.1%。其中，10万平方米到30万平方米的展览数量30个，30万平方米以上的展览数量6个，超过年度办展规模的44%，基本包括了国内最大的专业型展览，10万平方米以上展览和国际性展览面积比例分别达到85%和96%，如中国国际纺织面料及辅料（春夏）博览会、中国国际医疗器械（春季）博览会、中国国际工业博览会、中国（上海）国际家具博览会等。其中，上海市举办国际展项目293个，占全市同期展会总数的28.7%，国际展面积1 329.2万平方米，占全市同期展览面积的75.1%。

二、 2017年上海国际会展业主要举措

（一）关于首届中国国际进口博览会前期组织筹备工作

按照党中央决策部署，首届中国国际进口博览会（以下简称“进口博览会”）2018年11月5—10日将在上海举办。按照上海市商务委员会领导要求，由会展业处担任牵头处室。在商务部和上海市政府的统一领导和部署下，会同国家会展中心、上海市国际贸易促进委员会等单位，积极对接配合商务部有关司局，比照中国国际进口博览

局机构功能,建立前期工作机制,全力推进前期筹备工作。

1. 凝聚智慧,做好建言献策前期准备工作

自 2017 年 6 月以来,会展业处积极会同上海市会展行业协会举办上海市国际会展顾问咨询会和 2017 国际会展 CEO 上海峰会,探讨如何积极发挥上海会展业优势办好进口博览会。会同上海大学会展研究院、上海市商务发展研究中心,研究编制了《进口博览会组织实施方案及相关调研报告》,为领导决策提供有价值的参考。

2. 无缝对接,做好上传下达工作

协助配合商务部召开筹委会办公室会议,部署落实相关工作,并向上海市委常委会、市政府常务会议作汇报;会同国家会展中心进一步完善了"进口博览会实施方案",向部、市领导做了专题汇报。其间,上海市商务委员会多次召开委内专题会议,研究部署进口博览会筹备、保障各项工作,作为牵头处室,会展业处积极对接,汇总信息,整理材料,确保领导及时了解各项工作进展情况。按照委领导要求,积极对接商务部,主动了解进口博览会北京筹委会筹备进展情况,为委领导决策部署提供及时的信息。

3. 精心谋划,助力完成各类实施方案和重要活动

牵头推进进口博览会"一站式"交易服务平台建设;提前组织专题研究,向商务部提出关于实施方案、招展招商方案、论坛工作方案、贸易便利化方案、LOGO 视觉标志设计方案、进口博览局职能方案等工作方案建议;推进进口博览会吉祥物设计工作;向商务部推荐 6 名上海展会咨询专家,组织拍摄招展宣传片等工作;协助商务部筹备首次进口博览会新闻发布会,积极协助中国国际进口博览局落户上海。

4. 推动成立进口博览会城市领导保障小组

起草了《进口博览会城市保障工作总体方案》,并经城市保障领导小组第一次全体会议审议通过。11 月初作为牵头处室筹办了首届进口博览会倒计时一周年上海启动仪式。

(二)关于稳步推进国际会展之都建设工作

1. 启动上海市会展业公共信息服务平台的升级改造

按照"放管服"要求,根据商务部部署,取消非商务部审批的对外经济技术展览会的审批之后,会展业处积极对接有关部门,拓展"会展业公共信息服务平台"功能,采取了为企业提供展会信息登记,对公众开放展会信息查询,每周抄送海关已登记的展会信息的过渡做法,降低因政策变动带来的影响。帮助企业理顺境外展品通关流程,提高公共服务水平。2016 年年底,商务部网上展会审批系统启动,会展业处积极配合做好在沪举办的部级展会申报的指导工作。2017 年,上海市会展业公共信息服务

平台共登记并共享展会信息近400余条，初审并转报部级展会163个。下一年度，会展业处将继续做好相关工作，更好为企业服务。

2. 推进上海市会展业条例地方立法工作

2017年，在上海市人民代表大会财政经济委员会、上海市人民政府法制办公室的指导支持下，以问题为导向，进一步梳理当前会展业发展涉及的难点、痛点问题，积极开展调研，听取相关各方意见，明晰行业主体权利义务，理顺各方关系，规范行业秩序，建立了行业分类管理和诚信管理制度，组织展览诚信评估和管理，修改条例草案，争取列入2018年上海市人民代表大会正式立法项目。

3. 深化与国际展览业协会(UFI)的合作

协调完成UFI上海办事处报批手续，会同上海市会展行业协会、浦东新区落实办公地点、业务启动等有关工作，建立日常工作联络机制，协助在上海开展业务。

（三）关于国家会展中心协调保障工作

2017年，上海市商务委员会会展业处持续发挥国家会展中心运营保障协调领导小组办公室作用，靠前服务，及时了解企业需求，积极协调相关部门做好国家会展中心运营协调保障，做好推进周边配套设施完善工作。

1. 做好大型展览的市级联动保障工作

先后完成牵头协调在国家会展中心举办的2017服装面料展(春夏)、2017上海国际车展、2017医药系列展、2017孕婴童展和2017服装面料展(秋冬)等5个大型展会的市级保障工作，这其中汽车展创造了参观总人次逾百万的最高纪录，国药展创造了单日人次19.6万的最高纪录。

2. 推进国家会展中心周边配套建设等工作

上海市商务委员会、上海市交通委员会、上海市住房和城乡建设管理委员会、虹桥商务区管委会、国家会展中心等单位，在上海市领导的统一安排下，不断推进国家会展中心周边配套设施建设。上海市属路桥中，S26入城段全线下部结构完成80%，上部结构完成40%；诸光路地道青浦段工作井及机架段结构完成，盾构已始发推进。区属道路中在建蟠龙路和天山西路完成60%；计划年内新开工的蟠龙路桥初步设计、规划方案和建设用地规划许可证已批复。

（四）关于做好组团参展的组织工作

1. 精心做好亚欧博览会、东盟博览会等组展工作

亚欧博览会上海参展企业共7家，参展面积252平方米，展品包括纺织服装、农

产品食品、体育及旅游文化等。在 5 天展会交易期间，上海展区企业共接待有效观众 3 280 人，现场成交 200 万元，意向成交金额 520 万元。东盟博览会上海组展面积 528 平方米，比上年增加近 66%，包括上海城市魅力与外贸品牌形象展示区、电力设备及新能源展示区和建筑材料展区，重点宣传上海市外贸转型升级创新发展“四个一百”专项活动，受到各界关注。此外，还牵头完成中国—蒙古国博览会参会工作，组织上海企业赴新疆乌鲁木齐参加 2017 中国亚欧商品贸易博览会、赴广西南宁参加第 14 届中国东盟博览会。

2. 成功举办“2017 上交会南欧展”

在 2016 上交会捷克展成功的基础上，2017 年上交会意大利、希腊展成功举办。2017 年 6 月，“中国—意大利经贸合作论坛”在第四届上交会主宾国意大利罗马举行，中意 200 多家企业、投资促进机构及 20 多家中外媒体共近 400 人参加论坛，同期举行了多项重大合作项目签约，深化了双方在科技、经贸、人文领域的进一步合作。9 月，在希腊举行的第 82 届萨洛尼卡国际博览会上，上交会南欧展作为“中国馆”的重要组成部分，带领 24 家上海企业携自主创新的最新成果参展，参展面积 500 平方米，希腊总理等政要亲临展会现场并与参展企业交流，代表上海创新能力的“上海制造”品牌在南欧掀起了新一轮的中国热潮。同期举行的技术交流、企业对接、揭牌签约仪式及“上海之夜”等活动进一步深化和提升了中希双边合作关系和水平。

三、 2018 年上海国际会展业工作展望

党的十九大报告提出的贯彻新发展理念，建设现代化经济体系，推动形成全面开放新格局的新要求，为我国会展业的深入发展指明了新方向，也为上海会展业 2018 年工作开启了思考的新空间。目前，上海已成为全球成长最快的会展城市之一。上海场馆硬件设施条件优越，是国内仅有的拥有两座 20 万平方米以上的超大型展馆的会展城市，在国际主要会展城市中名列前茅。

（一）主要思路

以党的十九大报告提出的贯彻新发展理念为统领，以进口博览会在上海举办为契机，围绕会展业“十三五”规划的发展要求，努力打造要素集聚、配置合理、制度健全、服务完善、生态优化的会展业促进体系，进一步形成市场运行机制比较成熟、会展企业富有活力、具有全球市场重要话语权的国际会展之都。

（二）重要举措

主要在以下 4 个方面下功夫。

1. 继续在建设高水平的公共服务体系上下功夫

进一步完善商务部门牵头，各部门共同参与的上海市级联席会议机制，提升各部门协作水平。

2. 继续在增强展览业核心竞争力上下功夫

持续提升国际化水平，服务“一带一路”倡议及多双边和区域经贸合作，吸引一批行业影响力强、带动效应显著的国际知名品牌展会，打造一批具有国际影响力的上海展会自主品牌，培育一批有潜力、有特色的中小展会，打造有国际竞争力的展览集团，推进会展业与商贸、旅游、科技、工业、文化、体育、创意等相关产业联动发展，继续做好东盟博览会、亚欧博览会和中蒙博览会的参展组织工作，共同构建开放共享、联动创新、融合发展的大会展格局。

3. 继续在打造透明、公平、高效的市场环境上下功夫

完善展馆运营机制，优化展览业布局，完善市场监管体系，建立覆盖展览场馆、办展机构和参展企业的会展业信用体系，加强信用监管，推广信用服务和产品的应用，推动部门间监管信息的共享和公开。

4. 继续在健全展览业政策扶持体系上下功夫

完善财税扶持体系，优化金融保险服务，加强人才体系建设。

第二节　中国（上海）国际技术进出口交易会

由商务部、科技部、国家知识产权局和上海市人民政府联合主办的第五届中国（上海）国际技术进出口交易会（以下简称“上交会”）于 2017 年 4 月 20—22 日在上海世博展览馆成功举行。

一、展会成效

该届上交会主题是“创新驱动发展、保护知识产权、促进技术贸易”，吸引超过 5 万人次的观众参会，比上届增加 4.7%，其中专业观众占比 84%。该届上交会展览面积 3.5 万平方米，有 927 家知名科技企业和交易服务机构参展，分别来自 24 个国家和地区以及境内 28 个省市自治区。展会期间举办开幕论坛、3 个主题日活动、66 场专

业论坛和专题会议等多项活动,2 800 余名各领域专业人士积极参与。

二、 展会特点

一批国内外领先的高新技术项目亮相,AAVI 雅威新风空气净化设备、中国华信能源有限公司 AO 干法脱硫脱硝绿色环保协同系统、上海逸思医疗科技有限公司 easyEndo 腔镜吻合器、科大讯飞股份有限公司晓译翻译机、中科院微小卫星创新研究院全球二氧化碳监测科学实验卫星、珠海银隆新能源有限公司新能源复古铛铛车、美敦力中国研发中心 Emprint 微波消融仪、蚌埠玻璃工业设计研究院 0.15 毫米超薄浮法电子玻璃、招商银行股份有限公司“未来银行”营业厅、深圳市柔宇科技有限公司“Royole Moon 3D 头戴影院”等获得该届“上交会十大人气项目奖”。其中,摩根斯达集团的桌式足球则高票当选该届上交会“镇馆之宝”。

该届上交会由荷兰担任主宾国,芬兰埃斯波市担任境外主宾城市。荷兰农业部部长率含 35 家企业的代表团出席上交会,举办荷兰主题日活动,围绕“技术贸易、科技创新”主题,并就知识产权保护、土壤修复等领域举办了 8 场有亮点、有成效的论坛交流活动。同时,中荷双方签署 5 项意向合作书或谅解备忘录,中荷经贸科技专场对接,共吸引了中荷 110 余家企业 200 余名代表参加。

技术进出口促进交易平台累计发布项目信息 4 625 条,其中供方信息 3 670 条,需方信息 955 条,并同步发布到在线上交会 PC 端和移动端。易平台累计发布项目信息 4 177 条,其中供方信息 3 258 条,需方信息 919 条,同步发布到“技术交易汇”手机客户端。

第三节 中国华东进出口商品交易会

在商务部的关心和指导下,在上海市、江苏省、浙江省、安徽省、福建省、江西省、山东省、南京市、宁波市 9 个主办省市及其他兄弟省市的共同努力下,第 27 届中国华东进出口商品交易会(以下简称“华交会”)于 2017 年 3 月 1—5 日在上海新国际博览中心顺利举办。该届华交会更加注重“创新、规范、提高”。在进一步探索华交会发展方向上,继 2016 年新增“跨境电子商务”展区,2017 年再尝试新设“美容美妆”展区,探索消费品领域的出口之路;在展览运营方面,展会前的招展、招商组织工作更加有序;在专业化发展方面,“展”与“会”融合、信息化建设以及宣传力度等均有提高。

一、 第27届华交会基本情况

该届华交会较上届规模略有扩大，但自该届华交会起不再简单地以展览面积、展位数量作为衡量标准，而是逐步向以采购商数量及参展企业质量作为评判标准的方向去努力。该届华交会更重视的是与展商、客商的紧密互动，吸引尽可能多的采购商和优质展商到会。

（一）展会规模略有扩大

该届华交会共有10.5个展馆，展览面积12.1万平方米，比上届增加近6 000平方米，展位总数5 670个（含16个服务展位）。14个交易团（9个主办省市交易团、3个组团城市交易团、1个联合交易团、1个境外交易团以及E6馆的跨境电子商务和美容美妆展区）共组织3 900多家企业参展，其中，境外参展企业449家。该届展会设立5个专业展：服装服饰展展位1 698个，占29.9%；纺织面料展展位894个，占15.8%；家庭用品展展位1 764个，占31.1%；装饰礼品展展位604个，占10.6%；现代生活方式主题展（境外展区）展位514个，占9.1%，美容美妆及跨境电子商务（E6馆）展位180个，占3.2%。

（二）采购商与会人数略有增长

第27届华交会到会境外客商22 140人，来自110个国家和地区，客商总数比上届略增3.2%。亚洲客商占80.1%，比上届增长2.8%，其中，日本客商累计到会9 231人，占41.7%，比上届增加1.8%，仍是到会客商最多的国别地区；欧美客商占17.3%，比上届增长5.6%；拉丁美洲客商占0.7%，比上届减少6.5%；大洋洲客商占1.5%，比上届减少0.6%。与会客商排名前10位的国家和地区依次为：日本、中国香港、韩国、中国台湾、美国、加拿大、英国、俄罗斯、德国、印度。

（三）出口成交略有增长

该届华交会累计成交23.2亿美元，比上届增加0.3%。其中，对亚洲成交13.2亿美元，下降5.0%；对欧美成交7.7亿美元，增长2.5%；对大洋洲成交0.4亿美元，增长0.5%；对非洲成交0.4亿美元，增长20.5%。日、美、韩仍居成交前3位，对日本成交7.5亿美元，下降5.5%；对美国成交3.4亿美元，下降3.0%；对韩国成交1.9亿美元，下降11.9%。其余成交额居前的国家和地区依次为：法国、加拿大、印度、英国、德国、中国香港等。

（四）新工艺、新技术、新材料的产品在展会上纷纷亮相

该届展会在参展企业质量方面有了较高的提升，涌现了一批优秀企业及优质产品。其中，不乏商务部重点培育和支持的中国名牌、获得省市名牌和驰名商标的品牌企业及展品，而众多使用新工艺、新技术、新材料的产品的亮相，折射出该届华交会参展企业转型升级步伐不断加快，自主研发能力有所提升、强化品牌建设得到重视。

二、 第27届华交会组展工作主要情况

该届华交会实施“精准招商”，努力提高展商质量，进一步强化专业化办展理念，加强“展”与“会”融合，支持外贸新业态，提升了展会品质及影响力。

（一）加强“展”与“会”的融合

该届华交会在保留上届的服装服饰、纺织面料、家庭用品、装饰礼品、现代生活方式5个专业主题展的基础上，增加了半个馆的面积，用于跨境电子商务展区、美容美妆展区以及大会论坛活动场地3个部分。增设美容美妆展区是消费品行业出口的新尝试，通过华交会这一进出口平台，以探索新的发展机遇。

该届华交会通过“展”与“会”的融合，分享市场资讯，并集聚人气，进一步扩大了华交会的产业影响力。举办的论坛及活动有：华东进出口贸易峰会、跨境电子商务高峰论坛、领跑中国智造论坛、化妆品出口贸易论坛、创新奖及人气展商TOP10评选及颁奖活动、采购商现场对接会、“会商旅文体”联动项目推广活动等。这些论坛及活动的举办吸引了更专业、更高端的客商到会，提升了展会的层次，促进了企业的成交。

（二）扩大“跨境电子商务展区”

当前外贸新业态蓬勃发展，为更好地培育外贸新优势，该届华交会继续扩大了“跨境电子商务展区”，并积极邀请跨境电子商务平台、物流、支付、第三方服务等企业参展，为外贸企业的发展开拓商机。

该届华交会还特别举办了“立足华东，交易全球”——第27届华交会跨境电子商务营销生态论坛、跨境电子商务的“道”与“术”——跨境电子商务高峰论坛等跨境电子商务论坛活动，利用“跨境电子商务”来推动华交会自身的发展，同时也帮助跨境电子商务企业排疑解难。为期两天的跨境电子商务论坛，围绕跨境电子商务面临的机

遇和挑战等议题，邀请了阿里巴巴、亚马逊、eBay、四海商舟等业内知名企业进行分享交流。

（三）强化信息化营销平台的建设

该届华交会在上届华交会“三位一体”的信息化整合营销平台的基础上，进一步创新升级平台，紧跟时代潮流，多方式、多渠道利用网络和移动互联网这两种信息化工具(电子邮箱、微信公众号、华交会官网、境外社交媒体等)，把华交会与“发送对象”“发送平台”及“发送内容”三者有效结合，不间断地向展商、客商推送相关外贸资讯，收集展商、客商的各类信息，增强华交会与展客商的黏合度，扩大华交会品牌影响力，实现华交会与参展商、采购商之间的全方位全时段的互动与沟通。

（四）提供专业高效的贸易配对服务

华交会“一对一”买卖对接会历来深受展客商的欢迎，该届华交会现场延续了此优良传统，邀请海外采购商到华交会亮相，让展商与采购商直接面对面洽谈，为展商提供逆向、专业的贸易配对服务，给买卖双方搭建了一个及时、便捷的沟通渠道，提高了对接效率，使得成交更快捷、高效。根据近几年配对活动情况及华交会日本买家集中的特点，该届华交会现场的“一对一”买家配对在活动时间上做了一定调整，第一场日本买家专场在 3 月 2 日上午，吸引了 18 家日本采购商，共计 69 家参展商进行了 89 场配对活动。第二场纺织服装专场在 3 月 3 日下午，吸引了 40 家采购商，有 96 家展商参加，累计进行了 325 场配对活动。

（五）与展商、客商的互动更紧密

主要体现在以下几个方面。

1. 与有优质采购商资源的网络媒体合作

包括与环球资源、印度 Trade India、龙之向导、中国制造网、中华纺织网、阿里巴巴、中国纺织网、孚盟软件等网络媒体进行密切合作，利用其各类线上资源宣传推广第 27 届华交会，邀请境外采购商与会。累计发放 78.52 万封邮件或电子宣传材料。

2. 改版了华交会官网

对资讯、新闻、照片、视频等陆续更新，共刊登 45 篇文章；2017 年微信订阅号共发布 627 篇文章；网上华交会架构已基本完成。

3. 与商协会等机构合作

与多家驻沪领馆商务处、境内外商协会进行了合作，参加境内外相关行业展会及活动 15 个。

4. 在境外进行推介

在 3 家日本媒体、5 家韩国媒体上投放了华交会广告，在英国、德国、澳大利亚、俄罗斯各召开了一场采购商专场推介会，在日本召开了一场媒体专场推介会，并对出访国的相关商务机构进行了拜访和推介。

5. 加强点对点客商持续联络

2016 年 7—12 月，共发送 6 期电子期刊，合计发送逾 55 万封电子邮件；2016 年 12 月—2017 年 2 月，共发送 5 次电子邀请函 50 万余；寄送纸质邀请卡 5 000 份；寄送纸质请柬 2.3 万份。

6. 与互联网公司合作

通过维护华交会 Facebook、Twitter、Linkedin、Youtube 等境外社交网络账号，吸引粉丝关注华交会并实现网上预登记。通过 Expo Promoter 的平台邀约采购商。

（六）举行“制造之美——历届华交会创新奖获奖企业巡礼”展

为了加深采购商对于“华交会是一个优质产品交易平台”这一理念，同时也为优质产品提供多种推广渠道，该届华交会在 E4 馆 A 区专门设立 250 平方米的“制造之美——历届华交会创新奖获奖企业巡礼”产品展示区域，由各交易团选择 1 件优秀产品（以历届华交会创新奖获奖企业的产品为主要对象）放在醒目位置进行展示。这一活动也对扩大华交会的影响起到了积极的作用。

（七）评选“创新奖”及“人气展商 TOP10”

为鼓励企业积极创新，加大开发新产品力度，该届华交会一如既往地设置了“创新奖”，其评选结果已于 3 月 4 日在现场公布，29 家企业获此殊荣。6 年来，“创新奖”评选活动对提升华交会的整体水平和品牌效应，起到了积极的作用。同时，该届华交会继续推出“人气展商 TOP10”评选活动，共有 1 569 人参与投票，该活动由华交会参展商通过微信服务号报名成为候选企业，以自发投票数排名取前 10 位。该项评选活动与“创新奖”同期揭晓，获奖企业将会获得华交会平台（包括官网、微信公众号等）的免费宣传。

（八）加强安全管理

该届华交会不论是在筹备之初，还是招展、布展、开展乃至撤展，都做了如下大量而精细的工作。

1. 制定完善了各类措施预案

按照改革后的大会运行框架，修订完善了《华交会安全保卫管理办法》《华交会布撤展安全管理办法》《华交会证件使用管理办法》，研究制定了《第27届华交会安保工作预案》。

2. 对布展搭建实行了严格的安全管理

加强了布展搭建单位管理，建立了布展搭建单位信息备案制度，对布展搭建单位的资质要求、押金管理、布展安全和相关责任等进行了明确，杜绝了展会安全隐患。

3. 积极争取公安、消防等部门支持

主动与公安、消防部门进行了沟通协调，加强了安保力量，加大了安检力度，在防火、防爆、防盗等方面做了大量细致的工作，包括专门应急预案和预防工作等。建立并严格实施了安全巡视督察制度。在展会期间，不间断地对大会秩序及管理情况进行巡视和抽查督促。

（九）规范展会各项配套服务

该届华交会理事会强化组织管理，对展会的各项配套服务进行了如下一系列的规范和优化。

1. 认真仔细地落实了后勤等各项服务保障工作

设立了展览现场一站式服务，完善了展馆无线上网，搭建了临时餐饮场地，设置了客商休息、公共网络、饮水供应、现场医疗、法律咨询、银行、出口信用保险等各类服务点，为展客商提供全面的服务。设置了出租车候车点、地铁与展馆间免费往返巴士、展馆内循环电瓶车等，解决了展客商交通问题。

2. 成立了现场知识产权小组

业务指导办公室会同上海市知识产权局、上海市工商行政管理局组成工作小组，对展会现场发生的各类知识产权侵权问题及时进行了处理。

3. 扩大了电子商务工作的应用

改版了华交会网站，完善了手机官网及微信服务号与订阅号，推行了问卷调查电子化。

4. 建立了华交会评估体系

由主办省市、展商、专业观众及第三方机构与专家进行打分，对展会效果等进行评估，为提高办展水平、实现华交会可持续发展提供了依据。

（十）全面启动宣传工作

该届华交会理事会做了一系列的工作，切实发挥了华交会对外的窗口和旗帜作用，对华交会的成功举办起到了积极的促进作用。这些工作主要体现在以下几个方面：一是召开了华交会新闻通气会，向近 30 家上海和中央驻沪新闻单位发布了华交会 3 月 1 日开幕的信息，并对该届展会的基本情况和特点作了阐述；二是由上海市政府新闻办公室牵头下发了“重大会展活动宣传指导意见”，要求媒体全面、准确、生动地宣传报道华交会；三是完成了中央驻沪、上海本地、国（境）外记者参会报道的报名工作；四是制定并落实了《华交会通讯》报道计划。

三、 未来华交会组展工作主要思路

（一）提高交易促进成交的效率

一方面，加强交易撮合，关注参展商与采购商之间的贸易匹配，增强展客商之间的信息对接和有效互动，提高洽谈成交率。进一步改进华交会官网，按产业类别设置企业推荐版块，对优质出口企业进行形象包装，促进招商工作的顺利开展和成效；另一方面，提前做好采购商信息整理，让参展商能够有的放矢地准备展品。沿袭“一对一”买卖对接会模式，邀请更多的国际客商赴会，并适当增加对接会的场次，提高参展企业的成交效率。

（二）紧跟国际著名展会办展趋势

进一步加强“展”与“会”的融合，多举办有高度的主题论坛活动，并多邀请行业内权威专家参加；不同展区的展位数依据实际需求进行适当调整，使所有展区展位能够得到充分利用；展区设置要进一步合理化，方便采购商和供应商买卖洽谈。

（三）开展华交会发展方向及华东外贸发展趋势研究

华交会各主办、组团省市商务部门的高层领导共同参与前瞻性的课题研讨，例如《华东外贸发展情况暨华交会趋势展望报告》。

第四节　中国（上海）国际跨国采购大会

由商务部、上海市人民政府主办，全国各省市自治区及新疆生产建设兵团协办，东浩兰生(集团)有限公司承办的第16届中国(上海)国际跨国采购大会(以下简称“跨采会”)已于2017年9月21—23日在国家会展中心(上海)圆满落幕。跨采会始终坚持“采购商设展,供应商参会”的逆向展会模式,为国际采购商和中国供应商搭建贸易平台。

一、 总体情况

(一)第16届中国(上海)国际跨国采购大会

2017年9月21—23日,在国家会展中心(上海)举行了第16届中国(上海)国际跨国采购大会,本次大会的会场面积2.3万平方米,共设914个展位,共有来自9个国家和地区的771家企业报名参展、8家联合国及国际组织采购机构设展,设展采购商的采购总金额约211亿美金,国内外专业观众达到31 568人次。

包括霍尼韦尔、ABB、百力通、博世、辉门集团、丰田发动机、泛达通讯、史丹利百得、马尼托瓦克、中国国际海运集装箱集团、方太厨具等国内外知名企业携单设展。该届跨采会得到了展商和采购组织的高度认可。调查问卷显示,本次大会设展采购商满意度高达88.1%。其中,52.38%的采购商已明确表示2018年继续参加跨采会的意愿。数据显示92.8%的采购商通过参加该届跨采会收获了意向合作的潜在供应商,显示出跨采会能有效地帮助采购商开拓新的供应商,有效减少采购成本。

该届展会设置“国际采购商展区”“联合国采购商展区”“金属加工及工业制造展区”“外贸综合服务展区”“各省市及地区供应商展区”五大部分,特别围绕“工业零部件加工及制造”领域,聚焦“汽车零部件”“装备制造”“智能制造”“新能源”四大应用主题。

(二)跨采会重要活动

作为跨采会的重要活动,2017年9月21日上午,展会现场举办了如下2场签约仪式。

一是上海跨国采购中心有限公司和阿里巴巴集团战略合作的签约仪式。双方利用各自的平台优势,通过线上线下有机结合,打造新型的“互联网+外贸”展会模式,为工业领域的采购商和供应商提供更有效、更深入、更精准的贸易对接服务,进一步推进工业领域的跨国采购业务全面发展,实现365天永不落幕的采购大会功能。

二是上海跨国采购中心有限公司与中国联合国采购促进会已合作超过10年,双方有着良好的合作基础,此次双方签订战略合作协议,不仅要通过跨采会平台推动和扩大联合国在华采购份额，更主要是充分结合双方资源优势加深合作，开发和设计跨国采购领域相关服务，未来将在跨国采购指数、联合国及公共采购系列培训、在线服务平台等方面开展全方位合作。

另外，9 月 21 日下午跨采会召开了跨国采购专家委员会筹备会议，计划成立"跨国采购专家委员会"，邀请国内外采购与供应链领域的资深专家担任顾问。会议上就跨采会如何可持续发展、开拓跨国采购领域衍生服务、设计和启动"跨国采购 · 上海指数"等议题进行探讨。跨国采购专家委员会将立足于跨采会，并更好地服务跨采会，搭建政府、跨国企业、中国企业交流、学习、改革的新平台，推进我国采购制度转型与升级，突显中国在跨国采购领域的重要地位。

（三）跨采会分论坛

为了促进跨采论坛向专业化、细分化领域延伸，展会期间分论坛的规模、质量、行业深度及运作模式上有了很大的变化。"未来汽车大会"，关注"智能网联"汽车发展的新趋势；"德国的采购 4.0"专题研讨会，探讨了工业 4.0 环境下采购内容与方式将发生的变化趋势，开启了未来采购的新视角，帮助在中国从事跨国采购的企业优化采购体系、提升全球采购竞争力；Imeet 视讯洽谈会，帮助采购商与中国台湾供应商专业配对开展线上一对一交流；"CPO 采购高管培训会"，探讨了"互联网＋采购，新常态新模式下，如何创新还降本"。此外，8 家联合国采购机构在展会现场举办了 3 场联合国采购说明会，致力于帮助更多中国优质外贸企业进入联合国采购体系。

（四）跨采会媒体报道

该届跨采会受到了媒体的高度重视，包括新华社、新民晚报、中央人民广播电台、东方财经、第一财经等。其中新华社客户端为跨采会建立了专题受到了广泛关注；新民晚报、文汇报、上观新闻、中央人民广播电台等媒体都对大会情况进行了新闻报道，跨采会的知名度和影响力得到了显著提升。

二、 亮点与成效

（一）展商数量与质量明显提升

2017 年是跨采会转型升级关键一年，东浩兰生集团认真做好展会招商招展工作，确保参展企业数量和质量。该届展会境外采购商达到 352 家，比上年增长 50%；8 家联合国参展机构数量是最多一届；知名采购商数量比上年增加一倍，并带来了大

量的采购金额;据统计收集到真实有效的采购产品清单有 1 600 多条,增加了中国企业与国际中大型采购商接触机会,推动了中国外贸业健康增长。

(二)采购配对会,精准对接

2017 年跨采会大胆尝试,在展会同期举办采供配对会活动。通过前期收集采购清单,精确匹配定向邀约供应商现场洽谈,现场人气之高,超出预期。该次跨采会共举办两场采供配对会,一是知名企业 CPO 洽谈专场,参展企业包括施耐德电气、华测导航、亨通集团、昌辉汽车等 11 家企业;二是欧美日跨国采购专场,包括三菱电机、凯迩必、尚鳌自动化工程等 8 家企业。数据表明,实际参与洽谈的供应商超过 100 家,大大提升了企业参展效果。

(三)招商招展方式大胆创新

2017 年的跨采会改变了传统的运作方式,打造"互联网+会展"的模式,在招商招展工作中,更多将重心放在针对 PC 端用户,实现精准营销。通过联合业内有实力、有影响力的合作伙伴和微信公众号,借助自媒体、粉丝经济的传播效应,快速扩大展会知名度,让更多采购从业人员知道跨采会。此外,通过与阿里巴巴建立战略合作,借助阿里巴巴国际站开设"跨国大会网上专区",首次尝试开展"O2O2O"(线上搜索、展会对接、线上交易)经营模式。运用云计算、大数据、移动互联等现代信息技术,精准对接展览和采购需求,延伸会展服务,丰富展览效果,增强了客户参展体验。

(四)大会增值服务提高展会附加值

跨采中心充分利用平台多年积累的经验和资源,为中国企业提供一系列的增值服务,帮助企业有效地打开"跨国采购"之门。服务从展会开始,为企业提供与采购商零距离沟通的机会,帮助企业了解和解析买家的需求,从而发现自身的优势和存在的问题;展会期间,再通过跨采会系列的专场论坛,增进与采购商的深入交流,了解跨国采购的趋势和战略转变,从而为企业今后发展进行布局;最后,通过跨采中心的采购商和专家团队,为企业提供更针对性的培训,帮助企业改善和提升各方面的能力,更好接轨跨国采购商。

第十一章 钻 石 贸 易

第一节 我国钻石贸易主体发展情况

目前,我国珠宝市场以黄金类、钻石类产品为主,市场集中度较低,境内品牌、香港品牌、国外品牌珠宝企业三足鼎立。其中,高端市场主要被 Tiffany、Cartier、Bvlgari 等国际知名珠宝首饰品牌垄断。中高端市场竞争激烈,主要有传统港资品牌周大福、周生生、六福珠宝等和境内品牌周大生、老凤祥、明牌珠宝、潮宏基等(表 11.1)。

表 11.1 我国钻石行业高端、中高端市场竞争格局

品牌类别	发 展 概 况
国际知名品牌	定位奢华、高端,品牌文化悠久,设计和产品质量是其核心优势;渠道覆盖有限,仅局限一、二线城市。
港资品牌	中高端市场领先品牌,产品设计时尚,渠道覆盖主要集中在一二线城市,近年来也开始积极布局三四线城市。
内地品牌	渠道覆盖一线至四线,在渠道拓展方面,多采用加盟/经销模式。

数据来源:上海钻石行业协会。

从销售模式来看,我国珠宝零售商销售连锁模式主要分为自营和加盟两种。其中,自营模式方便公司进行质量管控,有利于打造品牌形象,但对珠宝首饰企业的资金实力和扁平式渠道管理能力要求较高,典型企业有 Tiffany、Cartier、周生生等。加盟模式则有利于品牌迅速扩张、获取市场份额,但同时要求企业具有较好的加盟商管理能力和品牌维护能力,典型企业有六福珠宝、周大生等。此外,随着网络技术的不断发展,珠宝首饰行业电子商务模式也在悄然兴起,近年来,许多珠宝商开始涉足“网店+体验店+实体店”的销售模式(表 11.2)。

表 11.2　珠宝行业主要品牌及其经营情况

品　牌	主要产品	主要经营模式	主要经营区域	门店情况
Tiffany、Bvlgari、Cartier	钻石类珠宝	自营	一线城市	NA
周大福	黄金类珠宝	自营、加盟	一线、二线城市	1 448 家自营、910 家加盟
六　福	黄金类珠宝	自营、加盟	一线、二线城市	151 家自营、1 325 家加盟
周生生	黄金类珠宝	自营	一线、二线城市	395 家自营
周大生	钻石类珠宝	自营、加盟	二至四线城市	288 家自营、2 217 家加盟
老凤祥	黄金类珠宝(90%)	加盟、经销	二线、三线城市	173 家自营、1 339家连锁专卖店、1 537家经销网点、9 家海外银楼
名牌珠宝	黄金饰品(94%)	加盟、经销	二线、三线城市	超过 900 家
莱绅通灵	钻石类珠宝	自营、加盟	二线、三线城市	316 家自营、396 家加盟

数据来源:上海钻石行业协会。

从商业模式来看,我国珠宝首饰企业可分为三类:一是以生产、加工为主,该类企业规模较小,主要为珠宝产业集群基地的中小企业;二是集设计、生产和销售为一体,该类企业综合实力较强,典型代表有周大福、老凤祥、潮宏基等;三是专注于品牌、渠道建设和运营,该类企业行业整合能力较强、运营效率较高、市场扩张和品牌价值提升较快,典型代表如周大生(表 11.3)。

表 11.3　我国珠宝首饰企业运营模式

模　　式	特　　征	优　　势	劣　　势	主要企业
以设计或生产为主的珠宝首饰加工企业	以贴牌、代工为主	在其所在的产业链条细分领域具有较强的竞争优势	品牌形象不突出;发展规模有局限,渠道能力弱;毛利润低;综合实力较弱	TTF、缘与美、百泰等
一体化综合性珠宝首饰企业	业务链条涵盖设计、生产、销售;全面发展	易于维护整体品牌形象,塑造经典畅销系列产品;综合实,较强	运营成本较高;难以面面俱到;对企业综合管理能力要求较高	周大福、周生生、老凤祥、潮宏基、明牌珠宝等
专注于品牌和渠道建设的珠宝首饰运营企业	依托品牌优势做深渠道建设	有利于深度塑造品牌形象;渠道能力强,可较快实现企业规模化发展;毛利润水平较高	对供应商和渠道商的管理能力提出了更高要求;设计能力较弱,缺少经典产品	周大生等

数据来源:上海钻石行业协会。

根据2017年珠宝上市公司披露的年报，行业总体情况比2016年有所好转。从净利润来看，老凤祥、山东黄金、金洲慈航净利润超过10亿元，不过，山东黄金和金洲慈航净利润虽然较高，但都有所下滑，山东黄金下滑8.8%、金洲慈航下滑1.4%。而且，山东黄金的营业收入增速也比较有限，为1.6%。这在一定程度反映了规模较大的黄金珠宝企业增长仍然较为乏力，即使在整个行业纷纷求转型的情况下，仍然需要更多突破。此外，值得注意的是，营业收入增速最快是金一文化，为42%。其2017年营业收入153亿元，在13家公司中排名第4位，不过相较于营业收入规模，其净利润排名并不靠前，2017年净利润3.6亿元，排名位居第6位。这意味着金一文化经营成本较高，查看公司2017年年报，其营业成本为149.6亿元，同比增长45%，其中销售费用增长最大，同比增长74%。值得注意的是，营业收入规模最大的山东黄金2017年营业成本同比仅增长1%。

而就2017年的销售毛利率来看，钻石类公司的毛利率仍然排名居前，第一位为莱绅通灵，毛利率54%，且毛利率排名在前的也多为钻石公司，分别为赫美集团41%、潮宏基37%、周大生32%，而这些公司营业收入占比最大的业务，多为钻石、钻石镶嵌饰品、K金饰品等。其中，排名最高的莱绅通灵和赫美集团主营都是钻石业务，2017年莱绅通灵钻石业务占比达到90%、赫美集团为42%。①

第二节　上海钻石贸易发展情况

2017年，上海钻石交易规模持续扩大，各项数据全面向好，成品钻进口额创历史新高。

一、 2017年上海钻石贸易基本情况

上海钻石交易所作为国家级要素市场和中国内地唯一的钻石进出口交易平台，交易规模持续提升，国内和国际影响力进一步扩大。

① 数据来源：1. 国信证券.商业贸易行业：黄金珠宝行业深度——"Z世代"引领未来钻石消费[行业研究报告]. http://stock.eastmoney.com/a/201903061061220654.html
2. 中国产业信息网.2018年我国中高端钻石珠宝行业现状及市场竞争格局分析.http://www.chyxx.com/industry/201805/636874.html
3. 新浪财经.珠宝公司年报喜忧参半：整体业绩回暖　大船仍难调头.http://finance.sina.com.cn/roll/2018-05-02/doc-ifzvpats0732081.shtml

2017 年，上海钻石交易所交易总量为 49 258.8 万克拉[①]（含钻石粉末），较上年增长 59.3%，交易金额为 53.4 亿美元，较上年增长 20.0%。其中，一般贸易项下成品钻进口 243.4 万克拉，较上年增长 32.8%，进口总额为 25.1 亿美元，较上年增长 23.4%，创上海钻石交易所成立以来成品钻进口额历史新高。

2017 年，一般贸易首饰用毛坯钻石进口 69 批次 7.7 万克拉，较上年增长 20.7%，进口金额 3 196.7 万美元，较上年增长 31.0%。

截至 2017 年 12 月 31 日，上海钻石交易所共有会员企业 389 家，其中外资会员 233 家，占总数的 60%。

2017 年，保税钻石凭保函进出所业务量有所恢复，全年保税钻石出所展示 1 532 批次、24.3 万克拉、2.9 亿美元，回所业务 1 401 批次、23.9 万克拉、2.7 亿美元。全年海关代征进口环节增值税 6.8 亿元，较上年增长 25.5%。

上海钻石交易所海关通过预约申报、预约查验、联合配合等多重措施尽全力压缩通关时间，海关特殊监管区信息化公共平台上线会员企业 83 家，其中 20 家业务量较大的企业直接通过海关 VPN 专线报送材料，2017 年进、出口平均通关时间较 2016 年分别减少 3.5 小时和 0.3 小时。

由于上海钻石交易所交易规模的稳步提升，在世界钻石交易所联盟（WFDB）2017 年执委会及亚太区主席高峰会议上，执委会首次明确上海为安特卫普、纽约、孟买和约翰内斯堡之后的世界第五大钻石交易中心，上海钻石交易所将在 WFDB 的执委会中保留永久席位。

二、 2018 年上海钻石贸易工作展望

当前世界经济深度调整，经济全球化遇到波折，国际社会对拓展中国市场、搭乘中国发展“快车”的愿望更加强烈。与此同时，人民追求更加美好的生活，对优质、特色商品和服务的需求更加旺盛，这其中包括对高品质钻石珠宝及贵金属首饰的需求。习近平总书记在党的十九大报告中提出，建设现代化经济体系，推动形成全面开放新格局，以“一带一路”倡议为重点，培育贸易新业态新模式。上海钻石交易所作为中国唯一的钻石一般贸易进口平台，在 2018 年，将抓住首届进口博览会在上海举办的契机，努力扩大交易总规模，提高服务水平，全面提升国际影响力。

---

① 宝石的质量单位，译自英文 carat，1 克拉＝0.200 克。

第四篇

空 间 布 局

第十二章　区　　域

第一节　浦 东 新 区

一、 2017 年浦东新区国际经贸发展情况

（一）货物贸易发展情况

1. 基本情况

2017 年，浦东新区进出口总额 19 565 亿元，同比增长 11.2%，占全市贸易额的比重为 60.7%。其中出口额 6 639.2 亿元，同比增长 7.2%，占进出口总额比重 33.9%；进口额 12 925.8 亿元，同比增长 13.3%，占进出口总额比重 66.1%（图 12.1）。

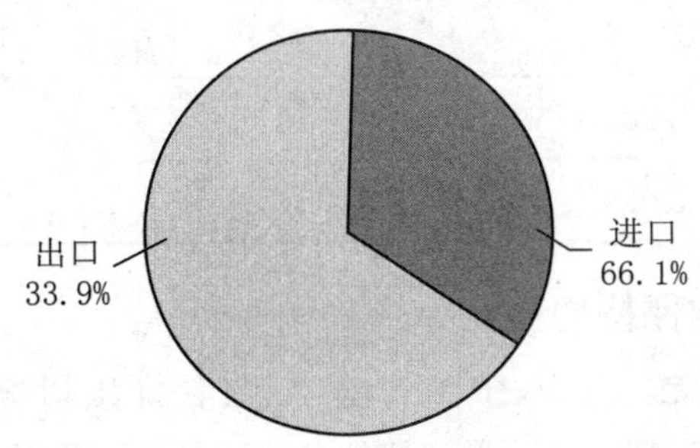

图 12.1　2017 年浦东新区外贸进出口总体情况

2017 年浦东新区外贸进出口主要呈现以下特点。

(1) 一般贸易增速高于其他方式

2017 年，浦东新区加工贸易进出口 3 393 亿元，同比增长 10.2%。其中出口 2 356

亿元,同比增长 13.1%;进口 1 037 亿元,同比增长 4.3%。一般贸易进出口 8 475 亿元,同比增长 12%。其中出口 2 476 亿元,同比增长 7.4%;进口 6 000 亿元,同比增长 14.1%。海关特殊监管区物流货物进出口 6 268 亿元,同比增长 11.6%。其中出口 1 641亿元,同比下降 1.4%;进口 4 627 亿元,同比增长 17%(表 12.1)。

表 12.1 2017 年浦东新区不同贸易类型进出口情况

贸易类型	进口		出口		进出口	
	进口额/亿元	同比增长率/%	出口额/亿元	同比增长率/%	总额/亿元	同比增长率/%
加工贸易	1 037	4.3	2 356	13.1	3 393	10.2
一般贸易	6 000	14.1	2 476	7.4	8 475	12.0
海关特殊监管区物流货物	4 627	17.0	1 641	1.4	6 268	11.6

(2) 民营企业进出口增速高于外资和国有企业

2017 年,浦东新区外资企业进出口 13 196 亿元,同比增长 13.7%,其中出口增长 5.9%,进口增长 18.1%。国有企业进出口 3 281.1 亿元,同比下降 1%,其中出口增长 10%,进口下降 5.1%。民营企业进出口 3 024 亿元,同比增长 15.8%,其中出口增长 10%,进口增长 20.1%(表 12.2)。

表 12.2 2017 年浦东新区不同类型企业进出口情况

企业类型	进出口额/亿元	同比增长率/%		
		进出口	进口	出口
外资企业	13 196	13.7	18.1	5.9
国有企业	3 281.1	−1.0	−5.1	10.0
民营企业	3 024	15.8	20.1	10.0

(3) 主要贸易市场均保持增长

从出口看,2017 年美国、欧盟、中国香港、东盟合计出口额占全区六成以上,增速分别为 2.4%、23.9%、5.6%、10%。其他主要市场表现不一,其中拉美增长较快。从进口看,欧盟、东盟、美国、日本合计进口占全区近六成,增速分别为 17.4%、30.1%、16.3%、15.7%。其他主要市场表现不一,澳大利亚、巴西进口增长较快(表 12.3)。

表 12.3　2017 年浦东新区进出口国家前 6 位一览

出　口		进　口	
国家和地区	同比增长率/%	国家和地区	同比增长率/%
美国	2.4	欧盟	17.4
欧盟	23.9	东盟	30.1
中国香港	5.6	美国	16.3
东盟	10.0	日本	15.7

(4) 消费品进口增势良好

从出口看,2017 年,浦东新区机电产品出口 4 855.3 亿元,同比增长 9%。其中电器及电子产品占约一半,同比增长 2.2%。高新技术产品出口 3 141 亿元,同比增长6.6%。其中约一半为计算机及通信技术产品,同比增长 19.5%。从进口看,消费品进口呈回升态势,汽车、服装、手表、酒类分别进口 827.8 亿元、93.3 亿元、89.7 亿元、82.9 亿元,增速分别为 27.8%、14%、13.5%、44.9%。集成电路进口 1 850.7 亿元,同比增长 17.3%。

2. 外贸工作重点

(1) 促进贸易便利化水平提升

一是发布国际贸易中心建设示范企业,推出最新贸易便利化措施。2017 年 8 月 3 日,举行了"中国(上海)自由贸易试验区、浦东新区贸易便利化措施暨国际贸易中心建设示范企业发布会"。通过发布 50 家国际贸易中心建设示范企业,引导贸易主体积极拓展国际市场和商业模式、转型升级,逐步形成以技术、品牌、质量、服务为核心的浦东新区外贸竞争新优势新动能。会上,海关、原出入境检验检疫局等部门分别发布了 10 项总计 20 条支持浦东新区贸易便利化的新举措;二是试点开展生物医药研发用特殊物品进口第三方评估业务,以第三方评估结果作为检验检疫通关依据,保证生物医药产业研发业务的顺利开展;三是协调解决瑞德肝脏公司研发用生物样本涉 Q 证的通关事宜。在上海市食品药品监督管理局、上海海关、浦东新区海关、机场海关的支持下,采取"企业申请、浦东新区商务委员会组织专家评审、上海市食品药品监督管理局出具意见、海关据此放行"的操作办法,妥善解决了研发用生物样本通关事宜;四是推动加工贸易转型。以争取昌硕科技(上海)有限公司全球维修获得商务部、海关总署同意为突破口,推动非特殊监管区域全球维修业务开展,推进加工贸易转型升级,向维修检测、研发设计等产业链高端延伸。

(2) 推动新型贸易方式发展

一是持续推动跨境电子商务发展。配合举办第一届上海跨境电子商务节,协调五角世贸跨境电子商务园区与DIG公司对接，推动爱尔兰 Emerald 公司入驻浦东新区开展跨境电子商务业务，参与上海跨境电子商务出口课题研究，关注和推动中国外运股份有限公司、上海旭空科技有限公司的跨境电子商务出口试点；二是稳步推进技术贸易发展。2017 年，完成技术进出口备案 1 603 份，同比增长 45%；合同总金额61.3亿美元，同比增长 32%。

(3) 营造良好的外经贸发展环境

一是开展贸易调整援助试点工作。在前期开展课题研究的基础上，上海市商务委员会与上海自贸试验区管委会联合出台了《中国(上海)自由贸易试验区贸易调整援助试点办法》，明确在上海自贸试验区开展试点工作。现已根据办法草拟了相关实施细则并开展了企业调研，征求了相关部门的意见，明确了下一步的工作路径；二是继续打造国际商事争议解决中心。跟踪服务国际国内知名机构，包括国际商会(ICC)、中国香港国际仲裁中心、上海经贸商事调解中心等。着力培养一批商事调解人才。“三年百人”计划第 2 年，继续举办商事专业调解资格培训班，组织上海自贸试验区管委会、行业协会业务人员及外经贸企业管理人员 36 名，进行脱产培训及专业资格认证考核。

(二) 服务贸易发展情况

作为上海发展服务贸易的重要承载地，上海浦东新区依托“四个中心”核心功能区，充分利用综合配套改革优势和上海自贸试验区建设、张江国家自主创新示范区建设的契机，大力促进国际服务贸易发展。

1. 服务贸易基本情况

根据国家外汇管理局上海市分局统计，2017 年，浦东新区服务贸易进出口总额853 亿美元，同比增长 8.7%，占全市比重 43.6%。其中服务贸易出口额 242 亿美元，同比增长 6.4%，占全市 46%；服务贸易进口额 611 亿美元，同比增长 9.7%，占全市比重 42.7%(表 12.4)。

表 12.4 2017 年浦东新区服务贸易进出口情况

进出口类别	金额/亿美元	同比增长率/%	占全市比重/%
进出口	853	8.7	43.6
出　口	242	6.4	46
进　口	611	9.7	42.7

浦东新区服务贸易发展体现出以下特点。

一是服务贸易进出口保持积极增长态势。按照剔除银联国际的数据计算，浦东新区服务贸易从2010年的294.6亿美元增加到2017年的853亿美元，年均增长超过10%，占全市四成。

二是重点服务贸易领域优势明显。运输、旅游和咨询是浦东新区服务贸易进出口的三大引擎，三项进出口总规模占当期浦东新区服务贸易进出口总规模的70%左右。

三是服务贸易结构不断优化。通信服务、建筑服务、保险服务、电影音像、咨询服务等进出口额增幅较大，体现了浦东新区服务贸易发展的转型方向。其中咨询和金融服务优势突出，其出口额占上海市比重均超过85%。

四是大企业占比较高。从已经获得的浦东新区服务贸易进出口前100强的情况来看，2017年浦东新区服务贸易进出口百强企业总量为437亿美元，占到全部近三千家统计企业进出口额的51.2%。

2. 服务外包基本情况

据商务部服务外包业务信息管理系统统计，2017年，浦东新区离岸服务外包合同金额为65亿美元，占全市比重增加到70%左右。其中知识流程外包(KPO)业务的增长对服务外包额的增长起到了很大的带动作用，成为浦东新区服务外包发展的一大亮点。完成离岸服务外包执行额46.4亿美元，同比增长0.4%。其中研发服务外包(BPO)执行额11.6亿美元，同比增长15.9%。

3. 服务贸易主要工作举措

(1) 探索建立服务贸易统计体系

2011年，浦东新区初步建立了全市唯一一家区级服务贸易统计分析体系，发布了2010—2017年度服务贸易发展统计报告。同时，浦东新区商务委员会正在同国家外汇管理局上海市分局合作，研究发布浦东新区的服务贸易季度统计报告。同时，浦东新区商务委员会还与上海市商务委员会、国家外汇管理局上海市分局、浦东新区统计局和上海WTO事务咨询中心等单位合作，探索建立浦东新区FATS统计体系和重点行业抽样调查统计体系，并准备先以课题研究的形式制定统计方案，然后实施推进。

(2) 开展服务贸易便利化工作

借助上海自贸试验区建设的契机，浦东新区与上海海关、原上海出入境检验检疫局分别签署了战略合作协议，将在船舶检验检测、迪士尼项目、生物医药研发服务外包、入境维修等服务贸易领域开展贸易便利化的推进工作。在会展业方面，推动成立上海浦东新区国际展览品监管服务中心，开展创建国际展会监管服务示范区，探索试点展会期间相关人员办理口岸签证商务备案以及探索进行国际展会服务标准化示范试点。

(3) 建设服务贸易示范基地和示范项目

借助上海市商务委员会的相关政策,浦东新区积极鼓励浦东新区园区和企业等机构建设并申报上海市服务贸易示范项目。已有上海浦东新区软件园、上海张江生物医药基地以及上海药明康德生物医药有限公司、上海睿智化学研究有限公司、桑迪亚医药技术(上海)有限责任公司等公司、上海服务外包交易促进中心等取得授牌。

(4) 评比奖励服务贸易领先企业和创新企业

浦东新区每年对服务贸易前 10 强企业和服务贸易创新企业进行奖励,已经连续进行了 5 届。银联国际有限公司、中远集装箱运输有限公司、支付宝(中国)网络技术有限公司、上海药明康德生物医药有限公司、上海新政信息技术有限公司等领先或创新企业都获得了奖励,对企业起到了很好的激励作用。

(5) 入境维修业务发展良好,企业积极要求扩大试点

在上海自贸试验区建设框架下,浦东新区商务委员会牵头会同海关、出入境检验检疫局等部门积极推进试行用加工贸易保税监管模式开展入境检测维修业务。浦东新区已有上海诺基亚贝尔股份有限公司、诺基亚通信(上海)有限公司、柯达电子(上海)有限公司、昌硕科技(上海)有限公司、上海 ABB 工程有限公司、上海西门子医疗器械有限公司、锐珂(上海)医疗器材有限公司等 7 家企业纳入试点。目前浦东新区政府正在会同海关部门商讨扩大试点企业范围以及试点领域事宜。

(6) 技术贸易推进工作起步

在商务部和上海市商务委员会的支持下,企业技术进出口合同登记备案业务正式在浦东新区开始受理。截至 2017 年底,浦东新区成功办结技术进出口合同登记共计 1 603 份,同比增长 45%;合同总金额 61.3 亿美元,同比增长 32%,分别占全市的 46%和 52%。

(三) 利用外资发展情况

1. 基本情况

2017 年,浦东新区实际到位资金 78.3 亿美元,同比增长 11.2%,占上海市实到外资总额的 46.0%。截至 2017 年底,浦东新区历年累计设立外资项目 31 820 个,累计合同外资 1 962.2 亿美元,累计实到资金 789.9 亿美元。

截至 2017 年底,浦东新区累计获认定的跨国公司地区总部达到 281 家,占全市的 45%。其中 2017 年新获认定的跨国公司地区总部 16 家。如世界 500 强企业及全

球知名汽车零部件公司麦格纳汽车技术(上海)有限公司,全球最大家居用品商家宜家(中国)投资有限公司等。

2. 外资主要工作

按照浦东新区商务委员会在2017年浦东新区工作务虚会上提出的"四三二一"思路(即聚焦"四个中心"建设中高能级市场主体,注重功能创新、高成长性和区域贡献,存量增量并举,建立统一的招商引资平台),推进战略招商和精准招商有效落实。

(1) 大力落实战略招商和精准招商

一是形成战略招商、精准招商的工作目标。按照浦东新区领导指示要求,形成了2017年度浦东新区战略招商、精准招商工作目标,建立了以八大重点领域为核心,包括81个重点项目的战略招商和精准招商项目库,并将全年招商引资目标分解下达给各招商主体;二是制定吸引外资的优惠政策。贯彻国发5号文精神,开展研究、参与制定浦东新区进一步吸引外资的优惠政策,完成初稿并上区政府常务会议,后续将根据区政府要求进一步完善,适时推出;三是加强精准招商目标对象研究。2017年,通过与上海科学技术情报研究所合作,针对浦东新区新兴产业发展方向、全球新兴产业领域发展态势、重点企业布局、目标企业引进等进行分析研究,锁定精准招商目标和对象;四是围绕"四个中心"建设,大力引进高能级市场主体。金融方面,29家全球知名资产管理公司落户,全球资产管理规模前10位的资产管理机构中,已有贝莱德集团、领航国际投资控股集团、美国富达投资集团、JP摩根、安联集团、纽银梅隆投资管理(上海)有限公司、安盛集团、德意志银行8家落户;航运方面,全球第二大船舶管理公司中英中船船舶管理(上海)有限公司落户浦东新区,目前全球三大船舶管理公司均已落户浦东新区;贸易方面,全球第二大商业零售COSTCO(好事多)即将落户;科技创新方面,外资研发中心目前累计227家,占全市的53%。2017年认定高成长性总部14家,提高了总部丰富度,逐步形成梯度培育体系。

(2) 形成一体化招商引资体系

2017年,浦东新区在上海市范围内率先推行取消镇招商引资职能改革。为贯彻落实浦东新区区委、区政府的工作部署和要求,浦东新区商务委员会做了如下三项工作:一是搭建统一的招商引资平台。为掌握全区招商信息动态,整合招商资源,促进招商人员协同工作,形成全区"上下联动、密切配合"的集成管理工作体系,搭建了浦东新区招商引资一体化管理系统;为掌握全区亿元楼宇(园区)信息和重点企业信息,搭建了浦东新区楼宇经济信息库项目。两个系统预计年底前试运行;二是开展统一的专业化培训。为提高一线招商人员的业务能力和服务水平,面向全区18个投资促进服务中心,通过联合授课的方式举办了两期全脱产培训;三是建立统一目标考核机制。将全年浦东新区招商引资考核目标、战略招商和精准招商项目、重点产业发展目标等一一分解落实到各招商责任主体，定期跟进项目进展和落实情况，年终统一进行考核。

(3) 总部经济政策引导和宣传推介齐发力

一是制定“十三五”财政扶持办法。2017 年，制定出台了浦东新区“十三五”期间促进总部经济、楼宇经济、航运业、商贸服务业、商业保理财政扶持办法，重大项目“一事一议”机制等。特别是总部经济扶持办法中新增了高成长性总部、营运总部、国际组织(机构)地区总部三种类型，进一步提升总部经济丰富度。同时，针对浦东新区安商稳商、育商扶商面广量大的需求，对达不到“十三五”财政扶持标准的轻资产型、注册型企业，研究制定了安商育商财政扶持意见；二是开展多样化的宣传推介活动。全年组织举办了十余次多层次的总部政策宣传交流活动。同时，开展第四届浦东新区总部经济十大经典样本颁奖活动，着力挖掘更多类型、更广领域的总部样本，深刻呈现分享和融合发展的浦东新区总部经济生态圈。

(4) 积极开展主题招商活动

一是依托总部共享服务中心平台举办主题沙龙、专委会研讨、政策辅导等活动一百余场次，企业参与广泛，累计超过 1 万人次。二是“主动出击、主动上门”，跟随浦东新区领导赴北京走访重点企业，如佳能、伊藤忠、京东、新浪、葛兰素史克等项目；三是举办“2016 年度浦东新区经济突出贡献企业表彰活动”、《连接世界的力量——领袖企业的浦东新区样本》一书新书首发仪式等活动，增强与企业沟通，提高浦东新区政策、资源、样本案例的宣传力和影响力。

二、 2018 年浦东新区国际经贸工作展望

(一) 货物贸易工作展望

1. 深化上海自贸试验区建设

一是配合口岸部门深化国际贸易“单一窗口”建设，实现货物及船舶申报全覆盖；二是探索制定非特殊监管区全球维修实施意见，通过制度创新推动浦东新区加工贸易转型升级，为非特殊监管区全球维修业务发展提供可复制可推广案例。

2. 推进“一带一路”倡议

一是加快建设“一带一路技术贸易措施企业服务中心”，着力推动认可认证和检验检测的双多边互认，实现“一个标准、一张证书、区域通行”；二是推动东浩兰生(集团)有限公司在浦东新区设立主体，推进“一带一路进口直销平台”建设；三是继续完

善境外投资服务平台各项功能，推动“一带一路”专版上线，推介“一带一路”投资环境，积极引导企业投向沿线国家，为企业提供备案便利。

3. 促进新型贸易发展

一是持续关注国家针对跨境电子商务试点的最新政策动向，加强企业调研，配合上海市商务委员会完善上海跨境电子商务公共服务平台；二是继续支持上海等势线计算机科技有限公司、上海汇航捷讯网络科技有限公司等贸易服务企业和专业机构发展，深化和拓展浦东新区的贸易功能。

4. 持续优化外贸发展环境

一是持续推进贸易便利化，联合海关等部门进一步研究监管模式创新，提升贸易便利化水平，优化浦东新区贸易发展环境；二是深入推进贸易调整援助试点工作。按实施细则的要求，选定试点企业，实施援助工作，并进行跟踪评估。

（二）服务贸易工作展望

1. 构建推进服务贸易发展的总体工作体系

包括信息传送机制、政策体系、工作协调机制等。抓住服务贸易创新发展试点机遇，配合国家和上海市商务委员会推广技术先进型服务企业税收优惠政策，设立服务贸易创新发展引导基金，鼓励金融机构创新供应链融资等业务。

2. 继续完善服务贸易统计体系

争取上海市商务委员会、国家外汇管理局上海市分局等部门支持，进一步完善浦东新区服务贸易 BOP 统计，初步建立服务贸易 FATS 统计及重点行业的专门统计。

3. 加强对重点行业推进力度

开展服务贸易负面清单研究，研究提出数字贸易领域扩大开放措施。除了传统的运输、生物医药研发、信息和业务流程外包服务外，重点关注金融、保险、信息服务、旅游、文化重点服务贸易领域的推进。探索推进技术贸易发展的举措。

4. 制定浦东新区服务贸易发展财政扶持政策

浦东新区商务委员会拟对获得上海市服务贸易示范基地和示范项目认定的主体、对技术进出口服务平台以及服务外包企业提升竞争力给予支持。

（三）利用外资工作展望

1. 全力改善营商环境

面对要素成本优势的丧失、优惠政策空间大幅压缩等现实情况，率先转变招商引资方式，把改善营商环境作为最大的招商引资。抓住投资者需求点和问题点，以提升企业获得感作为首要目标，让企业选择浦东新区、扎根浦东新区、发展在浦东新区。一是疏经化瘀，打通堵点，提升企业获得感。聘请专业第三方机构对企业从设立、建设、运营过程中涉及行政审批、进出口、知识产权保护、建设、人才培养等涉及的堵点、痛点问题进行全面梳理，分类、分层、分责整改，以降低企业制度性交易成本有效对冲浦东新区人力、土地、租金成本高企的劣势；二是全程服务，敬商暖商。一方面开展全生命周期服务体系和平台建设，如浦东新区总部经济共享服务（中心）平台、张江一体化招商服务体系、陆家嘴金融科技综合服务平台等。管委会管服务、委办局管协调，按照产业门类和业态，排出重点服务对象，采取管委会和委办局双向认领制度和限期督办方式。一方面落实精准服务，在浦东新区全面推广"首席服务官"制度，实行"一对一"精准服务企业，打通服务企业"最后一公里"。

2. 全力争取上海自贸试验区最高开放度

一是积极推动新一轮扩大开放措施落地。整理了上海自贸试验区新一轮扩大开放措施建议方案并提交上海市商务委员会，目前该方案已上报商务部。后续将积极与上海市商务委员会沟通，在商务部的大力支持下争取新一轮扩大开放措施尽快落地；二是持续推动服务业扩大开放项目落地。结合全面推进"证照分离"改革试点、进一步简化行业许可审批流程的契机，争取在增值电信、职业技能培训、教育培训、旅游服务等重点领域扩大试点数量，以点带面，推动细分行业发展。重点跟踪英国皇家音乐培训、瑞士金融规划学院职业技能培训、世界环球旅游集团旅行社等，推动项目落地。

3. 沿产业链、价值链、生态链延展招商

一是瞄准位于价值链上层的高端化、高质化、高新化的标杆性企业进行招商。重点引进一批领袖型总部企业，如世界领先的建筑机械制造商利勃海尔、世界领先的香精香料制造商奇华顿、美国食品业巨头金宝汤等。加快引进一批前沿产业，如苹果应用商店；二是聚焦产业链中的核心企业及其上下游企业开展精准招商，形成产业集群，发挥倍增效应。瞄准7个新兴产业（科技金融、生命健康、文化创意、新能源汽车、人工智能、新兴贸易、影视产业），引进一批产业龙头性企业；三是抓好专业服务业企业和功能性机构引进，推进生态链招商。吸引社交网络巨头脸书（Facebook）广告公司以及QS世界大学学科排名第2位的英国皇家音乐学院落户。

4. 进一步优化招商引资机制

一是强化目标管理机制。2018年，根据浦东新区招商引资总体要求，明确分解目标，形成价值链、产业链、生态链招商任务清单，并下达给各开发区、各投资促进服务中心。浦东新区招商引资工作领导小组将按月跟踪推进，定期全区通报，年底统一考核；二是形成系统化培训机制。2018年计划每季度开展一次各招商主体的人员培训,邀请上海市、浦东新区相关部门专家,通过宏观经济、专业知识、操作实务相结合的方式,提升招商人员技能水平、业务能力。培育一批有互联网思维,能读懂新产业、新技术、新业态、新模式的招商引资骨干。

第二节 黄 浦 区

一、 2017 年黄浦区国际经贸发展情况

(一) 外贸发展情况

1. 基本情况

2017 年,黄浦区围绕上海国际贸易中心建设,构筑开放型经济新形式,努力调整创新转型,探索形成新的竞争优势,保持外贸总体稳中有进的态势。据海关数据统计,目前黄浦区共有进出口企业 1 000 余家,其中国有企业 50 余家,外资企业 600 余家,民营企业约 400 家。2017 年完成外贸进出口总额 695.4 亿元,同比增长 6.7%。其中出口完成 200.4 亿元,同比下降 5.6%,占进出口总额比重 28.8%;进口完成 495 亿元,同比增长 12.7%,占进出口总额比重 71.2%(图 12.2)。

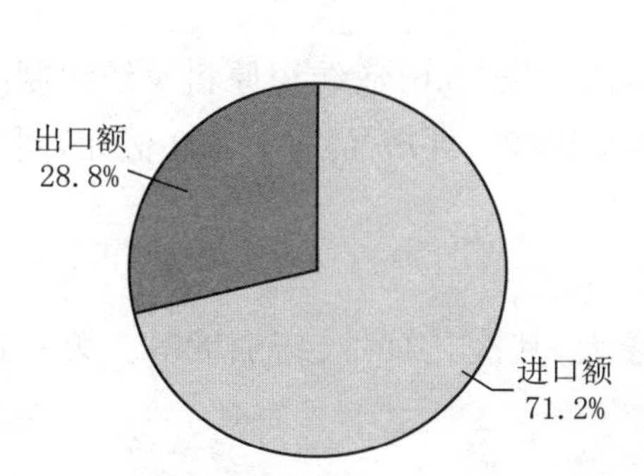

图 12.2 2017 年黄浦区外贸进出口总体情况

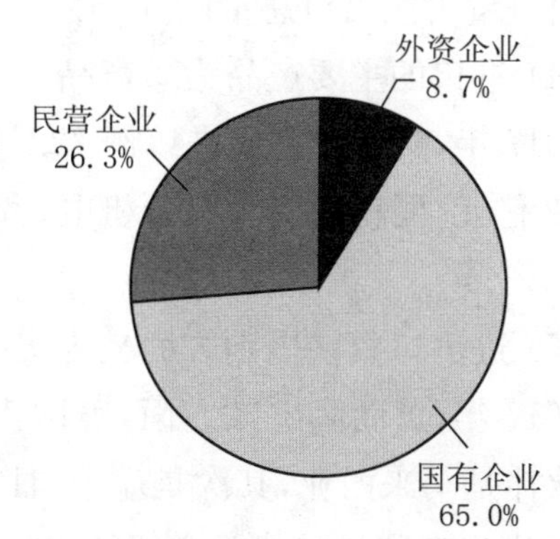

图 12.3 2017 年黄浦区出口企业性质结构

(1) 国有企业为出口大头

2017 年,黄浦区国有企业累计出口 130.2 亿元,同比下降 11.4%,占出口总量的 65%;民营企业累计出口 52.7 亿元,同比增长 7.2%,占出口总量的 26.3%;外资企业累计出口 17.5 亿元,同比增长 8.3%,占出口总量的 8.7%(图 12.3)。

(2) 外资企业为进口主力

2017 年,黄浦区国有企业累计进口 155.0 亿元,同比增长 15%,占进口总量的

31.3%；民营企业累计进口31.3亿元，同比下降4.4%，占进口总量的6.3%；外资企业累计进口237.8亿元，同比增长26.3%，占进口总量的48%(图12.4)。

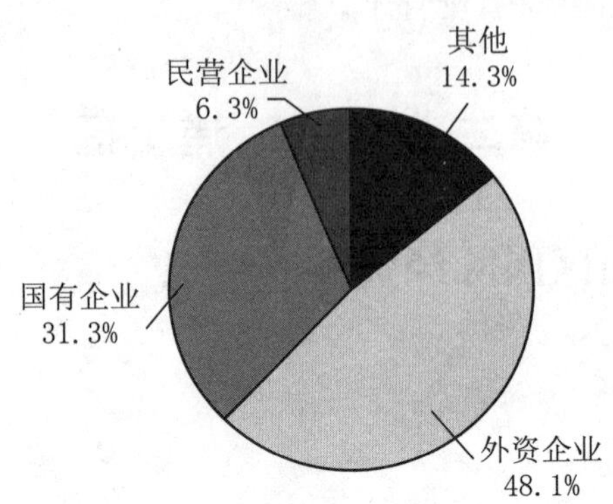

图12.4 2017年黄浦区进口企业性质结构

(3) 出口商品涉及领域较广

2017年，黄浦区出口商品包括纺织原料及纺织制品、车辆、航空器、船舶及其零附件、机电、音像设备及其零部件等，相关企业大多为传统大型国有或资源、渠道垄断型企业，包括江南造船(集团)有限责任公司、上海龙头、东方国际等，排名前10位企业的出口量占区出口总量的63.6%。

(4) 进口的主要产品为矿产品

2017年，黄浦区完成进口额72.3亿元，同比增长23.6%；纺织原料及纺织制品进口39.2亿元，同比下降1.6%；机电、音像设备及其零部件产品进口31.9亿元，同比增长35.3%。

(5) 进出口贸易国别方面较为集中

2017年，黄浦区出口方面，美国市场量最大，其次是日本、新加坡等。第一进口贸易伙伴是马来西亚，其次是瑞士、日本等。

2. 进出口贸易趋势及主要特点

2017年，黄浦区贸易逆差加大。数据显示，进口额约为出口额的2.5倍，根据历年情况，黄浦区的年度进口总额一般是出口总额的2倍左右。究其原因，主要是长期以来黄浦区出口主要以国有企业占主导，近年来受对外承包项目减少或大宗商品价格下跌影响，出口额有较大降幅，影响贸易逆差扩大。

从运行特点来说，出口方面，企业受订单及大环境情况制约，上下起伏较大，而对于属地区县对其影响或引导十分有限。典型的如上海江南造船企业发展有限公司，除一般的商用船舶制造业务外，还承接了许多军用订单。2016年恰逢船舶成品集中交付，出口额暴增，而2017年订单量同比有所减少，因此出口额下降。进口方面，一个增长点得益于天然气等大宗商品进口原材料价格回升，另一个增长点主要得益于上海作为全国最大消费品进口集散中心的能级地位，黄浦区等中心城区成为国外总代理商进入中国首选地，集聚辐射效应明显，促使与生活密切相关的消费品进口不断走高。

3. 外贸工作重点

(1) 加快培育贸易型总部

以打造黄浦区南京路、淮海路等国际化商业街为重点，加大拓展总部经济，重点吸引国内外知名企业各类功能性总部集聚。先后有国药控股股份有限公司、上海糖酒集团、保乐力加集团、金佰利(中国)有限公司等13家企业获得上海市贸易型总部称号，在全市保持领先。同时，在全市率先制定区级贸易型总部认定办法，在贸易便利化、投融资和人才服务等方面给予支持，加强贸易型总部的培育和发展。近期已开始了首批区级贸易型总部的认定申报工作。

(2) 努力提升贸易便利化

黄浦区主动对接海关、原出入境检验检疫局等部门，及时落实国家各项外贸促进政策，积极试点和推进适合黄浦区中心城区特点的贸易便利化措施。推进海关监管制度创新，积极争取上海海关对黄浦区地区总部、营运中心、出口品牌企业等重点企业的支持，纳入海关各项业务改革的试点范围。目前黄浦区有11家企业获得海关高级认证资格。以黄浦区政府与东浩兰生集团战略合作协议签署为契机，以“双自联动”为抓手，重点复制上海自贸试验区先进经验为基础，促成了上海宝玉石交易中心的成功上线和市中心唯一公用型保税仓库的设立。同时，加强与海关、原出入境检验检疫局等相关部门的密切协作，深化“批次进出、集中申报”便利政策，为企业拓展保税业务起到示范效应，形成产业高地。目前，保税仓已正式对外运营，通过保税交易进口模式，商品由企业提交申请审核先行入库，避免提前缴纳商品关税，减轻了企业负担。对贯彻黄浦区政府与原上海出入境检验检疫局战略合作的要求，努力服务企业，探索试点以政府购买服务的方式，委托专业机构对区内企业开展政策和业务培训，从政策解读、案例解剖、实务指导等角度，为企业提供贴身的服务，提高企业通关通检的效率。

(3) 积极促进贸易转型

一是加大对服务贸易现状分析。在上海市商务委员会最新修订的《上海市服务贸易创新发展试点实施方案》中，增补黄浦区为联席会议成员，并将黄浦区列为试点区域，开展服务贸易综合统计工作。目前无论是市或区层面均还未有成熟服务贸易统计指标体系，无法全面把握服务贸易发展现状，难以制定出促进服务贸易创新发展行之有效的措施。有鉴于此，黄浦区与专业机构合作，实施黄浦区服务贸易统计指标体系及产业发展研究。在梳理分析当前全球各服务贸易发达国家适用的服务贸易统计指标体系情况的基础上，根据黄浦区实际，设计了涉及十大分类的《黄浦区服务贸易统计调查表》，内容包括交通运输、图书批发、知识产权、旅行服务等，并进行了相关数据验证。下一步还将继续加大服务贸易现状的分析，促进重点产业和企业的发展。

二是促进跨境电子商与传统国际贸易、商业零售相融合。推动商贸创新发展，鼓励企业构建“跨境电子商务＋商业零售”的新业态，区内很多外资品牌企业除了正常的线下业务拓展外，也利用各种电子商务平台加大渠道建立，比如魅力惠(上海)贸易有限公司、维多利亚的秘密(上海)商贸有限公司、皮尔法伯(上海)化妆品贸易有限公司等。

（二）外资发展情况

1. 基本情况

2017 年，黄浦区完成合同外资 14.6 亿美元。新设项目 188 个。全年实到外资 11.7 亿美元，同比增长 16.5％。新认定跨国公司地区总部 3 家，分别是快乐蜂(中国)餐饮管理有限公司、蕾碧裳品牌管理(上海)有限公司和恩梯梯通讯系统(中国)有限公司。

2. 外资工作重点

(1) 积极培育新动能

一是积极贯彻《上海市鼓励跨国公司设立地区总部的规定》，鼓励跨国公司设立地区总部和总部型机构，支持跨国公司地区总部和总部型机构集聚业务、拓展功能、提升能级。

二是积极贯彻《上海市人民政府关于进一步支持外资研发中心参与上海具有全球影响力的科技创新中心建设的若干意见》主动对接上海科技创新中心建设，支持外商投资企业在黄浦区设立各种形式的研发中心。准备制定《黄浦区鼓励跨国公司地区总部的规定》和《黄浦区关于进一步发展外资研发中心的实施意见》。

(2) 积极推进服务业领域开放

坚持积极、有效利用外资的总方针，外商投资结构不断优化，质量和水平不断提高，经济社会贡献度不断增强。根据 2017 年联合年报统计显示，已有来自全世界 65 个国家和地区的投资者在黄浦区投资。黄浦区目前营运 2 545 家外商投资企业，累计合同外资 202.15 亿美元，累计实际吸收外资 182.3 亿美元。2017 年，涉外企业完成税收 281.7 亿元，同比增长 10.4%，占比为 44.3%；完成区级税收 84.4 亿元，同比增长 6.1%，占比为 43.5%。

(3) 深化外资领域的“放管服”改革

深入贯彻国务院关于简政放权、放管结合改革精神，对外商投资企业做好与负面清单管理方式相适应的事中事后监管。探索实行“互联网＋监管”新模式，开展“双随机、一公开”工作，利用信息化手段加强信息共享和部门协同监管。

(4) 加强事中事后监管

一是根据《商务部办公厅关于开展融资租赁业风险排查工作的通知》文件精神，为规范市场秩序，进一步加强对融资租赁业的监督管理，对注册在黄浦区的 19 家外资融资租赁企业通过自查和现场抽查等方式对企业基本情况和存在问题进行排查，并积极引入第三方会计师事务所和律师事务所协助排查。加强行业风险防范、监管检查和监测预警；二是积极做好 2017 年外商投资企业年度投资经营信息联合报告工作。加强对外商投资事中事后协同监管，会同黄浦区财政局、黄浦区市场监督管理局、黄浦区税务局、黄浦区统计局就 2017 年联合年报采用“新系统、新报表、新流程、新机制”的要求对企业进行培训讲解并现场答疑，努力提高企业上报各项数据的准确性和及时性。

(5) 加快推进服务型政府建设

一是建立外资企业协调服务机制。定期研究利用外资重大政策，强化重点外商投资企业和重大项目跟踪服务制，加大问题协调解决力度。统筹协调全区招商资源和力量，形成工作合力，营造“亲商、安商、留商、富商”的良好氛围；二是提升黄浦区行政服务中心能级。积极为外资企业提供一站式服务，黄浦区商务委员会和黄浦区市场监督管理局加强信息共享，建立工作合作机制。在黄浦区行政服务大厅、黄浦区商务委员会和黄浦区市场监督管理局设立“单一窗口”，建立“一窗咨询、协同办理”工作机制，营造为外资企业服务更便利的营商环境。

二、 2018 年黄浦区国际经贸工作展望

（一）出口方面

努力依托 eBay 等现有的大平台，引导外贸企业从关注价格向关注质量、品牌、服务方面转变，不断提高出口产品档次、附加值和竞争力，加快传统外贸制造业转型升级。

（二）进口方面

发挥黄浦区内资源优势，积极扶持培育线上线下融合发展，内外贸一体化的市场

主体,积极探索建立互联网模式下"全球购"的新模式和国际贸易新业态。同时深化贸易内容创新,从有形贸易为主向无形贸易转变,逐步形成服务贸易与货物贸易并重的贸易格局。

(三)政策引导方面

继续推进贸易型总部的集聚,吸引更多有资源配置能力,符合黄浦区产业导向的企业设立总部。

(四)促进贸易便利化方面

努力推进检验检疫制度创新,争取各类适合重点企业发展的便利化政策。目前,黄浦区正试点以政府采购服务的方式,为区内重点商贸企业进出口商品检验检疫建立"绿色通道",尽最大可能提供贸易便利,力争检验检疫监管模式的最新创新成果优先应用于黄浦区企业。

第三节　徐　汇　区

一、 2017 年徐汇区国际经贸发展情况

(一)外贸发展情况

1. 基本情况

2017 年,徐汇区外贸出口形势总体呈平稳发展的趋势,进口贸易的增幅好于出口。完成进出口总额 838.1 亿元,同比增长 16.2%,其中进口额 552.5 亿元,同比增长 18.6%,占进出口总额比重 65.9%;出口额 285.6 亿元,同比增长 11.8%,占进出口总额比重 34.1%(图 12.5)。进出口形势好于上年,整体呈现较快增长的态势。尤其是出口,呈现两位数的增长。

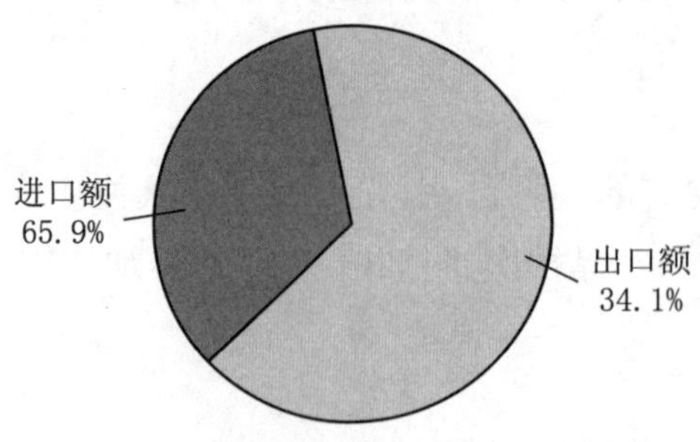

图 12.5　2017 年徐汇区外贸进出口总体情况

按贸易类型分，2017 年，徐汇区外贸以一般贸易为主，一般贸易出口额 213.3 亿元，占出口总额 74.7%；加工贸易出口额 70.4 亿元，占出口总额 24.6%；其他贸易出口额 2.0 亿元，占出口总额 0.7%（表 12.5）。

表 12.5　2017 年徐汇区外贸出口情况

贸易类别	出口额/亿元	占比/%
一般贸易	213.3	74.7
加工贸易	70.4	24.6
其他贸易	2.0	0.7
合　计	285.7	100.0

从进出口商品情况看，2017 年，徐汇区主要的出口商品为机电、音像设备出口额为 76.7 亿元，占出口总额的 26.8%；其次是纺织原料及纺织制品出口额为 51.0 亿元，占出口总额的 17.9%；第 3 位是化学工业及其相关工业出口额为 23.5 亿元，占出口总额的 8.2%。车辆、航空器、航空器及出口额为 21.8 亿元，占出口总额的 7.6%；光学、医疗等仪器、钟表、乐器出口额为 19.5 亿元，占出口总额的 6.8%；贱金属及其制品出口额为 18.2 亿元，占出口总额的 6.4%；杂项制品出口额为 14.0 亿元，占出口总额的 4.9%；塑料及其制品、橡胶及其出口额 13.9 亿元，占出口总额的 4.9%（图 12.6）。

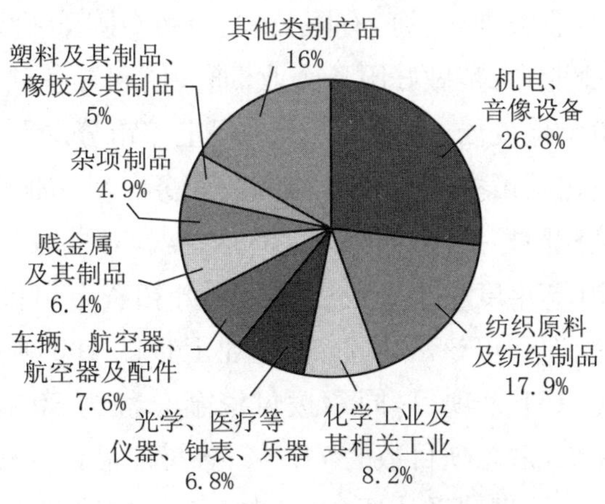

图 12.6　2017 年徐汇区出口商品结构情况

从商品进出口来源地看，出口主要以美国为主，出口额达到 69.3 亿元，占出口总额的 24.3%；日本和中国香港分列第 2 和第 3 位，出口额分别为 28.9 亿元和 26 亿元。

2. 外贸工作重点

(1) 继续做好对接上海自贸试验区政策工作

徐汇区商务委员会积极搭建服务企业沟通平台，积极回应诉求，助力企业享受海关、原出入境检验检疫局监管创新改革红利。探索保税仓库运营发展等有效监管模式，着力提升服务水平。

一是以企业需求为导向，积极主动对接上海自贸试验区政策。协助通标标准技术服务(上海)有限公司申请检验检疫一站式“3C”“一站式清关”工作；协调美太芭比(上海)贸易有限公司申请检验检疫流程再造事宜等；二是推进西岸艺术品仓库营运发展工作，与上海海关积极对接相关政策举措，研究申报“西岸艺术品保税街区”可行性；三是推进上海自贸试验区政策对接与复制，加快助推企业业务转型发展。重点推进上海自贸试验区政策复制落地，推进重点企业从事全球维修业务的新政复制，帮助企业拓展新兴业务模式，支持加工贸易企业开展高附加值检测维修业务；继续关注试点企业“加工贸易电子账册”“工单式核销”等新政推进运行情况，稳定现有加工贸易存量规模。

(2) 研究制定和重点推进外贸扶持政策

一是研究徐汇区外贸“十三五”政策，并积极对接上海市级政策。研究拟定徐汇区“十三五”期间外贸扶持政策，鼓励企业促出口、稳增长。在进一步测算基础上，制定补贴政策条款、实施细则等，鼓励引入贸易型总部企业，鼓励现有贸易型企业做大做强。推荐亿滋食品企业管理(上海)有限公司、百胜(中国)投资有限公司申报上海市第二批贸易型总部企业；二是做好服务企业、通关便利等各项工作。主动对接上海海关、原上海出入境检验检疫局、国家外汇管理局上海市分局及上海市商务委员会服务企业，促进贸易便利化政策举措。先后与海关业务一处、加工贸易处、漕河泾开发区海关、原浦江出入境检验检疫局梳理协商企业需求，对接政策举措，为企业通关便利化服务；三是完成2016年度中小企业国际市场开拓资金申报审核工作。2017年，徐汇区商务委员会共受理和审核区内71家企业上报的166项资金拨付申请。经审核，68家企业审核同意161个项目，同意拨付资金总额为304.3万元。从项目类别看，境外展览会类119个，占总项目数的71.7%；各类产品认证24个，占14.5%；境外商标注册3个，占1.8%；管理体系认证9个，占5.4%；提高经营管理科学决策水平6个，占3.6%；境外专利申请4个，占2.4%。完成2017年度第一批开拓资金审核工作。徐汇区内21家企业上报37个资金申请项目。审核通过20家企业36个项目，同意拨付资金总额为48.57万元。从项目类别看，境外展会类16个，占总数的43%；提高经营管理科学决策水平类14个，占总数的38%；管理体系认证类6个，占总数的

16%；各类产品认证类1个，占总数的3%。另外，徐汇区贸易促进科于2017年9月接受上海市商务委员会委托第三方对徐汇区“2016年度中小企业国际市场开拓资金”申报审核情况进行绩效评估。

(3) 继续做好离岸服务贸易相关工作

2017年，徐汇区服务外包企业共登记离岸外包合同审核通过296个，涉及企业55家，完成合同执行金额共计4.5亿美元。其中，ITO业务执行金额3.6亿美元，占总执行金额的80.5%；BPO业务执行金额0.3亿美元，占总执行金额的6.7%；KPO业务执行金额0.6亿美元，占总执行金额的12.9%。

一是完成服务外包专项资金申报工作。共计申报资金项目企业13家，申报人才培训补贴611人次，申报补贴总金额365.5万元；申报认证费用补贴企业4家，申报项目5个，共计申请补贴费用18.1万元；申报研发活动补贴企业1家，申报项目1个，共计申请补贴费用11.6万元。以上项目合计共申报补贴费用395万元。“上海漕河泾开发区人才发展培训中心”申请培训机构补贴，共计培训4 334人，申请补贴260.0万元。完成服务外包公共服务平台建设资金申报工作。上海心河信息技术有限公司、上海临港漕河泾人才有限公司、上海软件对外贸易联盟、上海交通大学出版社、上海市华成律师事务所等5家企业的共计申报6个项目，其中服务贸易平台项目3个，展会项目3个，申请金额共计234.7万元；二是启动“自由类技术进出口合同审核”“软件出口合同审核”权限下放衔接和后续审核工作。2017年11月以来审核颁证技术出口21件，涉及金额0.8亿美元；技术进口11件，涉及金额0.1亿美元；软件出口合同备案6份，ITO合同备案35份；三是走访“中医药国际服务贸易促进中心”，了解其建设的“中医药服务贸易平台”运营情况，并根据企业要求给予支持；走访文化出口示范企业游族信息技术有限公司；联系宜家(中国)投资有限公司、邱博投资(中国)有限公司等重点离岸服务贸易企业，动态了解企业服务贸易发展情况；四是研究并拟定“十三五”期间服务贸易支持政策条款、梳理并撰写“徐汇区服务贸易基本情况”等。根据商务部及相关部委精神，完成申报材料撰写整理工作，申报徐汇区为“国家文化出口基地”。

（二）外资发展情况

1. 基本情况

2017年，徐汇区共引进外资11.6亿美元，同比增长2.4%。其中，新批企业209家，合同外资5.9亿美元；增资项目123个，合同外资5.7亿美元(表12.6)。新批及增资项目中，投资总额超过1 000万元的大项目吸引合同外资总计达8.8亿美元，占了合同外资总额的75.6%。

表 12.6 2017 年徐汇区外资发展情况

外资性质	批准外资企业		
	项目数/个	合同外资/亿美元	同比增长率/%
合　计	209	11.6	2.4
其中:合资	36	1.0	1 497.3
合作	1	0.005 3	−94.7
独资	172	10.6	1.7

2017 年,徐汇区以咨询、软件、总部经济为代表的现代服务业企业引进合同外资 5.7 亿美元,占全年吸引外资总额的 48.9%。徐汇区总部经济继续保持良好的发展势头,新增总部经济 4 家,其中,投资性公司 1 家,管理型公司 3 家。总部企业新设立和增资合计 2.0 亿美元,占合同外资总额的 17.5%(表 12.7)。截至 2017 年底,徐汇区地区总部数量累计 77 家,投资性公司 51 家,在中心城区位居第 1 位,在全市仅次于浦东新区。

表 12.7 2017 年徐汇区引进外资分行业情况

产业/行业	新设合同外资/亿美元	增资合同外资/亿美元	合计/亿美元	占引资比例/%
合　计	5.9	5.7	11.6	100.0
第一产业	—	—	—	—
第二产业	—	0.02	0.02	0.1
第三产业	5.9	5.7	11.6	99.9
现代服务业	1.0	4.7	5.7	48.9
其中:咨询	0.3	0.8	1.1	9.3
软件	0.4	1.8	2.2	19.3
总部经济	0	2.0	2.0	17.5
其他现代服务业	0.3	0.04	0.3	2.8
餐　饮	0.2	0.1	0.3	2.5
房　产	4.1	0.3	4.4	37.8
商　贸	0.6	0.6	1.2	10.6
其　他	0.01	0.008	0.02	0.2

2017 年,中国香港、毛里求斯、美国是徐汇区引进外资的主要来源地。其中,中国香港项目个数和合同外资均占首位,新批准项目数 140 个,占项目总数的 42.2%,

共引资 7.0 亿美元(含增资),占全年引资的 60.6%,较上年增加 20.5%;毛里求斯新批准项目数 1 个,占项目总数的 0.3%,共引资 1.5 亿美元(含增资),占全年引资的 13.0%;美国新批准项目数 14 个,占项目总数的 4.2%,共引资 1.2 亿美元(含增资),占全年引资的 10.1%(表 12.8)。

表 12.8　2017 年徐汇区外商投资主要来源地情况

国家和地区	项目数/个	合同外资/亿美元
中国香港	140	7.0
毛里求斯	1	1.5
美　国	14	1.2
中国台湾	38	0.3
新加坡	19	0.2
澳大利亚	7	0.2
投资性公司投资	5	0.2
日　本	10	0.1
德　国	9	0.1
开曼群岛	4	0.1
荷　兰	8	0.1
英属维尔京群岛	9	0.1
韩　国	8	0.1
英　国	6	0.07
法　国	7	0.03
伯利兹	1	0.03
瑞　士	3	0.03
萨摩亚	5	0.03
冰　岛	1	0.02
墨西哥	2	0.01
其　他	35	0.08
合　计	332	11.6

2. 外资工作重点

(1) 聚焦总部经济发展

随着上海市、徐汇区扶持总部经济相关政策的相继调整,一方面利用各种渠道进行宣传，充分发挥政策的激励效应，取得了良好的效果；另一方面对已在徐汇区落户的跨国公司进行梳理、排摸，将符合条件并有意设立地区总部的企业作为工作的主要抓手，指定专人负责跟踪，及时了解企业动态，掌握项目进度，主动为企业提供多方面的帮助，积极促进企业在徐汇区成立地区总部。2017 年新增 4 家跨国公司地区总部和 1 家研发中心，并且鼓励跨国公司关联企业在徐汇区集聚。

(2) 聚焦“放管服”改革

随着外商投资企业设立及变更备案管理工作的全面推进，在做好日常项目备案工作的同时，不断强化服务功能。在企业设立及变更时，利用窗口现场答疑及电话咨询等方式为企业解答项目申报过程中遇到的疑问。同时，以徐汇区事中事后综合监管平台建设为契机，推动徐汇区商务委员会与徐汇区行政服务中心、徐汇区市场监督管理局以及财政、税务、质检、统计等部门的协同配合，细化工作方案，做好检查人员的执法培训等工作，依法依规对徐汇区内外商投资企业及其投资者履行备案义务的情况开展监督检查工作。

(3) 聚焦服务质量提升

在企业经营过程中，整合区域行政资源，徐汇区商务委员会与产业促进中心、行政服务中心、财政、市场监督、税务等部门积极沟通合作，定期走访企业，同时加强与市级部门的联系，帮助企业协调解决相关难题。还利用多种形式加强与企业的沟通，搭建良好的政企交流平台。例如邀请区内企业参加“人才下午茶”活动等。

二、 2018 年徐汇区国际经贸工作展望

(一) 外贸工作展望

1. 推动徐汇区对外贸易总量增长

一是政策引导，鼓励对外贸易企业集聚及进出口贸易总量拓展。研究出台徐汇区扶持政策，鼓励引入贸易型总部企业，鼓励现有贸易型企业做大做强。同时，积极对接上海市相关政策，如关注加快出口退税进度，规范和清理进出口关节收费等政策措施，切实帮助企业减轻负担，营造良好的营商环境；二是主动对接，加强与海关联系，为企业通关便利服务。深化与海关合作，对重点区域、重点行业、重点企业的需求进行梳理，列出清单，提供有效的通关便利化服务。通过帮助企业提高通关效率，降低进出口业务成本，促进对外贸易发展；三是以跨境电子商务发展为契机，积极探索内外贸协同发展新途径。鼓励引导徐汇区跨境电子商务发展，探索传统制造和贸易企业利用电子商务手段拓展外销渠道。推进传统零售与贸易企业对接，针对国内市

场需求，扩大进口；四是做好国家、上海市外贸发展资金项目申报审核工作。并充分做好宣传服务工作等，落实徐汇区“十三五”外贸专项资金补贴工作；五是做好加工贸易生产能力证明审核工作。

2. 重点推进上海自贸试验区政策复制工作

一是推进上海自贸试验区政策对接与复制，加快助推企业业务转型发展；二是继续关注并协助西岸艺术品保税仓库的运营，与海关共同研究“西岸”保税街区建设可行性并继续推进相关工作；继续协助并推动重点行业上海自贸试验区政策对接及相关调研；三是修订完善与上海海关合作备忘录，寻求深入合作途径；协助出入境检验检疫局继续推动第三方检测机构相关调研课题研究；紧密联系上海海关等相关部门，推动重点行业政策复制和试点。

3. 继续推进服务贸易工作

以上海市下放服务贸易相关审核权限为契机，全面推进徐汇区服务贸易发展。一是做好“自由类技术进出口合同审核”“软件出口合同审核”权限下放衔接和后续审核工作；二是完成服务贸易商务部服务外包专项扶持资金的申报组织和初审工作；做好各项“示范企业、示范项目”申报工作；三是做好离岸服务外包合同初审、服务外包资金申请审核等项常规工作。并以上述各项工作为基础，积极走访重点企业，了解企业发展情况，分析徐汇区服务贸易发展前景等。

4. 继续加强基础性工作

继续通过走访、调研及微信平台等渠道掌握企业需求，做好企业服务工作；继续对接海关、外汇管理等部门，在企业有实际需求时提供有效帮助。

（二）外资工作展望

1. 加快推进服务业国际化发展

一是优化引资结构，提高利用外资的质量和水平。在引资过程中抓大引强，重质量，重水平，重效益，重功能，聚焦总部经济和世界500强、行业领先企业，在引资质量和品牌上取得成效，积极创造条件，更多地引进跨国公司地区总部，引进世界知名品牌的企业，发挥其引领示范效应；二是集聚总部功能，深入推进总部经济转型升级。发挥市区两级地区总部政策的促进作用，鼓励现有地区总部拓展贸易、物流和结算等功能，发展成为实体化运作的亚太区营运中心或营运总部；重点聚焦徐家汇、衡复、漕开发功能区，大力吸引跨国公司亚太区总部和事业部全球总部落户徐汇，推动徐汇成为区域型总部功能机构集聚的城区；三是拓宽信息渠道，建立招商引资信息共享机制。加强与上海市外国投资促进中心与各国驻沪领事馆、各国商会的联系，注重发挥社会各界资源优势，努力畅通“以商招商、以外引外”的渠道。

2. 加快外资研发中心发展速度

结合上海市政府 2017 年 10 月新发布的《上海市关于进一步支持外资研发中心参与上海具有全球影响力的科技创新中心建设的若干意见》，以徐汇区新一轮产业政策实施为契机，发挥总部经济政策的引导作用与扶持资金的带动作用，积极吸引更多的跨国公司在徐汇设立高层次的创新中心、研发中心和研发型机构，促进知识产权落地，鼓励外资研发中心与国内科研院所联合承担相关科研任务，共同培训科研人员等，发挥外资在建设具有全球影响力的科技创新中心中的作用。

3. 深入整合区域各类资源

一是加强与功能性公司的沟通合作，深入了解招商资源和信息，了解招商的进展情况，为其提供各项政策指导和服务，加大对重点项目的跟踪与落实。做好产业园区、科技园区、重点开发地段等载体资源的排摸工作。重点关注区内土地出让项目，与土地规划和管理部门开展合作，从土地出让的源头把握好招商关，落实开发商，推动徐汇区商务委员会全过程介入建设和招商；二是加强分工协作，形成招商合力。加强部门联动、条块联手，建立重、大项目快速引进机制。同时加强与楼宇业主或运营方的合作，积极宣传产业政策，鼓励业主与徐汇区合力招商，吸引知名企业入驻；三是做好企业服务工作。根据企业情况有计划、分层次地开展走访，增进企业与政府之间的了解。加强对总部机构的服务，建立跨国公司地区总部重点联系制度，对总部机构实行分级管理，了解总部机构需求，提升管理能力和服务水平。与人力资源、海关、外汇管理等部门研究协商，在高管出入境、进口研发设备、非贸易付汇等方面进一步予以便利，帮助企业提高通关效率，降低进出口业务成本。重点跟踪大企业，及时了解企业发展情况，多渠道、多角度地为企业提供政策指导与服务，为企业排忧解难，做好助商、安商，稳商工作，不断优化徐汇区投资软环境。

第四节 长 宁 区

一、 2017 年长宁区国际经贸发展情况

（一）外贸发展情况

1. 基本情况

2017 年，长宁区累计进出口总额 579.8 亿元，比上年减少 14.9%。其中累计进口额 339.9 亿元，比上年减少 25.2%，占比为 58.6%；累计出口额为 239.9 亿元，比上年

上升 6.7%，占比为 41.4%(图 12.7)。

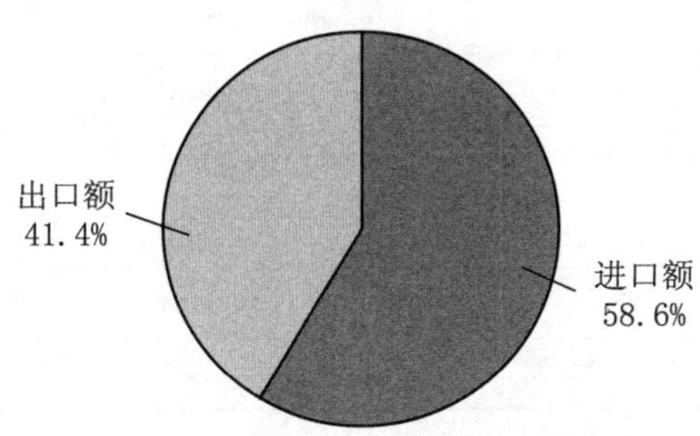

图 12.7 2017 年长宁区外贸进出口总体情况

从企业来看，2017 年，长宁区累计进出口额超过 10 亿元的进出口企业共有 9 家。在进口方面，东方航空进出口有限公司进口飞机量下降较多，进口额同比下降77.1%；在出口方面，东方航空进出口有限公司飞机出口架数下降较多，同比出口额下降 30.7%。

从贸易方式来看，2017 年，长宁区还是以一般贸易为主。在变化趋势上，加工贸易呈现上升趋势；而一般贸易、其他贸易呈现下降趋势(表 12.9)。

表 12.9 2017 年长宁区贸易方式情况

贸易方式	进出口额/亿元	同比增长率/%
一般贸易	528.4	−10.3
加工贸易	19.7	9.9
其他贸易	31.7	−56.3

从进出口国别来看，2017 年，长宁区主要以美国、日本、德国等市场为主(表 12.10)。

表 12.10 2017 年长宁区进出口主要贸易伙伴情况

国　家	进出口/亿元	同比增长率/%
美　国	26.4	−76.2
日　本	14.4	−84.6
德　国	6.5	−85.8
越　南	5.7	−81.4
韩　国	3.2	−85.1

从进出口商品来看，2017 年，长宁区商品主要以纺织原料及纺织制品、机电、音像设备及其零件、塑料及其制品、橡胶及其制品、化学工业及其相关工业进出口、贱金属及其制品、车辆、航空器、船舶等为主(表 12.11)。

表 12.11 2017 年长宁区主要进出口商品情况

商品类型	进出口额/亿美元	同比增长率/%
纺织原料及纺织制品	137.3	11.32
机电、音像设备及其零件	104.0	−2.61
塑料及其制品、橡胶及其制品	64.9	36.8
化学工业及其相关工业	51.4	11.5
贱金属及其制品	39.3	30.5

2. 外贸工作重点

(1) 贸易便利化"一站式"服务中心在世贸商城新址正式办公

2017 年,贸易便利化"一站式"服务中心正式在世贸商城新址办公。在新址上,海关增加了企业注册登记备案及变更职能,原出入境检验检疫局增加了食品、化妆品等检验以及出入境动植物、卫生检疫等业务职能。

(2) 与海关、原出入境检验检疫局建立重点企业联合走访机制

与海关、原出入境检验检疫局共同走访了包括欧西爱司物流(上海)有限公司、日通物流(上海)有限公司、小浅(上海)贸易有限公司、上海新联纺进出口有限公司、上海日粉总合贸易有限公司、上海英联食品饮料有限公司、博世(中国)投资有限公司等近 30 余家重点进出口企业和外资企业;随长宁区区长走访了解庞贝捷管理(上海)有限公司、斯必克(中国)投资有限公司、爱达(中国)投资有限公司等 7 家重点企业,详细了解了企业经营动态、贸易模式、遇到的困难及企业诉求等,并通过多部门合力为企业答疑,提高服务能级。

(3) 组织各项培训会助力企业发展

结合贸易便利化工作和企业需求召开多次培训会,通过政策宣传、交流分享、答疑解惑等方式进一步完善对企业服务。一是 2017 年 4 月 10 日,召开了外贸发展与国际物流研讨会,近 40 家到场企业讨论了物流发展新趋势,并探讨了外贸企业在东南亚投资建厂的机遇和挑战;二是 6 月 15 日,为扩大海关、原出入境检验检疫局等部门政策知晓度和受惠企业覆盖面,联合海关、原出入境检验检疫局为近百家企业举办了重点进出口企业政策培训会,重点介绍了海关通关一体化和检验检疫产地证等政策;三是 8 月 15 日,针对劳动合同管理和劳动关系纠纷增多的现象,召开了外资外贸企业政策宣讲培训会,请人事保障部门为企业讲解合法用工相关政策;四是 8 月 24 日,召开了传统重点外贸企业转型发展政策培训会,上海市商务委员会解读了上海市相关外贸政策,长宁区商务委员会介绍了长宁区文化产业和"互联网+生活服务业"的相关政策;五是 8 月 28 日,联合上海欧美同学会举办了进口跨境电子商务发展研讨会,50 余家跨境电子商务从业企业

及研究机构对进口跨境电子商务产业生态的现状、挑战和应对策略进行了讨论。

(4) 继续做好重点企业贸易服务

2017 年，重点协调了以下企业诉求：一是支持亚瑟士(中国)商贸有限公司申报检验检疫进口服装面料质量追溯项目企业，并给予指导；二是支持上海一达通企业服务有限公司的发展，两次陪同长宁区主要领导走访企业，并协助企业对接了海关、原出入境检验检疫局、税务局等部门，尽力为企业提供便利；三是支持纽仕兰试点鲜奶进口，多次联合浦江出入境检验检疫局服务企业，讲解鲜奶检验检疫政策，并开启调研课题，与检验检疫共同研究模式创新的可行性；四是 7 月 11 日，联合长宁区虹桥临空经济园区开发建设办公室召开了贸易便利化支持临空经济示范区建设企业座谈会，对金鹏航空股份有限公司、上海金鹿公务航空有限公司、东航电子商务有限公司、上海机场(集团)有限公司、联合利华(中国)有限公司上海分公司、兰维乐(上海)食品有限公司、育德公共保税仓库等数十家重点航空服务业及总部企业现场提出的问题，海关、原出入境检验检疫局现场对企业提出的诉求给予解答。

(5) 开展外贸企业转型调研

开展“长宁区外贸企业转型发展的现状及思考”课题的调研活动，研究长宁区外贸企业创新转型发展现状、发展经验、创新转型瓶颈等，提出长宁区推进外贸企业创新转型发展的政策措施建议。

(二) 外资发展情况

1. 基本情况

2017 年，长宁区引进外资企业 209 家，比上年增长 23.7%；投资总额 22.4 亿美元，比上年增长 68.4%；注册资本 10.3 亿美元，比上年增长 34.1%；引进合同外资 9.9 亿美元，比上年增长 32.3%(表 12.12)。

表 12.12　2017 年长宁区利用外资情况

外资性质	批准外资企业			合同利用外资	
	企业数/个	金额/亿美元	同比增长率/%	金额/亿美元	同比增长率/%
外方直接投资	209	18.0	184.4	8.0	136.2
其中:合资企业	24	1.0	137.8	0.4	216.3
独资企业	185	17.0	187.8	7.6	132.9
增　资	—	4.4	−37.1	1.9	−54.3
合　计	209	22.4	68.4	9.9	32.3

2017年，长宁区吸引外资的主要特点如下：从进出口国别分析，主要以美国、日本、越南市场为主。从进出口商品分析，商品主要以纺织原料及纺织制品、机电、音像设备及其零件，化学工业及其相关工业进出口为主。从外资企业性质看，引进外商直接投资企业209家，其中合资企业24家，独资企业185家。从外商投资主要来源地看，日本32家，欧洲28家，韩国12家，新加坡10家，美国8家，离岸群岛5家，中国香港71家，中国台湾28家，其他国家和地区15家(表12.13)。

表12.13 2017年长宁区外商投资主要来源地情况

国家和地区	项目数/个	投资总额/亿美元	合同外资额/亿美元
中国香港	71	4.1	2.1
日　本	32	1.5	0.7
中国台湾	28	0.09	0.08
韩　国	12	0.08	0.05
新加坡	10	0.6	0.2
德　国	9	0.015	0.012
美　国	8	0.9	0.3
澳大利亚	4	0.036	0.036
英　国	4	0.020	0.019
马来西亚	3	0.026	0.009
萨摩亚	3	0.011	0.008
意大利	3	0.006	0.004
卢森堡	3	0.005	0.004
英属维尔京群岛	2	0.05	0.05
菲律宾	2	0.013	0.005
法　国	2	0.006	0.004
荷　兰	2	0.004	0.003
加拿大	2	0.002 9	0.002 5
其　他	9	10.5	4.4
合　计	209个	18.0	8.0

2. 外资工作重点

(1) 积极推动区级总部政策出台

为贯彻落实沪府发〔2017〕9号沪府发〔2017〕26号两大鼓励跨国公司地区总部发

展文件的精神，进一步吸引跨国公司在长宁区设立地区总部和总部型机构，促进长宁区总部经济和涉外经济发展，支持国际精品城区建设，依据《长宁区加快建设创新驱动、时尚活力、绿色宜居的国际精品城区的指标体系》（长委发〔2017〕4 号），正在制定长宁区关于鼓励跨国公司地区总部发展的实施办法。

（2）保质保量完成外资企业联合年报工作

根据《上海市商务委员会关于开展 2017 年上海外商投资企业年度投资经营信息联合的通知》，2017 年度外资联合年报将于 4 月 1 日正式启动，企业需在 6 月 30 日填报相关数据，长宁区商务委员会在 7 月 31 日报送年报工作总结，8 月 31 日完成运营报告的撰写。下半年，长宁区商务委员会联合区财政、税务、统计等部门，共同完成 2 500 家外资企业联合年报工作，并按时间节点对外资企业上报的数据进行统计分析，形成专题报告。

（3）落实长宁区外资融资租赁企业风险排查工作

根据《商务部办公厅关于开展融资租赁业务风险排查工作的通知》（商办流通函〔2017〕175 号）《上海市商务委员会关于做好本市融资租赁行业风险排查工作的通知》（沪商服务〔2017〕127 号）的精神，要求各区组织对所属融资租赁企业进行风险排查。长宁区商务委员会认真部署、积极落实，联合长宁区金融办公室、长宁区市场监督局研究具体排查工作，并及时召集区内 10 家融资租赁企业召开专题会议，提出要求、调查研究、收集结果，最终在规定时间节点形成排查专报。

（4）做好外资事后事中监管模式

按照检查要求，以“双随机、一公开”的原则按照 3% 的比例对长宁区 2016 年 10 月至 2017 年 12 月备案的 1 200 家外商投资企业进行不定向抽查，共有 36 家企业被抽中检查，制发《长宁区商务委员会外商投资企业设立及变更备案检查的通知》的红头文件（长商务发〔2017〕67 号），对 36 家企业进行梳理，建立联系名册，将红头文件通过挂号信方式及时寄达企业；填写检查工作记录。

二、 2018 年长宁区国际经贸工作展望

（一）外贸工作展望

1. 积极对接进口博览会相关工作

2017 年 6 月 26 日，中央全面深化改革领导小组第 36 次会议审议通过“进口博览会总体方案”，明确首届进口博览会将于 2018 年在上海举办。长宁区委区府主要领导高度关注、高度重视此项工作，长宁区商务委员会第一时间与上海市商务委员会和

上海浦江出入境检验检疫局进行了沟通。2018 年将是对接进口博览会落地的关键时期，为增加长宁区竞争力，外经贸科将积极对接，切实做好部门沟通、信息收集、调查研究等工作。

2. 继续推进贸易便利化相关工作

(1) 继续做好新址宣传工作

自 2017 年 6 月"一站式"贸易服务中心完成搬迁以来，长宁区商务委员会设计了一系列新址宣传方案。目前宣传资料、宣传海报、服务指引等已初步设计完成，2018 年将通过微信推送、宣传海报、易拉宝、"一站式"服务中心的宣传资料投放等方式持续对新址进行宣传，使更多企业能切实体会到"一站式"贸易服务中心的便利，并拟同海关、出入境检验检疫局等部门一同在世贸商城开展诸如培训、座谈会等活动来提升"一站式"的知晓率。

(2) 继续做好政策宣传培训工作

2018 年，将结合上海市 2017 年度外经贸发展专项资金(国际服务外包业务资金、中小企业国际市场开拓资金)的申报以及海关、原出入境检验检疫局的新政，将通过组织培训、发布信息等方式继续做好政策宣传培训工作，扩大企业政策知晓度，帮助企业用好政策。

(3) 以课题推动探索研究进口食品新模式

长宁区内集聚了一批从事生鲜进口相关业务的优质企业，由于生鲜属于短货架期食品，在现有上海口岸监管模式下，进口生鲜通关时间要 7～14 天。通关后鲜奶货架期较短，进而影响消费者体验，因考虑鲜奶是所有生鲜食品中监管要求(包括时间和检验检疫标准)最严的商品，如探索出鲜奶进口的创新模式，可为其他生鲜食品进口提供可复制、可推广的经验。因此，长宁区商务委员会拟在 2018 年就"鲜奶进口监管创新模式探索"开展课题调研，寻求制度创新突破。

(二) 外资工作展望

1. 探索开展外资事后事中监管模式

为深化外商投资领域简政放权、放管结合、优化服务改革，长宁区商务委员会将继续根据《外商投资企业设立及变更备案管理暂行办法》和《商务部关于做好外商投资企业设立及变更备案监督检查有关工作的通知》精神，开展事中事后监管工作，切实做好对外商投资企业及其投资者履行备案义务的监督检查工作，具体如下：一是加强执法队伍建设，做好执法人员的执法培训；二是对接区级审改部门，将备案监督检查纳入权力清单和责任清单，并依规依法开展相关工作。

2. 研究出台长宁区外资总部政策

为贯彻落实上海市政府相关要求、长宁区第十次党代会提出城市更新战略和产业发展战略，长宁区商务委员会外经贸科正在积极制定《长宁区鼓励跨国公司地区总部发展的实施意见》，以进一步吸引跨国公司设立地区总部及总部型机构。

第五节 静 安 区

一、 2017 年静安国际经贸发展情况

（一）外贸发展情况

1. 基本情况

(1) 货物贸易情况

2017 年，静安区进出口总额 376.6 亿元，其中进口额 255.6 亿元，出口额 121.0 亿元。与全国贸易顺差相比，静安区外贸以进口为主，进口额占全区外贸规模的 67.9%，出口额占比为 32.1%（图 12.8）。

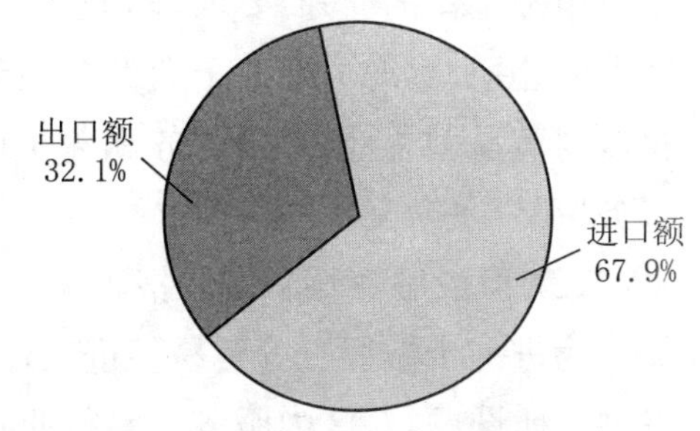

图 12.8 2017 年静安区外贸进出口总体情况

从外贸伙伴结构来看，2017 年，静安区出口国家和地区排名前 3 位为日本、美国及德国，进口来源国家和地区排名前 3 位为意大利、日本、美国。

从外贸产品结构来看，2017 年，静安区出口产品主要集中在机电、音像设备、纺织原料、贱金属（钢铁制品、锅炉、机械器材）、化学工业及其相关工业几大领域，其中排名前 3 位的机电音像、纺织及贱金属占全部出口额的 66%；进口产品主要涉及纺织原料及制品、革毛皮制品、机电音像、化学工业制品，其中排名前 3 位的纺织、皮毛制品、机电音像占全部进口额的 69%。

(2) 服务贸易情况

根据《上海市商务委员会关于下放服务贸易相关审核权限的通知》，自 2017 年 11 月 1 日起，上海市商务委员会向静安区商务委员会下放自由类技术进出口合同和软件出口合同审核权限。权限下放后，静安区审核共计完成技术进口合同登记 9 份，合同金额共计 2 361 万美元；技术出口合同登记 10 份，合同金额共计 1.8 亿美元。2017 年，静安区服务外包累计签约金额为 41.3 亿美元，同比增长 21.8%；累计服务外包执行金额 25.9 亿美元，同比增长 24.6%。

2. 外贸工作重点

2017年，静安区围绕“国际静安 圆梦福地”战略目标，充分发挥区域外向型经济优势，通过提升区域营商环境、加快贸易便利化进程，着力转变外贸增长方式，优化外贸结构，培育外贸新的增长点。在积极保持货物贸易进出口规模的同时，力争服务贸易规模不断扩大，结构不断优化，发展模式不断创新。

(1) 做好中小企业国际市场开拓资金审核

为支持中小企业提升国际化经营能力，加快培育外贸竞争优势，根据《上海市外经贸发展专项资金(中小企业国际市场开拓资金)实施细则》，静安区商务委员会积极组织落实2017年度中小企业国际市场开拓资金项目的申报工作。2017年实际符合上报条件项目266个，涉及企业52家，批复金额合计119.84万元。根据2017年度上海市推动服务贸易创新发展试点(含服务贸易公共服务平台建设)资金申报通知，静安区积极推动8个重点服务贸易企业申报上海市服务贸易平台建设资金，申请项目资金共计约800万元。根据2017年《上海市商务委员会关于开展第二批贸易型总部认定申报工作的通知》要求，静安区上海五金矿产发展有限公司、德迅(中国)货运代理有限公司、上海天翌电子商务有限公司、上海洋码头网络技术有限公司顺利通过申报获得贸易型总部称号，业务涵盖了国内批发零售、国际货物贸易、物流仓储和国际服务贸易、平台交易四大类。

(2) 形成服务贸易发展报告

为进一步做好服务贸易促进工作，2017年静安区商务委员会专门成立服务贸易发展调研课题，对区内服务贸易行业企业展开摸底和调研，从企业的发展情况和需求着手，为政府提供目前区域内服务贸易企业的现状分析及服务贸易发展趋势预判，为下阶段服务贸易(服务外包)提供发展思路和决策依据。

(3) 不断提升贸易便利化

2017年，根据静安区与原上海出入境检验检疫局签署的合作备忘录以及行动计划，在浦江出入境检验检疫局以及静安区行政服务中心的支持下，静安区出入境检验检疫局窗口3月起在静安区行政服务中心二楼全新启用，正式开始接受咨询业务，并新增报检企业备案、报检员备案等业务咨询和受理事项。该窗口与位于浦江出入境检验检疫局的静安专窗相互配合，共同为企业提供更为方便和直接的服务。

(二) 外资发展情况

1. 基本情况

2017年，静安区引进外资数206家，引进合同外资10.2亿美元，其中新设2.1亿美元，占比20.4%，增资8.1亿美元，占比79.6%。全年实到外资9.4亿美元，全市排名第3位，仅次于浦东新区和黄浦区，外资企业总体发展平稳。

2017年，静安区新认定跨国公司地区总部6家，包括亮锐（上海）管理有限公司、布伦泰格（上海）企业管理有限公司等，总部发展稳中有升。全区引进跨国公司地区总部数量累计已达70家，总部经济已经成为国际静安经济发展的重要标志。

2017年，静安区税收总额为685.6亿元，同比增长5.8%，其中外税总额为349.8亿元（其中约27%来自跨国公司地区总部），同比增长8.9%，占全区税收比重为51.0%，外税规模和比重排名继续在全市中心城区位列第1位，涉外经济对全区贡献比重不断加大。

2. 外资工作重点

（1）加强企业服务

静安区通过依托"国家服务业综合改革试点""国际消费城市示范区"建设，运用大数据等先进技术，推动政府管理和服务水平的提升，加快产业链和生态圈建设。设置经济服务工作任务目标，强化部门联动服务机制，深入了解企业需求，在创新模式、资源环境、政策措施、人才引进等方面形成组合拳，为企业发展创造有利条件。

（2）聚焦总部经济招商

作为"三个经济"主要形态之一，静安区将总部经济作为构建高端化产业体系的重要抓手。依托南京西路两侧、苏州河两岸、中环两翼三个集聚带，静安区通过优化政务软环境、出台专业扶持政策、加大招商服务力度等举措，大力引进和培育高能级、强辐射的总部企业。2017年上半年，上海市出台了《国务院关于扩大对外开放积极利用外资若干措施的通知》，修订发布了《上海市鼓励跨国公司设立地区总部的规定》以及通过了《关于进一步扩大开放加快构建开放型经济新体制的若干意见》（简称"33条"）。静安区立即响应，率先出台了《静安区促进总部经济发展的实施办法》，明确规定了符合条件的跨国公司地区总部、跨国公司总部型机构、外资研发中心可以享受装修资助、人才公寓、升级资助、国际发明专利资助等一系列区级配套扶持政策，并通过召开"汇聚全球总部，建设国际静安"总部政策发布暨招商推介会，第一时间对总部政策进行了亮点解读。

二、 2018年静安国际经贸发展工作展望

2018年，静安区将继续坚持外向型经济的发展，不断提升区域经济核心竞争力，完善招商机制，创新招商方式，推动高能级优质企业和项目集聚。落实促进总部经济发展的相关政策，引导更多的国际国内知名企业落户。全年计划新引进跨国公司地

区总部 6 家。具体主要做好以下几方面工作。

（一）继续营造良好投资营商环境

制定落实静安区优化营商环境行动方案，主动对接、先行先试，营造更加良好的国际化、法治化、便利化营商环境。完善工作协调机制，夯实服务企业责任，注重倾听和回应企业需求，摸清企业的“难点”、“痛点”和“堵点”，不断提高服务质量。建立标准化服务流程，加强企业服务综合平台的信息数据互通共享，突出精准、精细服务。推进企业走访活动常态化、机制化，加大解决问题的督查督办力度。强化服务企业队伍建设，提高管理能力、办事能力和沟通协调能力。不断丰富服务企业内涵，做好交通、就餐等公共服务。

（二）全面推进“双试联动”改革

把制度创新作为主攻方向，以新一轮国家服务业综合改革试点为引领，主动对接上海自贸试验区建设。在浦东新区试点对进口非特化妆品备案管理的背景下，积极推进在全市推广非特化妆品备案管理工作等贸易便利化措施。加快国家级和市级标准化试点示范建设步伐，探索完善与试点工作相适应的服务业标准体系。进一步拓展区行政服务中心检验检疫窗口功能，为区内企业提供优质便利服务。

（三）坚持“引大、引强不动摇”

鼓励跨国公司到静安区设立地区总部和投资性公司、研发中心等功能性机构，发展采购中心、分拨中心、营销中心等“贸易型”总部。通过“引进来”和“走出去”相结合的方式培育潜在总部，增强静安区总部经济的活力和后劲。一方面充分发挥静安区外向型经济主导优势，把实际承担管理决策、资金管理、采购等总部功能的外资机构“引进来”，不断吸引集聚“准总部”型外资企业。另一方面，立足上海在长三角龙头地位，充分发挥国际静安的平台作用，鼓励优质内资企业到静安区设立贸易型总部，实施“走出去”的国际化战略，引导企业在更广阔的空间里整合产业和资源，逐步成长成为全球价值链的组织者。

（四）提升外贸结构和能级

借助上海举办进口博览会的契机，积极争取为相关贸易便利化工作提供先行先试的机遇和平台。加强与海关、原出入境检验检疫局等部门沟通合作，针对新推行的海关税制改革等政策，以政策宣传、项目指导、业务培训等形式加大对企业的宣传，帮助企业申请和享受政策利好。结合区域经济特点，继续推动外贸规模稳定增长，引导外贸结构优化，增加高附加值产品，继续大力发展服务贸易，推动文化贸易、技术贸易、专业服务等资本技术密集型服务贸易领域发展；培育数字贸易、医疗健康等有潜力的服务贸易新增长点。

第六节　普　陀　区

一、2017年普陀区国际经贸发展情况

2017年，普陀区商务委员会积极贯彻党的十九大精神，在普陀区委、区政府的坚强领导下，围绕“科技创新驱动转型实践区、宜居宜创宜业生态区”目标，践行“服务、责任、创新、卓越”的核心价值观，在调整优化产业结构、提高开放型经济发展水平、促进企业技术创新、强化市场体系建设、加强行业监管力度等方面下功夫，切实推进各项重点工作。

（一）外贸发展情况

1. 外贸总体情况

2017年，普陀区外贸进出口总额263.7亿元，同比增长10.1%，在全市排名第14位，占全市进出口总额的比重为0.8%，增幅排名第10位。其中，出口额124.9亿元，同比增长3.3%，占进出口总额的比重为47.4%；进口额138.8亿元，同比增长17.2%，占进出口总额的比重为52.6%。贸易逆差累计达13.8亿元。从月度数据看，进出口额、进口额、出口额在上半年波动较大，在10月后均有所回升(图12.9)。

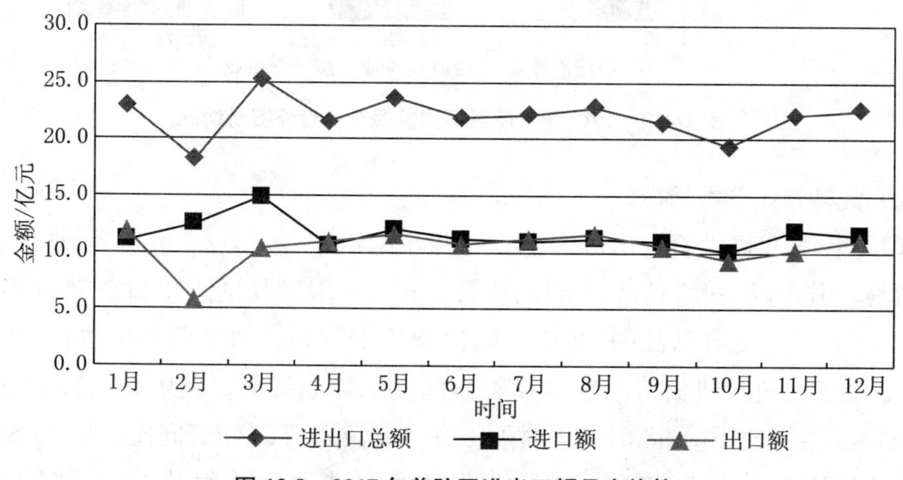

图12.9　2017年普陀区进出口额月度趋势

(1) 企业类型分类情况

2017 年,普陀区国有企业经营进出口业务的有 28 家,进出口总额 41.4 亿元,同比下降 8.5%,占全区进出口总额的 15.7%。其中,出口 26.4 亿元,同比下降 14.1%;进口 15.0 亿元,同比增长 3.3%。贸易顺差达 11.4 亿元。进出口额超过 1 亿元的国有企业有 7 家,这 7 家企业的进出口额累计达 38.4 亿元,占国有企业进出口总额的 92.7%。

2017 年,普陀区外资企业经营进出口业务的有 306 家,进出口总额 57.8 亿元,同比增长 10.7%,占全区进出口总额的 21.9%。其中,出口 23.4 亿元,同比下降 1.2%;进口 34.4 亿元,同比增长 20.5%。贸易逆差达 11.0 亿元。进出口额超过 1 亿元的外资企业有 12 家,这 12 家企业的进出口额达 24.3 亿元,占外资企业进出口总额的 42.1%。

2017 年,普陀区民营企业进出口业务的企业有 914 家,进出口总额 164.5 亿元,同比增长 15.9%,占全区进出口总额的 62.4%。其中,出口 75.1 亿元,同比增长 12.9%;进口 89.4 亿元,同比增长 18.5%。贸易逆差达 14.3 亿元。进出口额超过 1 亿元的民营企业有 31 家,这 31 家企业的进出口额累计达 94.6 亿元,占民营企业进出口总额的 57.5%(图 12.10)。

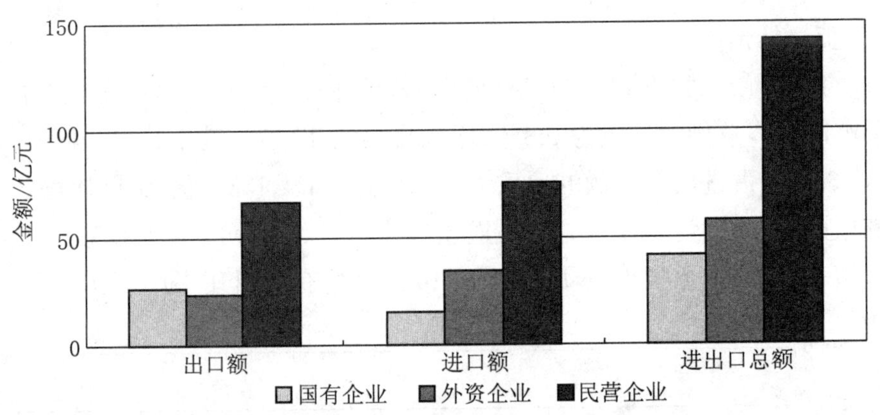

图 12.10 2017 年普陀区不同性质企业对外贸易情况

(2) 贸易方式分类情况

2017 年,普陀区外贸进出口货物的贸易方式分为三大类:一般贸易、加工贸易和其他贸易。其中以一般贸易为主要的贸易方式。一般贸易的进出口总额为 218.4 亿元,占全区外贸进出口总额的 82.8%,同比增长 18.2%。加工贸易的进出口总额为 8.5 亿元,占全区外贸进出口总额的 3.2%,同比下降 20.2%。其中,来料加工进出口额为 1.4 亿元,同比下降 68.5%;进料加工进出口额为 7.1 亿元,同比增长 14.8%。其他贸易的进出口总额为 36.8 亿元,占全区外贸进出口总额的 14.0%,同比下降

16.5%。其中,对外承包工程货物的进出口额为2.2亿元,同比下降58.0%;外商投资企业投资进口的设备、物品的进出口额为0.02亿元;保税仓库进出境货物进出口额33.9亿元,同比下降12.0%;保税区仓储转口货物进出口额0.006亿元,同比增长45.5%;其他方式进出口额0.7亿元,同比增长89.5%(图12.11)。

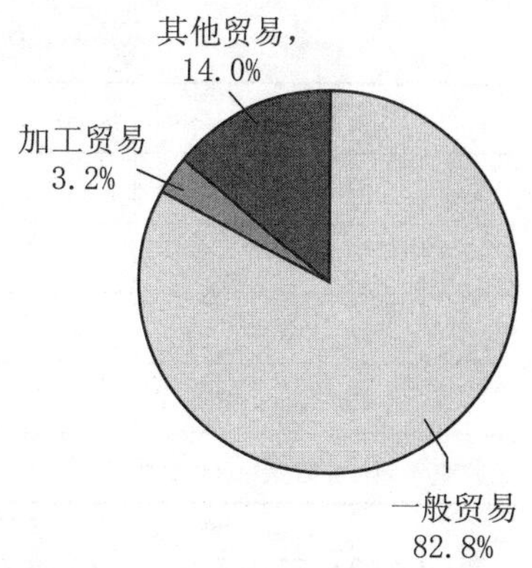

图12.11　2017年普陀区进出口贸易方式结构

(3) 商品分类情况

2017年,普陀区外贸企业涉及的进出口商品共有21项大类、93项中类、941项小类产品。其中机电产品进出口总额87.0亿元,同比增长24.4%;高新技术产品进出口总额33.8亿元,同比增长53.4%(表12.14、表12.15)。

表12.14　2017年普陀区前5位进口商品

商品类型	进口额/亿元	同比增长率/%	占比/%
机电、音像设备及其零部件	40.9	64.6	29.5
活动物、动物产品	19.4	9.8	14.0
化学工业及其制品	15.3	−18.5	11.1
食品、饮料等	12.8	1.6	9.2
贱金属及其制品	11.3	76.3	8.1

表12.15　2017年普陀区前5位出口商品

商品类型	出口额/亿元	同比增长率/%	占比/%
纺织原料及纺织制品	38.4	10.1	30.7
机电、音像设备及其零部件	26.8	−6.2	21.5
化学工业及其制品	14.7	9.4	11.7
杂项制品	10.8	9.3	8.6
贱金属及其制品	9.1	3.3	7.3

(4) 市场分类情况

2017年,普陀区外贸企业进出口所涉及的国家和地区共有187个。其中进、出口名列前5位的国家和地区,其进、出口额分别占了进、出口总额的44.3%和45.2%。进口排名前5位的国家和地区分别是:德国、美国、日本、韩国和中国台湾,累计进口额61.5亿元,占进口总额的44.3%(表12.16)。

表 12.16　2017 年普陀区进口国家和地区分布情况

国家和地区	进口额/亿元	同比增长率/%	占比/%
德　国	23.1	71.9	16.7
美　国	11.9	9.1	8.6
日　本	11.3	28.0	8.1
韩　国	8.2	0.8	5.9
中国台湾	6.9	−37.4	5.0

2017 年,普陀区出口排名前 5 位的国家和地区分别是:美国、日本、德国、澳大利亚和菲律宾,累计出口额 56.4 亿元,占出口总额的 45.2%(表 12.17)。

表 12.17　2017 年普陀区出口国家和地区分布情况

国家和地区	出口额/亿元	同比增长率/%	占比/%
美　国	26.8	14.6	21.5
日　本	18.0	15.8	14.4
德　国	4.2	24.8	3.4
澳大利亚	4.0	13.6	3.2
菲律宾	3.4	30.0	2.7

2. 外贸工作重点

2017 年,普陀区认真落实促进外贸回稳向好、加工贸易创新发展的系列政策措施,支持企业响应"一带一路"倡议、促进自身发展,推进落实"四个一百"促进外贸发展专项行动。协同海关和检验检疫部门完善跨境电子商务公共服务平台功能,推动跨境电子商务发展,提升西北保税物流中心能级。贯彻落实加快促进服务贸易发展行动计划,推动发展技术贸易,做好大数据、云计算和物联网等服务外包促进工作。

(1) 搭建信息沟通平台

维护好重点外贸企业和中小企业国际市场开拓外贸企业 2 个微信群,成为企业之间互相沟通、互相了解、互相帮助的平台,促进主管部门与外贸企业之间的联系与沟通,便于掌握企业的设想和打算。根据企业普遍关心和遇到的问题,结合普陀区的外贸发展特点制定相应的应对措施。

(2) 拓宽综合服务渠道

推进外贸企业与金融保险公司、国际会展公司等行业组织的联系与沟通,向外贸企业提供更多的金融产品,为外贸业务的开展保驾护航。通过会展公司提供的国际商贸信息、各类专业会展信息以及国家推行的"一带一路"沿线的商机，为外贸企业获取相关信息、拓展销售渠道提供便利。2017年，已有部分出口额较大的企业与中国出口信用保险公司取得联系，并购买了适合本企业的保险，大大减小了企业在经营业务中产生的损失。

(3) 加大政策宣传力度

鼓励企业积极参加国内外的各种展会、开拓国外市场，对于有品牌的企业商品，鼓励企业到国外进行商标注册。积极为企业做好扶持资金的申报工作，促进加工贸易的转型升级，优化产品结构。2017年，共审核通过了81家外贸企业的135个中小企业国际市场开拓资金项目，累计拨付金额达239.5万元。

（二）外资发展情况

1. 合同外资情况

2017年，普陀区审批新设立外资企业140家，同比增长20.7%；引进合同外资为13.9亿美元，同比下降6.2%。其中，新批项目合同外资6.2亿美元、增资8.2亿美元、减资0.5亿美元。合同外资1 000万美元以上的企业，金额合计为12.6亿美元，占合同外资总额的90.7%。

从新设立企业类型来看：合资企业23家，合同外资2.7亿美元；独资企业115家，合同外资3.5亿美元；股份制企业2家，合同外资0.02亿美元。

从企业投资的行业来看：二产类企业中合同外资为0.06亿美元。三产类企业合同外资为13.8亿美元，其中，信息传输、软件和信息技术服务业合同外资为6.7亿美元，占比为48.5%；批发和零售业合同外资为2.4亿美元，占比为17.5%；租赁和商务服务业合同外资为2.1亿美元，占比为15.0%；金融业合同外资为1.6亿美元，占比为11.8%(图12.12)。

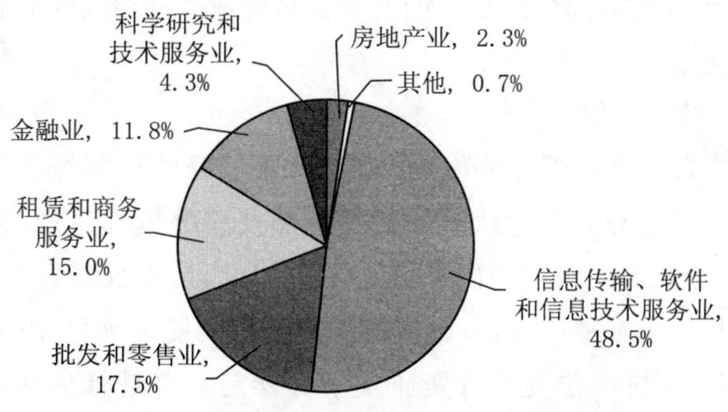

图12.12 2017年普陀区三产类企业合同外资情况

从投资国家和地区来看:共涉及投资国家和地区有 33 个,其中中国香港来普陀区投资的合同港资最多,为 10.3 亿美元,占比 73.8%;其次是投资性公司投资,合同外资达 0.9 亿美元,占比 6.7%;排名第 3 位的法国,合同外资达 0.7 亿美元,占比 5.3%(图 12.13)。

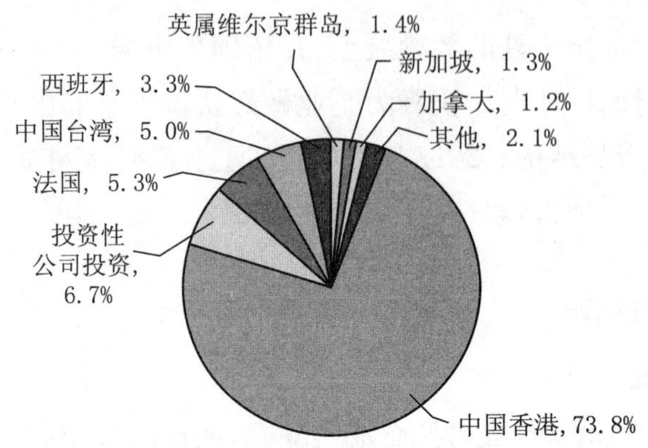

图 12.13　2017 年普陀区合同外资国家和地区分布

2. 实到外资情况

2017 年,普陀区实到外资达到了 8.6 亿美元,同比增长 2.3%。其中到位金额大于 1 000 万美元的企业累计合同外资 7.6 亿美元,占实到外资总额的 88.4%。

从企业类型来看,独资企业实到外资为 8.5 亿美元;合资企业实到外资为 0.05 亿美元;股份制企业实到外资为 0.1 亿美元。

从产业来看,第二产业的实到外资为 0.03 亿美元;第三产业的实到外资为 8.6 亿美元,占实到外资总额的 99.7%。第三产业中到位资金名列前 3 位的行业分别是信息传输、软件和信息技术服务业、批发和零售业、金融业。

从国别来看,涉及的国家和地区共有 19 个。其中,中国香港企业到位资本金 8.0 亿美元;新加坡企业到位资本金 0.2 亿美元;开曼群岛企业投资到位资本金 0.1 亿美元。

3. 外资工作重点

(1) 营造良好政策环境

一是编制促进普陀区总部经济发展政策,营造良好的总部经济发展环境。该政策适用对象除上海市商务委员会认定的各类总部及总部机构以外,也涵盖了未能符合市级总部标准,由普陀区认定的内外资地区总部;二是加强对存量企业的培育,持续通过政策引导和优化服务质量,鼓励资源向总部及功能性项目发展方向积极靠拢;三是响应“上海市关于进一步支持外资研发中心参与上海具有全球影响力的科技创新中心的若干意见”,加大对普陀区外资研发中心的扶持力度,并积极向上海联家超市有限公司、上海福满家便利有限公司等企业宣传总部及研发中心政策。

(2) 夯实招商工作网络

围绕普陀区确定的主导产业，通过开展市区联合推动，邀请了上海市商务委员会指导普陀区推动特色园区招商，打造良好的企业群生态，强化产业集聚效应；积极对接上海市外国投资促进中心、欧盟商会以及知名外资招商中介等机构，探索合适的合作形式，研究围绕普陀区产业导向，实施精准高效招商，吸引更多优质外资项目落地；通过主办“上海市外国投资促进中心驻海外代表普陀行”“驻沪领事馆及外国驻沪机构答谢会暨普陀区交流推介活动”“区纳税百强企业表彰会”等普陀区开展的各类投资促进活动为契机，与参会企业形成长效沟通机制；主动配合上海市商务委员会，做好“第十五届上海软件贸易发展论坛”的沟通与协调工作，并充分把握本次论坛契机，掌握人工智能、数字贸易、金融科技等领域的行业发展新趋势，主动对接优质企业、行业协会等。

(3) 拓展项目信息渠道

一是主办“外企之家”走进普陀区活动，活动邀请了上海市近 40 家知名外企代表走进普陀区，了解普陀区，有针对性地开展了投资环境和产业政策的宣传推介，进一步提升了区域在外资企业中的影响力，并借该次活动契机，建立与部分知名外企的沟通关系，参加该次活动的外企包括博世中国、通用汽车、巴斯夫、飞利浦照明、英特尔中国、华特迪士尼、GE、杜邦中国等；二是主办“并购金融”“智能制造”“互联网影视”等主题推介活动，将招商引资工作全程嵌入相关活动中，加强招商信息搜集和项目跟踪，并提高普陀区外向度；三是以主办“智创桃浦——国际企业家看普陀”“沪港数码电子创新创业企业对接交流会”等活动为契机，打通商会、中介机构招商渠道，并建立长效沟通机制，进一步拓宽项目信息渠道。

(4) 加强企业服务力度

普陀区一直秉承“服务是普陀的第一资源”的理念，始终为企业提供精准高效服务作为工作重点。建立了区领导、相关职能部门、各地区投资促进中心和楼宇(园区)综合服务站等全方位、多层级联系服务重点企业的长效机制。定期召开重点企业恳谈会，了解企业需求；组团服务，跨前服务，对重点项目主动送政策上门，鼓励企业不断做大做强。在普陀区行政服务中心特设外资企业接待窗口，全力为企业提供快捷便利、公开透明的服务，为普陀区外资企业的发展营造更优质的投资服务环境。

二、 2018 年普陀区国际经贸工作展望

2018 年，普陀区商务委员会将按照上海市委、市政府的要求，全力推进各项行动

措施的落实，全力打造更加优良的外资营商环境。

（一）加快发展对外贸易

对接首届中国国际进口博览会，做好接待保障工作；强化购物中心以及西北保税物流中心载体功能，拉动消费潜力；发挥有关贸易联盟的渠道作用，促进优质商品的引进，加快全区进口贸易发展。协同海关、原出入境检验检疫局等部门，优化贸易便利环境。做好区域监测站的管理工作，及时将上海市有关外贸方面有效的动态信息和实时监测数据，定期通过检测站告知相关外贸企业，让企业及时全面的掌握外贸形势的发展动向，便于企业根据形势的发展制定战略决策和调整应对措施，从而使普陀区外贸的发展，进一步成为推动区域经济结构调整、产业转型获得成功的源动力之一。同时，普陀区商务委员会作为行业管理部门，将落实优进优出战略引领专项行动计划。加强与重点外贸企业的联系沟通，积极搭建国际会展及信用保险等第三方服务平台，及时给予企业政策辅导和信息沟通，为企业在实际运营当中，创造一个良好透明的运营环境。落实"一带一路"倡议，支持具备条件的领域全产业链相关企业"走出去"，支持企业开展国际合作，强化跨国经营信息服务和境外投资风险防范。

（二）深入发掘培育外资总部

挖掘并锁定目标企业，实施精准服务，继续跟踪普陀区重点项目，促进在谈项目尽早落地。同时，加大对符合产业发展导向的外资企业的培育，加强总部企业政策宣传，促进总部企业在普陀区的集约集聚发展。加强对重点地区招商人员的政策培训，依托各重点地区，进一步深入挖掘具有总部潜力的企业，通过政策宣讲、培训交流、企业走访等形式加大宣传力度，促进以商引商，培育总部企业集群；加大力度促进投资型总部等项目的设立，延伸拓展运营、采购、分拨等总部功能，促进现有总部企业向更高层级的区域性总部功能发展。提升总部经济对区域经济的贡献度。

（三）全力打造一流营商环境

联合投资促进办公室、各重点地区，构建长效机制，通过例会等方式定期沟通区内重点企业、重点项目情况，分享招商引资经验及困难，及时会同各个重点地区及街道，做好走访及服务工作，增强企业的黏度，及时研究企业发展态势、阶段、规律，掌握项目情况，精准施策，助推企业做大做强。定期走访一批龙头型、领军型、成长型企业，如纳税百强、各类总部、企业技术中心、外贸进出口企业等。联手有关部门，深化企业服务直通车建设，进一步优化用户功能，集聚各部门服务资源，加快打造企业服

务一门式工作平台。继续落实外资企业备案制，切实加强事中事后监管。

（四）加大投资环境宣传力度

与上海市商务委员会驻海外办事处、商会、协会、专业机构等进一步完善招商协作关系，通过协同组织开展各类活动等，扩大普陀区的区域影响力，促进其成员单位来普陀区投资或开展经贸工作，提高招商网络有效性，吸引更多优质外资项目落地；发挥统筹协调作用，积极探索全区外资项目流转共享机制，促进信息资源充分利用，加快外资项目有效落地。发挥招商引资服务网络作用，深化与海外、上海市服务机构、普陀区内部门、重点地区、功能平台的招商协作关系，推动编制普陀投资环境白皮书，加大对区域投资环境的宣传推介，吸引行业龙头及细分领域隐形冠军上下游产业链企业的投资。抓住进口博览会在上海举办的契机，宣传普陀区投资环境，吸引优质外企入驻普陀区。

（五）促进外企稳步发展

一是建立政策信息发布制度。提高政策透明度，定期在普陀区商务委员会网站和微信公众号上发布外资、工商、海关等相关部门的政策法规，使企业及时了解政策变化。不定期举办政策培训会，组织有关专业部门现场为企业解答政策法规方面的疑问；二是完善与企业沟通机制。组织各类活动，进一步营造亲商、重商氛围，与重点企业保持热线联络，及时了解这些企业的发展动态，促进以商引商；三是组织外资企业做好年度运营情况网上联合申报工作。探索提高外资年度运营情况网上联合申报的参报率，发挥此项工作的作用，抓新批、增资企业的资金到位率以及每月外资报表的上报率，确保数据的准确性，加强外资各项数据的运行分析，为掌握外资企业运行状况奠定基础。

第七节　虹　口　区

一、 2017年虹口区国际经贸发展情况

（一）外贸发展情况

2017年，虹口区商务主管部门积极贯彻落实国家、上海市各项促进外贸发展政策，主动适应经济发展新常态，通过开展政策扶持，落实上海市商务委员会“四个一百”专项行动，加强与海关、原出入境检验检疫局协作，深化贸易便利化建设，创新开展“522”外贸专项工作等，有力推动了虹口区外贸进出口实现较快增长，对外贸易结构进一步优化，回稳向好态势逐步巩固。

1. 基本情况

2017 年，虹口区对外贸易发展总体良好，增速创十年新高。据海关数据显示，全区进出口总额达 317.2 亿元，同比增长 31.9%，增幅居上海市中心城区第一位。其中，进口额 213.8 亿元，同比增长 53.2%。权重商品、大宗商品增速明显，“一带一路”沿线国家和地区进出口贸易发展势头上涨明显。

(1) 大宗商品“量价齐升”

从商品结构看，国内经济稳中向好，带动大宗商品“量价齐升”。2017 年，虹口区矿产品进出口额达 44.0 亿元，占比 13.9%，同比增长 136.2%。其中，烟煤、铬矿砂及其精矿、矿物燃料(油)、矿砂(渣)分别增长 446.1%、191.6%、155.4%、131.0%。木及制品也保持较快增长，增幅达到 111.3%，占比 0.6%(图 12.14)。

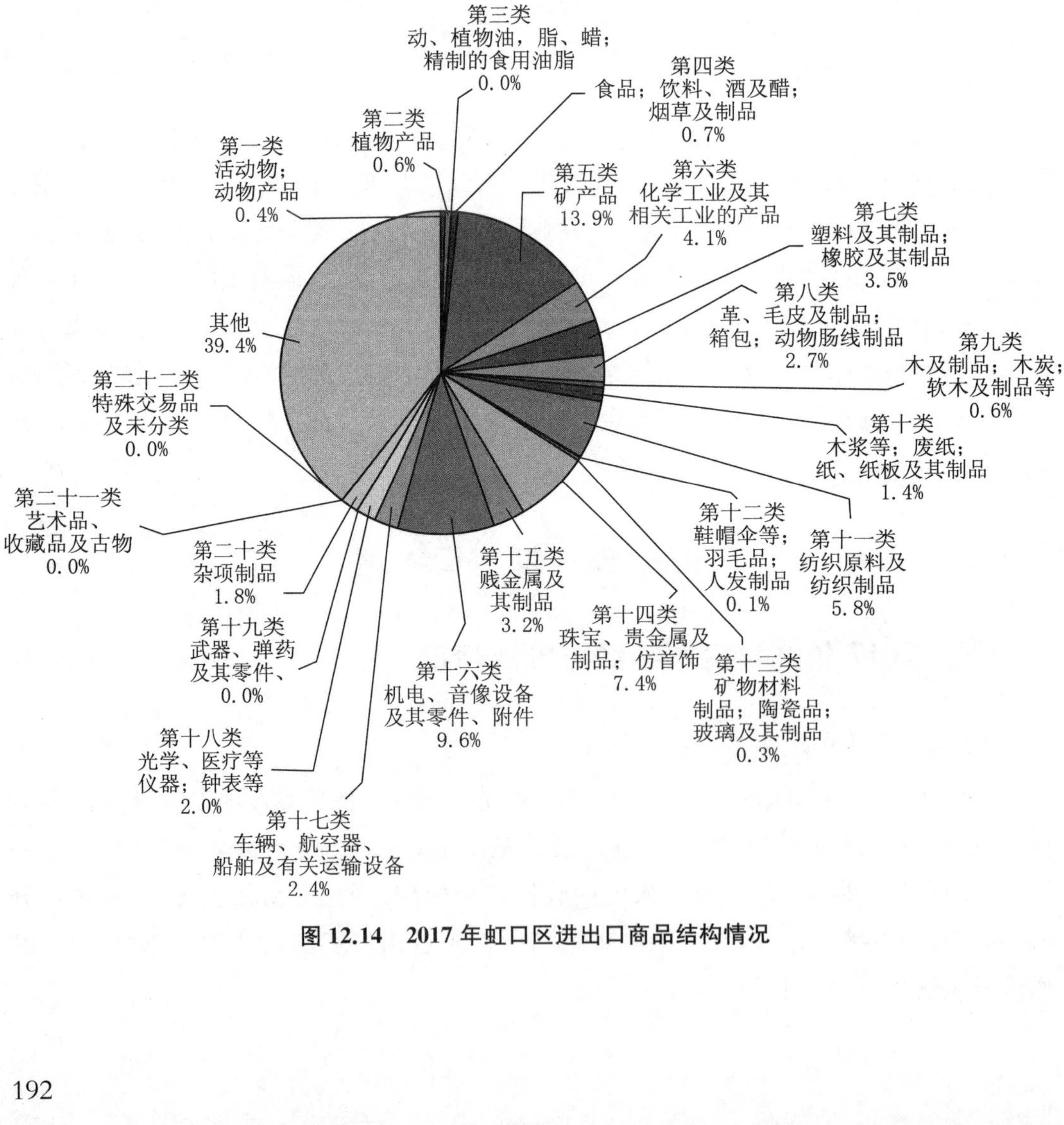

第三类 动、植物油，脂、蜡；精制的食用油脂 0.0%
第四类 食品；饮料、酒及醋；烟草及制品 0.7%
第二类 植物产品 0.6%
第一类 活动物；动物产品 0.4%
第五类 矿产品 13.9%
第六类 化学工业及其相关工业的产品 4.1%
第七类 塑料及其制品；橡胶及其制品 3.5%
第八类 革、毛皮及制品；箱包；动物肠线制品 2.7%
第九类 木及制品；木炭；软木及制品等 0.6%
第十类 木浆等；废纸；纸、纸板及其制品 1.4%
其他 39.4%
第二十二类 特殊交易品及未分类 0.0%
第二十一类 艺术品、收藏品及古物 0.0%
第二十类 杂项制品 1.8%
第十九类 武器、弹药及其零件、0.0%
第十八类 光学、医疗等仪器；钟表等 2.0%
第十七类 车辆、航空器、船舶及有关运输设备 2.4%
第十六类 机电、音像设备及其零件、附件 9.6%
第十五类 贱金属及其制品 3.2%
第十四类 珠宝、贵金属及制品；仿首饰 7.4%
第十三类 矿物材料制品；陶瓷品；玻璃及其制品 0.3%
第十二类 鞋帽伞等；羽毛品；人发制品 0.1%
第十一类 纺织原料及纺织制品 5.8%

图 12.14　2017 年虹口区进出口商品结构情况

（2）民营企业保持领涨主体地位

从经营主体看，受企业结构调整和动力转换影响，民营企业领涨，继续保持主体地位。2017 年，虹口区民营企业进出口 179.8 亿元，占全区总额 56.7%，同比增长 41.1%。国有企业进出口 81.7 亿元，同比降低 0.2%。外商独资类企业进出口 22.2 亿元，同比增长 35.9%。进出口额前 10 位企业分别为宝钢资源控股（上海）有限公司、上海国储天威仓储有限公司、上海市工艺品珠宝首饰进出口有限公司、上海中燃船舶燃料有限公司（保）、上海亚东盛进出口有限公司、上海贝优能实业有限公司、上海神源国际物流有限公司、上海申能燃料有限公司、上海粤翱国际贸易有限公司、上海蜜利国际贸易有限公司。

（3）保税贸易成为外贸新增长点

从贸易方式看，受国际市场回暖和保税区政策效应进一步显现影响，一般贸易出口回升，保税贸易成为新的经济增长点。2017 年，虹口区一般贸易进出口额 244.3 亿元，同比增长 27.3%。保税贸易进出口额 64.7 亿元，同比增长 62.6%（表 12.18）。

表 12.18　2017 年虹口区主要贸易方式进出口情况

贸易方式	出口额/亿元	同比增长率/%	进口额/亿元	同比增长率/%	进出口额/亿元	同比增长率/%
所有方式	103.4	2.5	213.8	53.3	317.2	32.0
一般贸易	81.9	1.9	162.4	45.6	244.3	27.3
来料加工装配贸易	0.2	−64.4	0.1	−52.9	0.3	−61.3
进料加工贸易	5.3	−4.4	1.4	13.8	6.7	−1.0
保税仓库进出境货物	15.2	10.1	49.5	90.6	64.7	62.6
其　他	0.1	−11.8	0.5	−18.6	0.6	−17.5

（4）“一带一路”沿线国家和地区进出口贸易实现全面增长

从国际市场看，受国家宏观战略影响，“一带一路”沿线国家和地区进出口贸易实现全面增长。2017 年，虹口区对亚洲、欧洲、拉丁美洲、大洋洲、非洲、北美洲的进出口增速分别为 12.6%、19.4%、176.2%、75.2%、112.0%、5.6%，虹口区对北美洲、欧洲、日本等传统市场进口分别增长 9.2%、22.0%、19.1%（图 12.15）。其中，从非洲、拉丁美洲等部分新兴市场进口呈现高速增长，对智利、俄罗斯、印度尼西亚、新加坡、印度等“一带一路”沿线国家和地区进出口分别同比增长 832.8%、79.4%、59.7%、44.7%、20.5%。

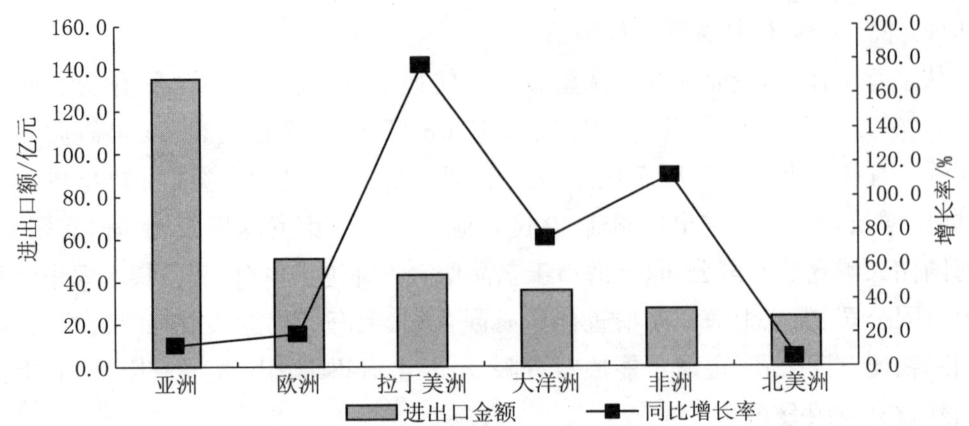

图 12.15 2017 年虹口区进出口国别情况

2. 外贸工作重点

2017 年,虹口区对外贸易呈现较好发展,与其他中心城区相比,进出口增速始终保持前列,主要开展以下三方面工作。

(1) 以“522”外贸专项工作来推进外贸转型升级

结合上海市商务委员会“四个一百”工作,创新工作模式,创新开展虹口区“522”外贸专项工作。在一千多家外贸运营企业中筛选出 50 家进出口规模企业、20 家自主品牌企业和 20 家新贸易企业作为重点培育、服务对象,通过与上海市商务委员会外贸发展处、上海海关驻杨浦监管站、原上海出入境检验检疫局虹口办事处、中国出口信用保险公司上海分公司等共同制定专项服务手册,为“522”重点服务企业提供对外贸易“绿色通道”、政策优先试点和优先支持等全方位服务,促进“522”企业率先实现外贸创新转型,带动全区对外贸易整体增长。2017 年,“522”企业中超过 60%企业进出口实现两位数增长,30%企业在品牌建设、市场开拓等方面取得突破性进展。

(2) 以落实外贸政策帮助企业降低成本

一是为区内 42 家中小外贸企业 86 个海外市场开拓项目提供总额 166.46 万元的项目资金支持;二是与原上海出入境检验检疫局虹口办事处合作,共推原产地签证无纸化申报试点和自贸协定政策指导服务,加快提升政策知晓度和应用范围,共签发自贸协定原产地证书近 4 000 份,签证金额约 1.3 亿元,为外贸企业减免进口国关税超 3 500 万元。

(3) 以深化业务合作助推企业更好发展

结合海关资信证明工作,加强走访了解虹口区外贸企业,及时掌握企业动态情况,做好重大项目的跟踪和支持。2017 年,为上海亚东国际货运有限公司申请上海市著名商标、唯凯国际物流股份有限公司上市筹划、上海医疗器械集团有限公司增发融资等提供高质效的海关资信数据支持。

（二）外资发展情况

1. 基本情况

2017 年，虹口区吸引合同外资项目数 110 个，同比增长 25%，完成全年指标数 100.0%；吸引合同金额 12.8 亿美元，同比增长 9.8%，完成全年指标数 110.5%；实到外资 8.9 亿美元，同比增长 11.3%；其中非房地产实到外资 8.2 亿美元，同比增长 37.0%，完成全年指标数 137.3%（表 12.19）。全区涉外三级税收累计 82.5 亿元，同比增长 59.4%，比重为 32.8%。非房地产开发经营业涉外三级税收 45.8 亿元，同比增长 23.2%，完成全年指标数 112.0%。新增跨国公司地区总部 2 家，完成全年指标数 200.0%。

表 12.19　2017 年虹口区利用外资情况

行　业	项目数		投资总额		合同外资		实到外资	
	个数/个	占比/%	金额/亿美元	占比/%	金额/亿美元	占比/%	金额/亿美元	占比/%
合　计	110	100	17.5	100	12.8	100	8.9	100
生产型项目	—	—	—	—	—	—	—	—
服务型项目	110	100	17.5	100	12.8	100	8.9	100

截至 2017 年底，虹口区已批准设立的中外合资企业、中外合作企业、外商独资企业共计 2 012 家，其中中外合资企业 491 家，中外合作企业 103 家，外商独资企业 1 418家。

2. 外资工作重点

（1）总部促进工作取得较好成效

通过与虹口区科学技术委员会、虹口区金融服务局、虹口区投资促进办公室、虹口区投资服务分中心等相关部门合作，主动跨前服务，做好外资总部政策解释与认定辅导、协调工作，虹口区总部促进工作取得较好成效。2017 年 4 月，上海维信荟智金融科技有限公司被认定为管理性跨国公司地区总部，该公司成立于 2008 年，注册资本 2.7 亿元，投资方是中国香港维信理财有限公司，被投资方授权对上海静安维信小额贷款有限公司、维仕担保有限公司等 5 家公司进行管理，主要承担运营中心、财务中心、研发中心、技术服务中心等总部职能。2017 年 11 月，上海中国远洋海运集团运港口投资有限公司被认定为投资性跨国公司地区总部，该公司成立于 1999 年 1 月，注册资本 1.5 亿美元，在中国设有 3 家合资公司，投资总额 12.0 亿元，其投资方中国远洋海运集团运港口有限公司是全球第一大的集装箱码头经营商。

（2）重点产业利用外资增速稳健

一是现代商贸业规模稳健增长。百丽系新设企业法迅服饰（上海）有限公司，注册资本 6 000 万港币，主要从事品牌服饰的进出口业务，进一步丰富旗下零售品牌数量；振戎重工股份有限公司为中国香港上市公司泰山石化集团有限公司下属企业，注册资本 1 亿元，主营船舶及海洋工程机械设备的开发和销售业务。

二是高端航运服务业品牌不断完善。新设诺唯真游轮船务（上海）有限公司，为全球领先的游轮运营商诺唯真游轮控股有限公司全资设立，拥有包括专为中国市场打造的喜悦号在内八大系列 16 艘游轮。2017 年，虹口区包括皇家加勒比游轮船务（中国）有限公司、歌诗达邮轮船务（上海）有限公司等邮轮产业业务总体呈两位数增长，现代航运服务体系建设水平进一步提升。

三是专业服务业利用外资结构优化。专业服务业重点企业中电国际新能源有限公司、中海码头发展有限公司 2017 年增资共 4.6 亿美元，占虹口区全年合同外资的 36.2%。其中中海码头发展有限公司作为集团主要投资平台，专业从事国内外码头的投资开发和经营管理，未来将继续拓展集装箱码头和综合性码头业务投资开发及经营。

（3）加强利用外资网络建设

“请进来”与“走出去”相结合，通过主动举办各类投资促进会议和积极参加海内外各类交流活动，进一步拓展利用外资渠道，加强利用外资网络建设。与上海市外商投资促进中心合作举办驻沪外国投资驻沪境外投资促进机构（SIPP）工作交流会议，“请进来”30 余家驻沪境外投资促进机构，就如何利用 SIPP 平台促成经贸合作开展讨论。举办瑞士 EMBA 学员团参观虹口滨江活动，介绍虹口区经济发展情况和北外滩重点项目情况。“走出去”参与中挪商务论坛、上海—柏林创新企业交流会、中捷旅游及投资研讨会、英国利物浦副市长代表团、2017 厦门国际投资贸易洽谈会等活动，在第 22 届澳门国际贸易投资展览会上设立“上海虹口”展馆，与挪威驻沪总领馆、旧金山市对华办公室、美国商会、德国工商大会、澳门工商界、葡语系国家经贸促进机构等建立初步联系。

二、 2018 年虹口区国际经贸工作展望

（一）外贸工作展望

2017 年，虹口区外贸进出口总体增速较快，但外贸结构不够平衡，进口额为出口

额的2倍；龙头企业数量较少且增长缓慢；外贸整体的人才和市场信息存在不足，整体抗风险能力较弱。针对这些问题，2018年拟从以下几个方面着手。

1. 大力挖掘培植外贸出口主体

一是要引进和培育外贸新主体，积极与虹口区投资促进办公室等招商部门紧密结合起来，引进贸易型功能机构，培育外贸综合服务平台，扶持一批有实力、有规模的领军出口企业，提高产品竞争力，不断扩大出口队伍，逐步形成虹口区外贸工作的特色和品牌；二是做好中小企业国际市场开拓资金、服务贸易等专项资金的申报工作，积极争取国际服务贸易特色产业发展市级扶持资金，鼓励外贸出口企业加快结构调整和发展方式转变，实施市场多元化战略，在巩固传统市场的基础上，积极创建独立品牌，"走出去"参会参展，大力开拓国际市场，在"一带一路"沿线国家和地区设立营销网络等，积极培育外贸竞争新优势。

2. 多策并举服务进出口企业

结合"大调研"活动，加大政策促进力度，精准化解决贸易企业难题。一是大力宣传鼓励进出口的各项优惠政策，定期召开最新外贸政策解读会，邀请上海市商务委员会、上海海关、原上海出入境检验检疫局等部门宣讲政策，和企业面对面交流，现场答疑解惑，让更多有扶持需求的企业吃透政策、用足用活政策，激发企业开拓国际市场的积极性；二是适时出台区级外贸扶持政策，制定并完善跨境电子商务、外贸平台企业发展扶持政策，鼓励外贸企业建设"海外仓"，完善供应链，加快转型升级；三是深入调研虹口进出口前50位的企业，了解企业需求，切实帮助企业解决在经营中遇到的困难与问题，引导其提高产品质量，自主研发设计，适应不断变化的国际市场需求；四是依托现有的功能性平台、海关数据资源和政策抓手，做好虹口区外贸进出口情况分析、监控和预警，对进出口波幅较大的企业实行重点监控和提前应对，确保虹口区外贸发展保持向好态势。

3. 积极搭建贸易便利化平台

深化虹口区"522"外贸专项工作，充分发挥海关、中国出口信用保险公司等对贸易的促进作用。一是进一步落实"一企一策"重点扶持内容，提高政府服务水平，努力优化区域营商"微环境"，为企业出口提供一个全面周到、快捷便利的服务环境；二是结合贸易便利化，配合上海海关业务核查审计工作，为区内贸易企业申报生产能力证明和业务清单开辟"绿色通道"，实现"即审即批"；三是进一步加强落实原产地证明政策。为区内外贸企业提供原产地证明专项指导服务，与检验检疫虹口办事处合作，推动原产地签证实现无纸化申报试点，有效加快签证速度。

（二）外资工作展望

1. 推进外资“区域营销”和“精准化”招商

结合北外滩地区的整体开发建设、四川北路中部地区的功能提升，依托高端楼宇项目，推进外资企业的“区域营销”和“精准化”招商工作。与北外滩地区白玉兰广场、星荟中心、星港国际中心，以及四川北路中部地区的金融街海伦中心等楼宇的运营商建立合作，结合楼宇招商的各项活动，做好外资企业专项政策和虹口区“10＋2”产业政策的宣传推广工作；继续深化与上海市外商投资促进中心、上海市外商投资协会、上海投资促进机构联席会议（SIPP）、上海美国商会等机构的联系与合作，探索开展关于“利用外资参与、推进北外滩地区建设和发展”主题的办公、商业楼宇项目招商推介会、研讨会等活动；进一步加强学习和研究，开拓国际化招商新思路，积极探索和推进“以商招商”“院校合作”“会展招商”等其他外资招商新模式，加强外资引进的实效性。

2. 力争引进和培育 1～2 家地区总部

“十三五”期间，虹口区引进跨国公司地区总部指标共有 5 家。目前已完成上海维信荟智金融科技有限公司和上海中远海运港口投资有限公司的认定工作。2018 年力争引进和培育 1～2 家地区总部或总部型机构。加强外资总部企业增量，与各招商分中心合作，开展招商人员政策专题培训会议，加强外资企业设立备案政策、跨国公司地区总部和总部型机构政策、外资研发中心参与科技创新中心建设政策的培训指导，广泛借助各招商分中心的力量，推进地区总部企业、总部型机构和具有总部特征的外资品牌企业的引进；加强外资存量企业培育，重新梳理排摸外资总部储备企业情况，开展专项走访，了解企业认定意愿，为有条件、有意愿的企业制定培育目标和培育方案，逐一突破各项总部企业认定问题。

3. 建立重点企业项目专项跟踪制度

以注册资本 200 万美元以上为标准，建立外资重大项目、重点企业数据库；建立与相关职能部门、各招商分中心和楼宇（园区）的定期联系制度；按照“谁引进谁负责”的原则，各相关部门和机构承担重大项目、重点企业的监控、跟踪服务，形成专人联系制度；结合常规工作，组织开展走访服务、组团服务、政策服务等，加强与外资企业高管人员的沟通，加强对企业问题和诉求的排摸，做好走访情况、需求问题的台账工作；根据实际需要不定期召开企业恳谈会，企业问题协调研究会议，为重点企业和重大项目的稳定发展提供保障。

4. 夯实外资各项基础性工作

进一步贯彻落实好外资备案各项要求，加强学习外资备案相关的产业政策，摸清"先照后证""先证后照"等涉及其他产业部门的许可制度，提高外资备案的便利性和服务的全面性；加强学习外资备案系统、外资月报系统的实际操作流程和运用，提升外资数据的统计分析水平，提高外资数据分析对外资招商、服务的指导作用；加强事中事后监管工作，探索突破外资工作相关部门的数据归集和互通，结合外资年报和监督检查工作，建立外资企业诚信数据库，推进外资企业信用体系建设。

第八节 杨 浦 区

一、 2017 年杨浦区国际经济贸易发展情况

（一）外贸发展情况

1. 基本情况

2017 年，杨浦区外贸进出口总额为 154.6 亿元，同比增长 29.7%，其中，海关进口总额为 78.4 亿元，同比增长 47.3%，占比为 50.7%；海关出口总额为 76.2 亿元，同比增长 15.4%，占比为 49.3%（图 12.16）。外贸进出口总额规模 1 亿元以上企业 26 家，规模千万元以上企业 128 家。出口订单增幅明显，出口方向主要为美国、东盟、日本、澳大利亚等地，进口保持持续增长，进口主要货物品类为机电音像设备、珠宝贵金属、塑料制品、矿产品、化学工业等。

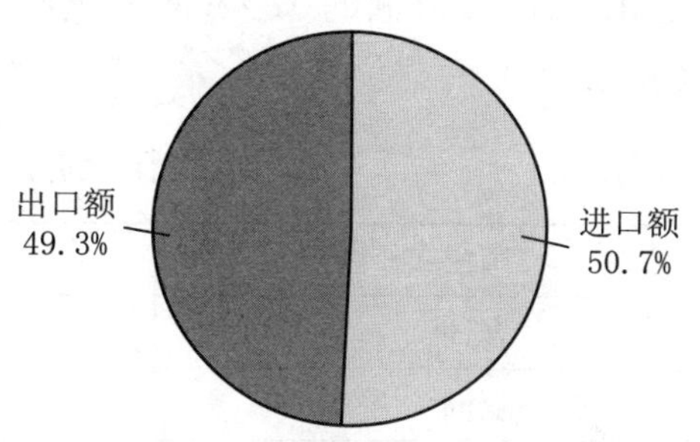

图 12.16　2017 年杨浦区外贸进出口总体情况

(1) 贸易方式持续优化

2017 年，杨浦区一般贸易进出口总额 122.8 亿元，同比增加 23.4%；加工贸易进出口总额 1.7 亿元，同比增加 38.4%；其他贸易进出口总额 30 亿元，同比增加 63.5%。一般贸易、加工贸易、其他贸易分别占比 79.5%、1.1%、19.4%，其他贸易所占比重小幅提升，表明杨浦区的贸易方式逐步呈现多元化，贸易结构正在进一步调整优化。

(2) 主要出口产品情况

2017 年，杨浦区主要出口商品产品结构仍以机电类产品和纺织制品类为主，两类合计占全区出口总额 62%（表 12.20）。

表 12.20 2017 年杨浦区主要出口商品

商品类型	出口额/亿元	占比/%
合计	68.4	100.0
纺织原料及纺织制品	24.8	36.2
机电、音像制品及其零部件	17.8	26.1
车辆、航空器、船舶	8.3	12.2
化学工业及其相关工业	4.8	7.1
杂项制品	3.4	5.0
贱金属及其制品	2.7	3.9
塑料及其制品	2.4	3.5

(3) 主要出口市场情况

2017 年,杨浦区的出口市场仍旧主要集中在亚洲、欧洲和北美洲等成熟市场。其中,向亚洲市场出口额为 33 亿元,占出口总额的 43.4%;向欧洲市场出口额为 13.7 亿元,占出口总额的 18%;向北美洲市场出口额为 11.6 亿元,占出口总额的 15.3%(表 12.21)。

表 12.21 2017 年杨浦区出口商品主要输往地

国家和地区	出口额/亿元	占比/%
合计	76.2	100.0
亚洲	33.0	43.4
其中:东盟	13.7	17.9
日本	4.8	6.3
韩国	3.9	5.2
欧洲	13.7	18.0
北美洲	11.6	15.3
其中:美国	11.0	14.5

2. 外贸工作重点

(1) 强化重点企业服务机制

2017 年,杨浦区协调海关、中国出口信用保险公司等部门和单位,深入走访重点外贸企业,了解企业发展过程中面临的问题,加强政策宣传和指导,同时支持企业积极申报中小企业国际市场开拓资金、服务外包专项资金等政策扶持。保持与海关、原出入境检验检疫局等部门的工作对接，为企业开展进出口业务提供具体服务和帮助，进一步优化杨浦区外贸发展环境。鼓励企业转型升级，围绕上海“四新”经济发展的总体要求，注重互联网思维，创新行业发展模式。开展“四个一百”专项行动，1家企业被列为上海市重点出口企业，4家企业被列为上海市百家自主品牌企业，5家企业被列为上海市百家新贸易企业。积极鼓励企业申报第一批上海市2017年度外经贸发展专项资金（中小企业国际市场开拓资金），拟同意对11家企业28个项目拨付资金。落实上海市商务委员会关于做好贸易便利化协定有关工作要求，组织10家企业填报贸易便利化企业调查问卷。每月做好对区内20家外贸样本企业的进出口调查监测统计工作。

（2）优化交流平台建设

搭建交流合作的平台，为区内外外贸企业提供互惠互利，推动贸易便利与安全，上海欧坚网络发展股份有限公司、众美联集团、新加坡劲升逻辑有限公司签订战略合作协议，将连接世界近40个国家海关、检验检疫、电子口岸等信息平台，将开展以跨境贸易为基础的，大数据单一窗口、国际物流与清关等全面合作，真正实现开放、合作、共赢。鼓励企业“走出去”“引进来”，引导企业通过新设、并购等形式，实现境外投资，拓展国际市场，支持企业引进高新技术，提高产品高附加值，增强国际市场的竞争力。鼓励外贸企业参加各类国内外展会，进一步促进内外贸易的联动发展，2017年有17家企业参加了第122届广交会，向世界展示了杨浦智造和杨浦品牌的竞争实力，提升了杨浦国际影响力。鼓励支持美囤妈妈（上海）电子商务有限公司等涉及跨境电子商务业务企业建设“海外仓”，携上海欧坚网络发展有限公司、众美联集团等意向建设保税仓库企业共同走访上粮五库。

（3）积极提升贸易便利工作效果

2017年，杨浦区新增服务外包注册企业6家，累计已达39家。目前共有1家上海市服务外包示范园区，1个服务外包专业园区，1家上海市服务贸易示范基地，2个软件出口（创新）园区，41家服务贸易重点企业。服务外包从业人员迅速增加。2017年易安信信息技术研发（上海）有限公司、易保网络技术（上海）有限公司、盟智软件（上海）有限公司等多家企业获得国家服务外包专项资金、进口贴息等政策扶持。召开了2017中国（上海）第十三届服务外包国际论坛暨服务外包展示交易会。推进服务贸易公共服务平台建设，上海欧坚网络发展有限公司作为上海最大的报关公司欣海报关旗下全资子公司，开创跨境零售2.0版新模式，打造“云贸通”一站式跨境供应链综合服务平台，形成跨境贸易平台线上无缝连接和线下跨境物流支持高效的整合，为跨境贸易、跨境电子商务提供便捷、规范、有效、多样化的通关服务。

（二）外资发展情况

1. 基本情况

2017 年，杨浦区聚焦重点区域、重点行业、重点企业以及总部型、龙头型、领军型项目，不断提高外资引资质量，同时提升外资企业服务水平，推进上海科技创新中心重要承载区的建设。全年合同利用外资 7.3 亿美元，其中，新引进项目 216 个，合同外资 5.0 亿美元，新设项目注册资金 1 000 万美元以上的企业 9 家，均属高新科技类和现代服务类；52 家外资企业增资，共增资 2.3 亿美元。实到外资 2.5 亿美元，同比增长 12.2%，在全市范围内涨幅居前（表 12.22）。

表 12.22 2017 年杨浦区吸引外资情况

外资性质	新批准项目数/个	合同外资（新设）/亿美元	实到外资/亿美元
合计	216	5.0	2.5
其中：合资	35	1.4	0.4
合作	—	—	—
独资	181	3.6	2.1

大项目效应明显，216 个新设项目中，1 000 万美元以上项目 9 个，合同利用外资 39 635.7 万美元，占新引进项目合同利用外资的 79.1%，占合同外资总额的 54.1%。截至 2017 年底，杨浦区累计批准三资企业 2 004 家，合同外资达 82.2 亿美元。其中，合资企业 491 家、合作企业 111 家、独资企业 1 402 家。

(1) 利用外资结构改善

2017 年，杨浦区 216 个新设项目中，咨询类、批发零售类项目依旧在数量上占绝对优势。咨询类项目共 81 个（专业技术咨询类 50 个），合同利用外资 3 661.9 万美元；批发零售类项目 39 个，合同利用外资 6 763.0 万美元。计算机与软件类项目共 37 个，合同利用外资 10 458.8 万美元，占新设企业合同外资总额 20.9%。技术研发类项目共 20 个，合同利用外资 6 175.1 万美元，占新设企业合同外资总额 12.3%。此外，专业服务类项目 13 个，设计类项目 8 个，餐饮管理类项目 16 个，房地产开发类项目 2 个。

(2) 港台地区是杨浦区主要投资来源地

2017 年，超过 50 个国家和地区的投资者来杨浦区投资，按投资额计算，投资杨浦区前 5 位国家和地区依次为中国香港、中国台湾、新加坡、美国、荷兰。其中，来自中国香港的有 67 个，占比 31.0%，合同利用港资 2.9 亿美元，占新设企业合同外资总额的 58.8%（表 12.23）。

表 12.23 2017 年杨浦区新设外商投资企业主要来源地

国家和地区	项目数/个	合同外资/万美元	占比/%
中国香港	67	29 454.4	58.8
新加坡	6	7 200.6	14.4
美　国	15	3 419.7	6.8
荷　兰	3	3 056.7	6.1
中国台湾	25	1 317.3	2.6
法　国	4	1 246.9	2.5
其他国家和地区	41	4 412.1	8.8

(3) 加大外资研发中心培育力度

2017 年，杨浦区积极引进和培育外资研发中心，李尔管理(上海)有限公司、上海欧尚信息技术研发有限公司、上海尚泰生物技术有限公司等 5 家企业经上海市商务委员会认定为研发中心，外资研发中心总数实现翻番，新增数位列全市第二。

二、 2018 年杨浦区国际经贸工作展望

(一) 外贸工作展望

1. 加快培育外贸转型升级竞争新优势

一是 2017 年全国双创活动周有幸落户杨浦区，国务院副总理张高丽出席并讲话。2018 年要以双创活动周为契机，继续营造双创氛围，培育双创文化，加大培育企业，激发整个杨浦创新动力，营造创新发展环境，创新发展方式，促进外贸企业与新型商业模式和贸易业态相融合，增强发展内生动力，增强企业创新能力，鼓励企业培育自主品牌，积极开拓国际市场，提升国际竞争力。

二是随着跨境电子商务规模不断扩大，其周围将会形成日益完善的产业链条，搭载会展、贸易、结算等外贸综合服务，将涌现更多的新服务模式，为杨浦区外贸转型升级注入新动力。促进外贸企业与跨境电子商务新业态和新模式相融合，帮助外贸企业打通线上线下，做通国内国外。推进“互联网+外贸”，重点培育上海欧坚网络发展有限公司、众美联集团、美囤妈妈(上海)电子商务有限公司等一批跨境电子商务企业，推动内外贸市场协调发展。

三是创新外贸发展模式，鼓励发展外贸公共服务平台，进一步丰富平台功能，扩

大平台的广度和深度，为中小外贸企业提供融资、物流、退税、报关、信息咨询、客户介绍、产品展示等多方面的服务，降低企业的经营成本，提高国内外竞争力。鼓励外贸企业积极与中国出口信用保险公司公共服务平台对接，破除壁垒、规避风险、扩大出口，为拓展海外市场保驾护航。利用杨浦高校资源丰富优势，鼓励外贸企业与复旦、同济、财大等高校和科研机构开展合作，打造产学研对接平台。

2. 积极拓展服务贸易发展新增长点

一是随着技术贸易体制改革，技术进出口合同和软件出口合同的审核权下放到区一级，目前杨浦区新的审批工作正在起步阶段，还处于过渡期，掌握的数据还不够全面，但是也能反映出一些特点。在工作中发现上报企业的数量虽不多，但是项目量非常大，往往一家企业会有多个甚至几十个技术项目，而且以技术出口为主，以软件技术项目类居多，这说明了杨浦区的先进技术集中在新兴产业，杨浦区企业是具有活力、创造力、生命力、竞争力的。下一步要推进落实“放管服”的要求，简化审批流程，更有针对性的为企业宣传技术贸易政策，鼓励企业自主创新，提高技术贸易的数量与质量，推动产业升级。

二是服务外包是杨浦区的一个特色，三类服务外包业务中信息技术外包占据绝对优势，呈现信息技术外包高速发展、业务流程外包和知识流程外包稳步发展的态势，2018 年要继续以创智天地、财大科技园服务外包专业园区为重点区域，鼓励更多优质、有国际影响力的企业入驻，吸引产业上下游的企业，形成规模化产业集群，带动整个产业链的发展，使服务外包集聚效应辐射全市乃至整个长三角。

3. 鼓励金融服务业走出去

特别是到“一带一路”沿线国家和地区开展业务，提升金融服务水平，鼓励为外贸企业转型升级提供多样化融资服务，加强对中小型外贸企业融资担保服务，为跨国经营提供融资支持，着力解决企业融资难、融资贵等问题。

（二）外资工作展望

1. 充分发挥杨浦“三区一基地”外资引进的新机遇

一是广撒网，积极开展境内外推介。2018 年，将加大力度，“走出去”和“引进来”相结合，建立区域性外资促进联动机制，加强项目信息对接，主攻英国、德国两国企业，通过市外国投资促进中心伦敦办事处及中德中小企业创新中心、德国工商大会等资源吸引境外企业、经济组织到杨浦实地考察交流。另外，通过牵头组织，参加市、区两级公务出访等方式，在英国、荷兰、德国、法国、南非等地作杨浦专题推介。

二是依托专业机构，开展精准招商。结合杨浦区《促进人工智能和大数据产业发展的若干意见》《关于促进总部经济发展的若干政策规定》等政策文件，依托德勤、普华永道等市场专业机构，深入研究分析和发现投资项目和机会，精准定位杨浦下阶段外资招商产业和企业，制定精准招商对象名录。

三是部门联动，加大重点外资企业培育力度。通过杨浦区外资工作例会，形成职能部门、户管单位、商务载体联动的招商工作合力。同时，部门联动开展区域营销，在滨江、铁狮门项目、湾谷科技园等区域形成重点外资企业或相关产业集聚区，发挥虹吸效应，促进以外引外。加强与外汇、海关等市级职能部门对接，将总部和研发中心优惠政策落实到具体操作环节，加大政策吸引力。建立 2018 年总部及研发中心项目推进情况表，专人落实，跟踪服务。

2. 通过“放管服”着力优化外资营商环境

一是在“放”方面，要争取市区联动，将上海自贸试验区可复制、可推广的政策尽快在杨浦区落地。着重推进外资经营性教育培训和职业培训业务在杨浦开展，通过已入驻的德国巴伐利亚培训中心和在谈的一些国际知名培训集团等项目结合杨浦科教资源优势形成高端、专业培训产业。

二是在“管”方面，将完善与市场监管、税务、海关、外汇等部门的协同监管和信息共享工作机制，加强与相关监管部门的管理联动，开展联合检查、综合执法和联合惩戒，形成监管合力。要充分发挥外资企业联合年报和外资企业备案检查两块职能作用，通过联合年报平台了解企业生产经营状况，掌握重点外资企业发展信息，及时发现并引导成长性较好的外资企业发展成为地区总部或研发中心。在备案检查方面，通过随机抽查和定向抽查加强检查力度，简政放权的同时，也要确保“管”能跟上。

三是在“服”方面，要提升能力，创新方式，提供精准服务。要加强培训，提升一线外资招商服务人员专业素养和能力。要加强政策梳理，为总部、研发、投资、贸易等不同需求企业制定政策清单，便于企业了解和申请。进一步推进外资协会的工作，充分发挥协会集聚企业、互动交流、服务企业的功能，定期组织外汇、海关、税务、人保等外资相关职能部门集中解答外资企业所反映的问题，邀请银行、律师事务所、会计事务所为企业提供专业服务。

第九节 宝 山 区

一、2017 年宝山区国际经济贸易发展情况

（一）外贸发展情况

2017 年，宝山区企业实现进出口总额 722.6 亿元，比上年同期增长 37.8%。其

中，出口总额 264.5 亿元，较上年增长 20.0%，占比 36.6%；进口总额 458.1 亿元，较上年增长 50.7%，占比 63.4%(图 12.17)。

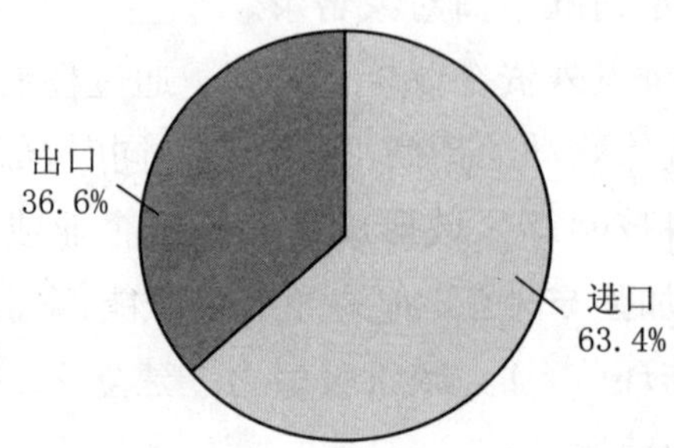

图 12.17 2017 年宝山区外贸进出口总体情况

1. 出口以一般贸易方式为主

2017 年，宝山区一般贸易方式出口额为 237.1 亿元，同比增长 18.9%，占出口总额的 89.6%；加工贸易出口额为 10.9 亿元，同比增长 69.6%(表 12.24)。

表 12.24 2017 年宝山区货物进出口贸易方式情况

贸易方式	进口额/亿元	同比增长率/%	出口额/亿元	同比增长率/%
总　额	458.1	50.7	264.5	20.0
一般贸易	441.2	52.0	237.1	18.9
加工贸易	10.8	69.6	19.6	32.9
其他贸易	6.1	−16.6	7.8	23.0

2. 外资和民营企业保持稳定增长

2017 年，宝山区外资企业和民营企业出口额分别为 92.9 亿元和 69.7 亿元，同比增长 44.6%和 29.5%；国有企业实现小幅增长，增幅为 3.4%(表 12.25)。

表 12.25 2017 年宝山区货物进出口企业性质

企业性质	进口额/亿元	同比增长率/%	出口额/亿元	同比增长率/%
总　计	458.1	50.7	264.5	20.0
国有企业	293.2	50.8	100.7	3.4
外资企业	111.0	56.4	69.7	29.5
民营企业	53.2	40.5	92.9	44.6

3. 商品结构持续优化

2017 年，宝山区机电产品和高新技术产品进出口额分别为 164.1 亿元和 40.5 亿元，同比增长 31.4%和 34.6%。高新技术产品进口主要商品为计算机集成制造技术，占进口总额的 77.7%；出口主要商品为材料技术、计算机与通信技术、计算机集成制造技术，分别占出口总额的 30.7%、26.9%、23.0%（表 12.26、表 12.27）。

表 12.26　2017 年宝山区主要出口商品

商品类型/名称	出口额/亿元	同比增长率/%
钢材	86.1	10.45
集装箱	29.5	317.3
钢铁或铝制结构体及其部件	7.5	−29.7
纺织纱线、织物及制品	5.2	46.5
冷冻机和制冷设备	4.9	−0.54
服装及衣着附件	4.2	30.2
家具及其零件	3.7	13.6
机械提升搬运装卸设备及零件	3.4	−5.8
通断保护电路装置及零件	3.3	10.5
塑料制品	2.6	4.5

表 12.27　2017 年宝山区主要进口商品

商品类型/名称	进口额/亿元	同比增长率/%
铁矿砂及其精矿	239.1	53.1
煤	56.4	127.0
钢材	22.5	10.9
锯材	10.9	44.8
原木	5.3	32.5
计量检测分析自控仪器及器具	4.9	46.8
铁合金	4.6	−4.5
静止式变流器	3.6	110.0
合成橡胶（包括胶乳）	2.3	379.9
通断保护电路装置及零件	2.3	6.7

4. 钢材出口快速增长

2017 年，宝山区钢铁去产能取得成效，钢材价格呈恢复性上涨，促进了宝山区钢材进出口的快速增长。全年钢材出口额为 86.1 亿元，同比增长 10.4%，占比达 46.8%。

5. 集装箱和汽车出口增长迅猛

全球集装箱市场需求旺盛，原材料价格上涨带动集装箱出口价格提升，宝山区中集宝伟、太平货柜两家主要出口集装箱的企业通过整体改造水性漆生产线带动出口增长。2017 年，宝山区汽车(包括零件和整套散件)出口额 2.2 亿元，同比增长 1.1 倍。

6. 大宗商品量价齐升

国内钢价回暖和钢铁产量增加，为铁矿砂进口生产需求提供空间。2017 年，宝山区居首位的铁矿砂进口 239.1 亿元，增长 53.1%，占比 61.6%；煤、橡胶、锯材等大宗商品分别同比增长 1.3 倍、5.2 倍和 44.8%。

7. 开拓"一带一路"市场成效显著

2017 年，宝山区企业响应国家倡议，拓展"一带一路"沿线市场成效显著，对"一带一路"沿线国家进出口实现增长，进出口额达 130.5 亿元，同比增长 19.0%。宝山区上海宝冶集团、中国五冶集团等冶建企业纷纷参与"一带一路"工程建设，加快海外市场的开拓。主要出口市场保持稳定增长，对美国、东盟、欧盟等主要市场出口分别增长 59.1%、7.7%和 16.3%(表 12.28、表 12.29)。

表 12.28　2017 年宝山区出口商品主要输往地

国家和地区	出口额/亿元	同比增长率/%
美　国	52.4	59.1
东　盟	43.0	7.7
欧　盟	27.6	16.3
印　度	17.8	23.4
韩　国	17.6	−6.1
日　本	17.5	22.3
中国香港	12.0	113.6
中国台湾	6.0	23.2
墨西哥	5.8	26.0
俄罗斯	5.4	24.0

表 12.29　2017 年宝山区进口商品主要来源地

国家和地区	进口额/亿元	同比增长率/%
澳大利亚	179.1	56.3
巴　西	92.6	80.3
日　本	56.5	27.6
欧　盟	33.2	32.9
美　国	20.1	88.6
东　盟	19.0	58.6
加拿大	14.5	27.4
中国台湾	4.4	32.1
南　非	3.7	−24.4
韩　国	3.5	41.5

8. 进口食品综合服务基地加快建设

2017 年，宝山区加快上海国际酒类贸易中心进口食品仓储基地建设，打造一个全新的、可示范的进口食品贸易模式，扩大宝山区进口食品规模，促进仓储企业向进口食品供应链综合服务企业转变。宝山区吴淞口国际邮轮港发展有限公司、上海中商兴盛酒类仓储配送有限公司等 4 家企业被列入全市百家新贸易企业。

9. 邮轮船供贸易加快发展

2017 年，宝山区成功重启供邮轮国际货柜过境直供作业，为 302 标箱进出口保税船供提供快速验放，价值 9 920 万元，总重 2 071.3 吨；本地采购货值人民币 3.7 亿元，共计 2.7 万吨。

（二）外资发展情况

2017 年，宝山区批准外商投资项目 358 个(其中新批 310 个，增资 48 个)，同比增长 98.9%。全年吸收合同外资 12.9 亿美元(其中新批 11.0 亿美元，增资 1.9 亿美元)，同比增长 199.8%；实到外资 2.1 亿美元，同比下降 8.0%(表 12.30)。外资企业对区域贡献度不断提升，全年税收总额 63.6 亿元，同比增长 77.1%。

表 12.30　2017 年宝山区吸收外资统计

外资性质	合同外资		实到外资	
	金额/亿美元	同比增长率/%	金额/亿美元	同比增长率/%
合　计	12.9	199.8	2.2	−8.0
其中:合资	0.5	−40.4	0.5	523.4
合作	0.8	—	0	—
独资	11.6	232.1	1.7	−29.2

1. 外资项目数增长较快

2017 年,宝山区外资项目数量共 358 个(新批 310 个,增资 48 个),同比增长 98.9%。以新批外资项目为主体,2017 年宝山区新批外资项目 310 个,增资项目 48 个,新批项目合同外资为 11.0 亿美元,增资项目合同外资为 1.9 亿美元。

2. 服务业占主导地位

2017 年,宝山区共批准第三产业外资项目 334 个,同比增长 107.5%,占总项目数的 93.3%;合同外资 12.6 亿美元,同比增长 268.1%,占总合同外资的 97.7%(表 12.31)。主要涉及货币金融服务、商务服务业、交通运输、仓储和邮政业、批发业等。

表 12.31　2017 年宝山区吸收外资产业分布

产业类型	项目数		合同外资			
	新批/个	增资/个	新批/亿美元	增资/亿美元	合计/亿美元	同比增长率/%
第一产业	0	0	0	0	0	0
第二产业	14	10	0.1	0.2	0.3	−66.0
第三产业	296	38	10.9	1.7	12.6	268.1

3. 投资来源地以东盟和港澳地区为主

2017 年,投资来源地为东盟的项目共 26 个,合同外资 7.7 亿美元;投资来源地为港澳的项目共 101 个,合同外资 3.8 亿美元(表 12.32)。

表 12.32　2017 年宝山区吸收外资主要来源地

国家和地区	项目数			合同外资	
	新批/个	增资/个	占比/%	金额/亿美元	占比/%
东　盟	24	2	7.3	7.7	59.4
中国港澳	81	20	28.2	3.8	29.3

续表

国家和地区	项目数			合同外资	
	新批/个	增资/个	占比/%	金额/亿美元	占比/%
日　韩	41	6	13.1	0.6	4.4
欧　洲	37	6	12	0.2	1.3
中国台湾	42	1	12	0.1	1.1

4. 外资能级不断提升

2017年，世界500强JFE钢铁公司、雅玛多控股集团、英美烟草集团投资宝山区，分别成立或投资上海宝武杰富意清洁铁粉有限公司、雅玛多(中国)运输有限公司、上海遨问创业投资有限公司，覆盖制造业、物流运输和创投领域。地中海邮轮船务(上海)有限公司、上海嘉邮宏船务服务有限公司、中船瓦锡兰电气自动化(上海)有限公司、戎美邮轮科技发展(上海)有限公司等邮轮产业链外资企业落户宝山，覆盖邮轮代理、运营、船供、电气自动化、技术支持、内装研发等。

5. 功能性项目逐步集聚

2017年，上海飞凯光电材料股份有限公司和上海科勤电子科技有限公司被认定为上海市外资研发中心。地中海邮轮(MSC Cruise)在国内设立的2家船舶管理和船务管理公司均落户宝山，并获得地区总部功能。

6. 对区域贡献度不断提升

2017年，宝山区外资企业对区域贡献度不断提升，营业收入677亿元，同比增长18.6%；税收总额63.7亿元，同比增长77.1%(表12.33)。

表12.33　2017年宝山区外商投资企业经营情况

统计项目/单位	2017年	2016年	同比增长率/%
企业总数/户	1 356	1 219	11.8
投产企业数/户	663	673	−2.0
营业(销售)收入/亿元	676.9	570.5	18.6
税金总额/亿元	63.6	35.9	77.1
利润总额/亿元	48.7	23.2	109.2
从业人数/人	62 404	60 033	3.9
其中:中方人员/人	59 528	56 519	5.3
从业人员薪金总额/亿元	49.5	46.1	7.4
其中:中方人员/亿元	45.3	41.1	10.4

（三）外经发展情况

2017年，宝山区企业经核准赴境外新设立企业13家，并购3家，增资项目3个，投资总额4.7亿美元。投资主体主要为民营企业，投资国家和地区主要为印度尼西亚、澳大利亚、中国香港等。

二、2018年宝山区国际经贸工作展望

（一）外贸工作展望

1. 持续推进外贸稳规模促转型

一是引导和鼓励企业转型，提升外贸竞争新优势。推进产品结构优化，高新技术产品和机电产品进出口额保持平稳增长；加快培育以技术、品牌、质量、服务为核心的外贸竞争新优势，支持企业扩大先进技术和设备、关键零部件产品进口，引导和支持宝山区外贸企业开展出口自主品牌建设、境外商标注册、管理体系认证、专利注册、外贸产品创新和研发设计、推动产业链向高端延伸，切实提升产品质量和效益。

二是培育和引进新贸易企业，提升外贸发展新动能。依托国内外重大展会平台，拓展新市场，引进新企业。推荐和组织宝山区线上线下企业参加2018年首届进口博览会、中国进出口商品交易会、中国国际技术进出口交易会等国内外知名展会，与各国参展商、采购商开展对接，帮助企业拓展市场，加强与全球多个国家、国内多个省市合作交流与对接，吸引新贸易企业入驻；借论坛平台，宣传宝山区招商政策，开展招商活动；协助推进上海邮轮物资配送中心、上海国际酒类贸易中心进口食品仓储物流基地项目建设，加快邮轮船供、邮轮维修设计、进口食品仓储基地等外贸新模式、新业态发展；重点关注和培育宝山区重点进出口企业、新贸易企业和自主品牌企业，不断提升宝山区外贸整体实力和核心竞争力。

三是优化外贸发展环境，提升贸易便利化水平。健全服务企业机制。加强统筹协调，建立与上海市和各区的上下沟通机制，与海关、财政、税务、外汇、银行、中国出口信用保险公司等的部门协作机制，完善与街镇、园区的联系工作机制，优化外贸政策措施和推进机制，及时协调研究解决企业遇到的困难和问题，形成市、区、各部门合力推动外贸发展的良好工作格局。对接国际高标准规则，加快贸易监管制度创新。联合海关、原出入境检验检疫局等部门，深化上海自贸试验区改革试点经验复制推广，开展改革检验检疫监管模式试点，提升贸易便利化水平。积极开展大调研活动。贯彻执行《关于在全区开展“不忘初心、牢记使命、勇当新时代排头兵、先行者”大调

研》要求，坚持需求导向、问题导向、效果导向，采取问卷调查、联合调研、座谈会等多种形式深入了解和解决宝山区外贸企业经营中的难点、痛点、堵点，形成措施清单，巩固大调研成果。加强政策宣传培训、指导和服务工作。联合海关、中国出口信用保险公司等部门，组织开展政策宣传培训，及时发布政策法规、展会信息、行业资讯等信息。优化外贸审批事项工作流程和缩短办理时限，做好中小企业开拓国际市场资金申报审批、外商投资先进技术企业产品出口企业考核、加工贸易企业经营状况及生产能力证明核查、离岸服务外包合同登记、技术进出口合同（含软件出口合同）登记等事项的咨询、业务培训、审批服务和统计、总结、考核评估工作。

2. 加快服务贸易和货物贸易协同发展

一是加强市区联动，打造邮轮旅游服务贸易特色示范区。积极与上海市商务委员会等相关部门对接，争取政策支持，推进吴淞口国际邮轮港旅游服务贸易示范基地建设；探索研究邮轮经济（服务贸易）的统计框架和实施路径以及功能政策课题，全面反映邮轮发展情况和发展趋势，基本摸清全区从事服务贸易企业基本情况，推动宝山区服务贸易发展；协调推进落实《上海市服务贸易创新发展试点实施方案》涉及邮轮旅游服务贸易发展的工作任务。

二是筹备成立上海邮轮供应协会，加快邮轮船供贸易发展。积极与上海市商务委员会、上海市社会团体管理局对接，配合协会发起单位做好上海邮轮供应协会各项筹备成立相关工作，进一步规范和促进邮轮船供服务业，建立行业标准、加强行业自律、整合集聚资源、优化邮轮供应产业结构、管控供邮轮食品安全风险，做大做强邮轮船供业。

3. 积极参与“一带一路”桥头堡建设

一是聚焦贸易畅通，发挥宝山区作用。贯彻落实《上海服务国家“一带一路”倡议发展桥头堡作用行动方案》的重要部署，主动对接上海市商务委员会《聚焦贸易畅通，推进服务“一带一路”桥头堡建设实施方案》相关工作任务，在宝山区服务国家“一带一路”倡议中发挥作用。

二是优化经贸环境，推动经贸合作。联合海关、税务等部门，创新监管制度，构建与“一带一路”沿线国家和地区更加便捷通畅的经贸环境，推动宝山区更多的企业参与沿线投资合作。

三是发挥企业优势，加快走出去步伐。发挥宝山区邮轮经济发展优势，配合相关部门加强与行业协会、邮轮相关企业等进行与“一带一路”沿线国家政府、行业协会、邮轮相关企业等进行有效的对接，探索邮轮经济领域合作，推动邮轮产业发展。发挥宝山区大型央企多和工程建设类企业多的优势，支持中国五冶集团、上海宝冶集团、中国二十冶集团、宝钢工程技术集团等企业积极开拓“一带一路”沿线国家工程建设；支持宝山区外贸企业与“一带一路”沿线国家开展贸易往来，扩大出口；支持宝山区企业利用电子商务开展与沿线国家进出口业务，在沿线国家设立海外仓，扩大“一带一路”沿线国家特色商品、消费品进口；鼓励和支持宝山区企业参加“一带一路”沿线国家展会。通过不断深化与沿线国家和地区经贸合作带动宝山区装备、材料、产品、标准、技术和服务“走出去”，促进宝山区经济增长。

（二）外资工作展望

2018 年，宝山区外资工作将以积极对接进口博览会为契机，聚焦开放发展新理念；以宝山区“1＋4＋4”产业体系为抓手，着力推进吸引外资提质增效，促进新项目早签约早落地早竣工；以优化营商环境为根本，服务好存量外资企业，推动企业增资扩股。合同外资全年计划目标 4 亿美元，合同外资 2 亿美元，新增地区总部或研发中心 2 个。

1. 着力营造良好营商环境

不断加大外商投资便利度，按下“快进键”，跑出“加速度”，积极推行行政许可网上办理，对接“一网通办”，缩短办理时限，让“数据多跑路、群众少跑腿”，降低企业办事成本。

2. 推进外资企业提升能级

以“不忘初心、牢记使命”大调研活动为突破口，梳理拟推进总部和研发中心名单，针对企业研发创新能力提升以及未来发展计划等进行针对性走访，宣传外资产业政策，鼓励企业提升能级，并对接企业诉求，加强指导服务。

3. 加强对镇园区的服务和协作

结合镇园区的区域规划和产业发展定位，多形式、有针对性地开展招商引资工作。牵头协调解决基层在外资招商和项目推进过程中的相关问题，与相关镇、园区和部门共同推进优质外资项目落地。

4. 积极宣传推介宝山区

参与各类投资促进活动，发放宝山区宣传材料，推介宝山区投资环境、产业政策，通过多层级多渠道媒介载体开展宣传推广，不断提升宝山区国际知名度。

5. 拓展外资招商渠道

加强与上海市商务委员会、上海市外国投资促进中心、驻沪领馆、商会等专业招商机构的联系与沟通，拓展招商引资朋友圈。重点抓住进口博览会机遇，着力放大带动效应和溢出效应，开展有针对性的投资促进工作。

第十节 闵 行 区

一、 2017年闵行区国际经贸发展情况

（一）外贸发展情况

1. 基本情况

2017年，闵行区外贸进出口继续保持稳步上涨的势头，实现外贸进出口总额为1 980.5亿元，同比增长9.0%，其中进口额947.1亿元，同比增长11.8%，占比47.8%；出口额1 033.4亿元，同比增长6.7%，占比52.2%（表12.34、图12.18）。闵行区在全市16个区的进出口排名中名列前茅，出口总额排名第3位，进口总额排名第2位，进出口总额排名第3位。主要呈如下特点。

表12.34 2017年闵行区进出口情况

进出口类别	金额/亿元	同比增长率/%
进口	947.1	11.8
出口	1 033.4	6.7
进出口	1 980.5	9.0

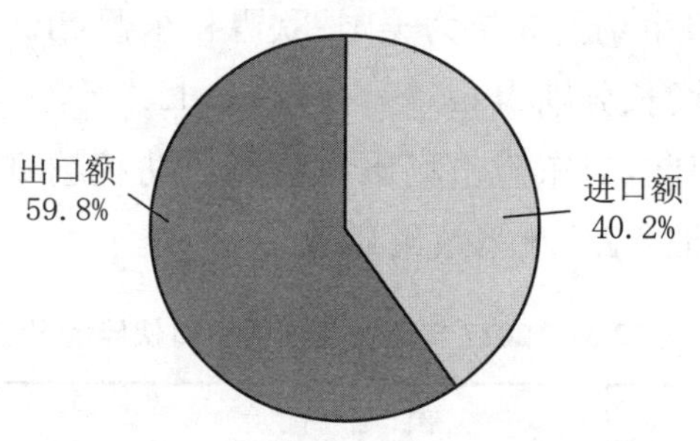

图12.18 2017年闵行区外贸进出口总体情况

(1) 内资企业凸显活力

2017年，闵行区外资企业进口增长好于出口增长，进口增长率为11.1%，出口增长率为3.7%。其中，国有企业外贸进口、出口均呈二位数增长，进口增长率为15.1%，出口增长率为18.2%；民营企业出口增长率高于进口增长，出口增长率为11.0%，进口增长率为6.4%（表12.35）。外资及民营企业成为闵行区出口的主力军。

表 12.35 2017 年闵行区外贸进出口情况

企业类型/全区	进口增长率/%	出口增长率/%
全　区	11.1	3.7
国有企业	15.1	18.2
民营企业	6.4	11.0

(2) 加工贸易进出口保持小幅上升

2017 年，闵行区一般贸易出口额 448.0 亿元，同比增长 9.1%，进口额 504.8 亿元，同比增长 16.0%；加工贸易出口额 567.2 亿元，同比增长 4.7%，进口额 400.5 亿元，同比增长 7.0%(表 12.36)。加工贸易虽在整个进出口额中占将近一半，但其中来料加工持续性下降明显，其他贸易出口比重上升明显。显示出闵行区低成本加工贸易市场萎缩，一般贸易地位逐步上升。

表 12.36 2017 年闵行区不同贸易方式进出口情况

贸易方式	出口额/亿元	同比增长率/%	进口额/亿元	同比增长率/%
一般贸易	448.0	9.1	504.8	16.0
加工贸易	567.2	4.7	400.5	7.0

(3) “一带一路”市场持续发力

2017 年，闵行区出口市场前 3 位为美国、欧盟和东盟，出口额分别为 247.8 亿元、159.2 亿元、138.8 亿元，增长分别为 6.5%、2.5%和 12.3%，三者合计占全区出口总额的 52.8%(表 12.37)。当前，对东盟市场出口已经成功超越日本市场出口，成为闵行区第三大出口市场，“一带一路”政策效果显著。

表 12.37 2017 年闵行区主要出口伙伴情况

国家和地区	出口额/亿元	同比增长率/%
美国	247.8	6.5
欧盟	159.2	2.5
东盟	138.8	12.3

(4) 重点企业出口回升

2017 年，闵行区出口前 20 家企业占全区出口总额一半以上，英华达(上海)科技有限公司、晟碟半导体(上海)有限公司、英业达科技有限公司、上海索广电子有限公司、奥特斯(中国)有限公司、雅马哈发动机(中国)有限公司、上海富士施乐有限公司、博朗(上海)有限公司 8 家是累计出口超过 10 亿元的重点企业。其中,英华达(上海)科技有限公司在产业转移调整后,出口额达到了 47.6%的增长。

(5) 对外投资行业结构持续优化

2017 年,闵行区企业共对全球 9 个国家和地区的 29 家境外企业进行了非金融类直接投资,累计投资额 4 227 万美元。2016 年,闵行区企业境外投资项目主要以房地产业为主。2017 年,对外投资放缓,行业结构持续优化,对外投资主要流向租赁和制造业、批发和零售业以及信息传输、软件和信息技术服务业。

2. 外贸工作重点

(1) 发掘外贸发展新动力

一是关注漕河泾出口加工区园区转型发展,推动跨境电子商务业务试点。跨境电子商务是闵行区电子商务工作的重点,也是上海漕河泾出口加工区积极探索园区转型发展的契机之一。2017 年 6 月,上海国际品牌珠宝中心正式签约入驻漕河泾出口加工区,主要用于珠宝保税业务,为漕河泾跨境电子商务业务发展增加助力。

二是创建"上海市莘庄工业区先进制造业出口工业产品质量安全示范区",搭建 30 家出口企业示范平台,倡导质量安全标准与国际标准接轨,不断追求自主品牌建设和技术创新,推动外贸企业转型升级,切实提高产品附加值和品牌影响力。

三是举办"上海·闵行 2017 跨境电子商务峰会",以阿里巴巴跨境电子商务闵行服务中心即橙绩(上海)网络技术有限公司落户闵行为突破点,探索电子商务、电子商务平台和电子商务孵化投资平台合作方式,寻求区内外贸企业向新外贸模式转变途径,形成闵行外贸发展新动力。

(2) 拓展外贸发展新能力

一是梳理国家、市、区多层面的政策机制,为外贸企业提供专业精准政策服务。

二是协同海关和检验检疫,推动贸易便利化措施落地。2017 年 6 月,西马克集团公司成为闵行区第一家获批在上海开展入境维修业务的企业,推动闵行区"检验检测认证服务平台示范区";配合海关做好"一地注册、全国报关"改革试点工作,顺利完成"报关单自动赋号"测试。

三是依托虹桥商务区等园区,吸引贸易型总部等外贸重点企业。

四是关注"四个一百"重点企业,召开企业座谈会,做好外贸监测系统上报工作,建立进出口企业 100 强企业库,30 家特色外贸企业库和 25 家走出去企业库,解决企业多项诉求,提升了服务水平。

五是落实外贸发展专项资金、中小企业国际市场开拓资金、贸易型总部等政策。2017 年协助雅诗兰黛(上海)商贸有限公司、顺丰速运集团(上海)速运有限公司积极申报贸易型总部称号，目前评审正在进行中。

六是举办各类专业培训，服务外贸企业。通过对内建立协调，对外拓展联系，在政策上聚焦，在关键环节上突破，在服务上深入，推动外贸企业持续向好发展。

(3) 牵头确保会展服务有效到位

根据国家会展中心运营保障协调领导小组要求，积极配合闵行区管理保障协调小组做好加强展馆周边重点区域市容环境管理；展馆外围区域外来人口管理、公共安全保障；区域内建设项目移交；协助开展周边交通组织和疏导及完善周边配套服务设施等工作。重点配合做好 2017 上海国际车展、2017 上海国际时尚育儿产业博览会、中国国际服装服饰博览会(秋冬)、中国国际纺织面料及辅料(秋冬)博览会和中国国际针织(秋冬)博览会等展会工作。

2017 年国家对外贸发展的支持力度不断加大，促进外贸稳增长调结构的政策措施陆续出台。闵行区将结合实际情况配合上海市商务委员会做好"外贸回稳向好，加快转型升级"工作，推进闵行区经济发展。

(4) 谋求日常工作有条不紊

一是加工贸易生产能力证明。2017 年，闵行区累计审核 382 家企业，验厂 12 家，根据商务部和海关总署 2016 年第 45 号公告，取消加工贸易合同审批和加工贸易保税进口或制成品转内销审批要求，做好宣传、解释和过渡工作。

二是中小企业国际市场开拓资金审批。完成了 2016 年度中小企业国际市场开拓资金的申报受理与审核工作。2016 年度通过中小企业开拓国际市场资金企业资质审查的企业 84 家，共有 201 家企业申报了 450 个拨付项目，初审同意 390 个项目，上报拨付资金 651.35 万元。

三是贸促支会原产地证业务。闵行区对外贸易促进委员会支会工作归对外贸易科管理以来，理顺了工作关系，解决了人员的聘用问题，工作上和上海市对外贸易促进委员会积极对接。2017 年，共签发一般原产地证 4 906 份，代办商事证明 386 份，使领馆认证 197 份，优惠原产地证 1 432 份，新注册企业 14 家。

四是技术进出口合同登记备案业务。自 2017 年 8 月 1 日上海市商务委员会将技术进出口合同登记业务权限下放至闵行区开始，截至 2017 年底，闵行证照中心窗口累计上线受理企业技术进口合同登记 65 项，企业技术出口合同登记 66 项，大大缩短了企业办证周期。

五是服务外包专项工作。2017 年，根据上海市商务委员会服务贸易工作的要求，拓宽服务贸易，促进重点领域发展，做好形势研判，加强贸易产业联动。完成 2016 年度服务外包专项资金支持企业的绩效评估报告上报和服务外包国家资金追踪问效汇总服务外包连合同收汇凭证工作，杰达维（上海）医药科技发展有限公司、京滨电子装置研究开发（上海）有限公司、上海微创软件股份有限公司、利丰贸易、善诚商务及圣戈班研发（上海）有限公司等6家企业完成上报。2017年，闵行区新增服务外包企业12家，累计接包合同签约金额68 338.88万美元，接包合同执行金额46 422.87万美元，新增国际认证2个。

六是外贸监测系统申报审核。为创新外贸分析监测方式，更科学、更系统、更快捷地对全市货物贸易进出口运行情况进行分析监测，更及时、更有效、更有针对性地为企业服务，积极配合上海市商务委员会做好"上海市外贸进出口监测系统"的申报和审核工作。闵行区共有101家样本企业参与申报。2017年，平均上报率为92.33%。

（二）外资发展情况

1. 基本情况

2017年，闵行区共吸收合同外资19.3亿美元，同比下降3.8%，其中新设外商投资企业485家，吸收合同外资8.8亿美元；现有外商投资企业143家实现增资，合同吸收外资10.5亿美元。全区实到外资6.8亿美元，同比下降28.7%。

(1) 金融业和商业服务业大项目外资稳定增长

2017年，闵行区投资总额超过1 000万美元的大项目共45个，较上年同期增长4.7%，共吸收合同外资15.2亿美元，占全区吸收合同外资总数的78.7%。12月，投资总额1 000万美元以上的大项目有3个，均为迁入项目。上海爱康富罗纳融资租赁有限公司、上海爱康富罗纳投资管理有限公司从浦东新区成功迁至虹桥商务区，投资总额分别为1.1亿美元、3 038万美元。

2017年，闵行区金融业快速发展，截至目前外商投资融资租赁企业的数量已增至11家，吸收合同外资2.5亿美元，成为闵行区利用外资新增长点。另有上海绿筑住宅系统科技有限公司由嘉定区迁入莘庄镇，投资总额1 000万美元，主营建筑科技领域内的技术开发。全年吸收合同外资居于前3位的企业分别是上海宝龙实业发展有限公司、上海爱康富罗纳融资租赁有限公司、英特尔（中国）有限公司，吸收合同外资分别为5.8亿美元、1.1亿美元和1亿美元。

(2) 服务业占据合同外资主体

2017年，闵行区第二和第三产业吸收合同外资占比分别为6.0%和94.0%；第二和第三产业新批准设立企业数占比分别为1.7%和98.3%。第三产业在项目数量上与上年基本持平，但规模和质量进一步提升，第三产业吸收合同外资同比增长15.4%。

受房地产政策调控的影响，房地产业吸收外资呈下滑趋势，金融业、商务服务业、高新技术业增长迅速，逐步替代房地产业成为第三产业主要引资行业，吸收合同外资同比分别增长3倍、22.1%和13.4%。其中融资租赁、电子信息、新材料、新能源科技、信息咨询、运输物流、文化娱乐等行业均大幅增长。在金融服务领域，融资租赁企业的发展尤为迅速，2017年新增亚汉融资租赁（上海）有限公司、德制融资租赁（上海）有限公司、上海中腾融资租赁有限公司、百长融资租赁（上海）有限公司、拓立融资租赁有限公司、上海爱康富罗纳融资租赁有限公司等6家融资租赁企业，共吸收合同外资1.6亿美元，目前闵行区外商投资融资租赁企业数量增至11家，有力地推动了产融结合，促进实体经济发展。在信息科技领域，信息科技服务和高新技术行业吸收合同外资2亿美元，占全区吸收合同外资总额的10.4%，同比增长13.4%。紫竹信息数码港的上海触乐信息科技有限公司为中国香港独资的高新技术企业，增资1 000万美元，主要从事研发并销售基于手机的创新型软件，经过几轮增资后投资总额已达到2.2亿美元，注册资本为0.9亿美元。颛桥镇的上海奂亿科技有限公司和马桥镇的馥鸿（上海）电子科技有限公司，分别增资1 500万美元和1 400万美元用以扩大经营规模。科技信息产业成为助推闵行区外资转型升级的重要力量。

(3) 制造业以原有项目增资为主

2017年，闵行区制造业共吸收合同外资1.2亿美元，占全区吸收合同外资的6.2%。全区投资总额1 000万美元以上的大项目中，有2家新设制造业企业，3家实现增资的制造业企业。其中，柯逻斯泵业（上海）有限公司于1月成功落户马桥镇，该企业由美国投资方 AMERICA CROOS PUMP (GROUP) LIMITED 和上海申宝泵业有限公司合资设立，投资总额和注册资本均为2 200万美元，吸收合同外资1 078万美元，主营水泵生产及泵业领域内的技术开发；内地与香港合资上海天利商品混凝土有限公司于10月从浦东新区成功迁入闵行区，投资总额1 000万美元，吸收合同外资656万美元，主营混凝土的生产与销售；另有奥特斯（中国）有限公司、上海进典控制阀有限公司、上海奂亿科技有限公司三个规模制造业为扩大生产规模，拓展经营领域分别增资2 653、1 105、1 500万美元，共计5 258万美元。近年来，受土地资源、劳动力成本等因素的影响，闵行区传统制造业项目新增投资瓶颈未突破，但不断向科技含量高、经济效益好、资源消耗低、环境污染少的新型工业化转型，部分高新技术制造业吸收外资增势良好，其中电子器件制造、通信系统设备制造、医疗器械制造等增长迅速，2017年同比分别增长24.7%、16.2%、8.9%。

(4) 总部经济投资倍增

2017年，闵行区吸引总部经济投资势头良好，莘庄工业区的锡格沃珂（中国）投资有限公司和颛桥镇的中兴投资（中国）有限公司由上海市商务委员会认定为投资性地区总部。此外，莘庄工业区的佛吉亚（中国）投资有限公司和紫竹园区的英特尔（中国）有限公司分别于9月、11月增资扩股3 000万美元、1亿美元。总部经济作为经济全球化的主要载体和推动力量，对区域经济发展有巨大的带动作用。随着闵行区投资环境的不断优化和总部经济鼓励政策的完善落实，总部项目投资加快，成为闵行区经济发展新的增长点。截至2017年底，全区共有投资性公司32家，其中投资性地区总部27家；管理性地区总部11家；独立研发中心25家，内部研发中心19家。

(5) 外资研发投资快速增长

从研发情况看，截至2017年底，闵行区外资研发中心共44家，其中，独立研发中心25家，内部研发中心19家。很明显，随着上海提出建立具有全球影响力的科技创新中心以来，外资总部研发中心政策不断地完善落实，外资研发投资的增长加快。研发中心是闵行区打造南部科技创新中心的重要载体，也是外贸转型升级的内在动力。下一步，应当继续利用好创新政策，保持住研发引资的良好势头，逐步提升闵行区在全市的科技创新水平。

(6) 中国香港仍为主要投资来源地

2017年，投资闵行区前10位国家和地区分别是中国香港、马来西亚、韩国、美国、维尔京、萨摩亚、荷兰、中国台湾、法国、日本，累计吸收合同外资18.2亿美元，占全区合同外资的94.3%。其中中国香港仍为主要投资来源地。全区新设港资企业124个，同比增长21.6%，吸收合同港资达13.8亿美元，同比增长91.7%；马来西亚、荷兰等地对闵行区投资保持快速增长，同比分别增长91倍、9.5倍。

(7) 开发区仍是吸引外资最为重要的载体

从外商投资区域来看，相对集中于开发区，2017年，闵行区吸收合同外资最多的为七宝镇、虹桥商务区、紫竹园区、莘庄工业区，共吸收合同外资13.8亿美元，占全区合同外资的71.5%。开发区在引资过程中凸显其竞争优势，形成集聚效益，成为闵行区吸引外资最为重要的载体。

(8) 外商投资企业效益继续保持良好状态

经营业绩是外资可持续发展的重要指标，在国内外环境严峻的背景下，闵行区的外资企业营业收入和利润实现双增长。实际上，企业效益也反映了引资结构向服务业转移的内在因素，服务业效益持续向好促进了外资的加速流入。2017年，闵行区外资企业营业收入同比减少14.6%，利润总额增长4.9%。服务业成为主要贡献产业，服务业营业收入增长迅速，商贸服务业、科技信息业、餐饮服务业等增幅居前，同比分别增长32.1%、22.8%、17.9%。全年外资企业税收收入合计347.7亿元，占全区企业税收总数的46.5%。

(9) 房地产投资下滑影响实到外资增速

2017 年,闵行区共实到外资 6.8 亿美元,同比下降 28.7%,其中服务业实到外资 6.3 亿美元,占全区实到外资的 92.6%,其中以房地产业、批发零售业、信息科技业为主,分别占服务业实到外资的 38.7%、23.6%、19.4%;制造业实到外资 0.5 亿美元,占全区实到外资的 7.4%。由于近年房产大项目到资趋于饱和,实到外资中能够替代房地产的新支柱尚未形成,在未来一段时间内,实到外资可能仍面临较大压力。

2. 外资工作重点

(1) 推进总部经济发展

一是积极贯彻落实国家和市级文件精神,完善外资政策体系。根据国发 5 号文、上海利用外资 33 条意见等各类外资政策要求,相继制定出台《闵行区关于加快推进先进制造业发展的若干政策意见》(闵府发〔2016〕65 号)及实施细则,按照注册资本和研发投入的规模,对符合相关条件的外资研发中心给予最高不超过 500 万元的奖励;《闵行区关于加快推进现代服务业发展的政策意见》(闵府规发〔2017〕7 号),鼓励跨国地区总部和销售中心、结算中心、投资中心、管理中心等总部型机构落户,支持现有总部升级为地区性、全球性、综合性总部,并根据市级相关标准给予扶持。

二是全面梳理闵行区功能性外资机构名单,做好总部政策宣传工作。对闵行区跨国公司地区总部和外资研发中心名单进行全面梳理,包括世界 500 强集团在闵行区投资设立的地区总部和研发中心情况、历年获得资金政策扶持的情况,做好功能性外资机构日常重点监测和服务工作,会同区招商服务中心及各镇(园区)招商服务部门,积极做好总部政策宣传解读工作,吸引重点外资总部项目落地,发展存量企业认定为地区总部和外资研发中心,鼓励符合条件还未申报的总部企业申报相关政策扶持。

三是做好上海市跨国公司地区总部扶持资金项目的组织申报和资金拨付工作。2017 年,组织科施博格(中国)投资有限公司等三家跨国公司地区总部项目参加上海市跨国公司地区总部发展专项资金评审,申请开办费、租房资助、营业额等各类奖励资金,目前在项目初审阶段;对飞利浦照明(中国)投资有限公司等 6 家跨国地区总部拨付现代服务业政策资金共计 2 457.7 万元(其中市级扶持 1 000 万元,区级扶持 1 448.7 万元)。

(2) 做好外资统计和联合年报

据统计,目前注册在闵行区的外资企业有 7 000 多家,外资数量和外资规模在全市居于前位。随着外商投资管理体制的深化改革,市场准入门槛进一步放宽,外资管理由审批制向备案制转变,外资统计和联合年报制度等成为事中事后监管工作的重要抓手。

一是外资统计。目前闵行区外资企业在外资统计库中的上报率约为77%，重点企业的上报率达到97%，由于外资企业基数较大，给统计工作带来一定难度。为进一步提高统计上报率，认真做好新设企业的统计制度告知工作，加强每月统计催报工作。2017年，针对外资到位缓慢的问题，切实加强重点外资项目的资金到位催报工作，每月梳理排摸未及时到资的大项目，协同各镇(园区)相关部门及外资行业协会进行催报，对于资金实际到位但企业未申报的项目，指导其在统计系统内及时申报，对于资金未到位的项目，了解具体原因及到位计划，并进行持续跟踪和走访。

二是网上联合年报。2017年，闵行区通过联合年报的运营外资企业有4 441家(不包括市检企业数)，比上年增加了495家，同比增长12.5%。闵行区经济委员会会同区财政、统计、税务等部门，加大宣传告知力度，严格把关审核，在人手少、数量大、时间紧的情况下，科室人员加班加点，顺利完成了网上联合年报工作，形成完整的数据分析报告。充分利用现代信息化手段，将年报工作通知和相关要求发布在区政府门户网站、政务微博和微信公众号、投资闵行网，并通过各镇(园区)和外商投资企业协会转发到各单位网站、微信圈等电子平台上，将联合年报工作最大程度信息化。协同闵行区外商投资企业协会举办联合年报专场培训会，邀请上海市商务委员会有关专家指导企业联合年报业务的操作流程，当场解答企业申报联合年报相关问题。配备专职年报工作人员。由于闵行区外资企业数量众多，为了更好地服务年报企业，提高工作效率和质量，窗口同志实行专人负责，做到专人专线，耐心处理答疑，按时按质完成网上年报确认审核工作。积极协调区财政、税务、统计等部门做好网上审核，加强横向联系和沟通，积极协调解决企业填报中的有关问题，加快审核进度，提高工作效率。

(3) 开展外资发展调研

为更好地推动简政放权形式下的利用外资工作，探索事中事后监管机制，闵行区经济委员会开展闵行区外商投资企业发展情况课题调研，掌握重点外商投资企业的运营和发展情况，研究自由贸易试验区、科技创新中心等领域的政策复制推广需求，为外资发展营造投资贸易便利化的服务环境。2017年8月，由上海市商务委员会外资促进处领导带队走访了莘庄工业区、紫竹高新区等外资重点园区和相关街镇，调研了数家知名跨国地区总部、研发中心和智能制造型企业。在调研工作的基础上，进一步开展课题研究，形成《2017年闵行区外商投资企业发展情况报告》。

(4) 做好外资备案管理和事中事后监管

一是深化外商管理体制改革，做好外资备案管理。积极贯彻落实《外商投资企业设立及变更备案管理暂行办法》、《2017版外商投资产业指导目录》等相关外资政策措施，不断优化服务改革，提升企业服务质量；承接上海市下放的除关联并购外的外资并购备案业务，组织科室人员参加业务培训，及时掌握最新政策和业务流程；做好外资备案管理工作，外资审批制改备案制后，原来平均8个工作日缩短为3个工作日，实际办结期限为1～2个工作日，为境外投资者以及落户闵行区的外商投资企业创造良好便利的营商服务环境。

二是开展外资企业备案检查和融资租赁行业风险排查，加强事中事后监管。按照上海市商务委员会的要求以及闵行区领导的批示，由闵行区经济委员会牵头协同闵行区市场监督管理局、闵行区金融服务办公室，委托第三方机构对全区5家外商投资融资租赁企业进行风险排查，建档立案，形成排查报告和高风险企业名录，建立融资租赁企业日常监管机制。按照上海市商务委员会的要求，对全区不少于3%的外资备案企业进行“双随机、一公开”的监督检查工作，年内完成57家外商投资企业备案情况的书面检查工作，相关人员考取了执法证，建立商务执法队伍机制。

三是开展两类企业考核、外事活动等相关外资工作。做好两类企业考核工作，完成52家先进技术企业和22家产品出口企业的考核和发证工作；做好外事活动申报工作，积极协调落实英特尔全球副总裁拜会周波副市长事宜。

二、2018年闵行区国际经贸工作展望

（一）外贸工作展望

1. 聚力服务贸易

完善闵行区服务贸易工作机制，推动建立服务贸易跨部门联系机制。建立服务贸易企业库，明确闵行区服务贸易重点领域。推进服务贸易集聚，谋求外贸发展新方式。

2. 加强基础调研工作

关注区内重点外贸企业、行业和园区，加强调研，谋求闵行区外贸企业顺利转型，支持加工贸易创新发展，支持企业开拓市场做强品牌，支持装备制造等高附加值行业出口，促进跨境电子商务持续发展，促进闵行区外贸回稳向好，结构优化升级。

3. 推进闵行区电子商务工作

进一步提升闵行区外贸发展能级、推动出口加工区功能转型及跨境电子商务发展，掌握闵行区电子商务企业发展及需求，加强跨境电子商务企业相互联动，推动优势产业融合。为企业加强相互合作搭建沟通平台，配合漕河泾开发区进一步推进跨境电子商务方案实施，为电子商务企业加快发展营造良好环境。

4. 加强企业培训工作

帮助外贸企业及时准确地了解各级政策和市场趋势，更好地推动外贸出口的稳

定增长。计划邀请上海市商务委员会、商务部中国国际电子商务中心上海代表处、国家外汇管理局上海市分局、莘庄海关、上海市国际贸易促进委员会、上海市现代商务促进中心的领导和专家,联合区内的国际商会,国际贸易促进委员会及外商投资企业协会等为区内广大外贸进出口企业举办多项政策解读讲座和实际业务操作培训会。

5. 加强服务保障工作

深化贸易便利化制度,为扩大外贸提供优质便利的服务保障。继续推动与海关和检验检疫及外汇等部门的联合服务机制,为外贸进出口企业提供便捷的服务,与相关职能部门联合服务企业活动。探索加工贸易合同审批等行政事项流程的便利化,为外贸企业发展打造更好的行政环境。

(二)外资工作展望

根据闵行区委、区政府的工作要求,2018 年继续做好利用外资各项工作,合同外资和实到外资力争实现完成全年 16 亿美元和 8 亿美元的考核指标。

1. 深化外商投资管理体制改革

外资审批制改为备案管理制后,对外商投资实行准入前国民待遇加负面清单的管理模式,积极推进重点领域开放,进一步扩大服务业、制造业等开放领域;做好权限内外商投资企业设立及变更备案管理,全面了解外国投资者及其在华投资企业情况;加强事中事后监管,做好外商投资企业联合年报以及利用外资情况月度统计分析工作,完善企业信息公示制度和诚信机制;加强对从事融资租赁等行业企业的监管措施,实行国家安全审查,开展融资租赁行业风险排查工作;做好外资备案执法监督检查,建立执法队伍,依法依规开展监督检查。

2. 加强重点项目、重点领域和重点区域的外资到位监测与催报工作

根据闵行区委、区政府的工作要求,力争在 2018 年底前完成实到外资及合同外资的考核指标;加强对企业到资情况的监测,重点监测大项目、重点领域、重点区域的外资到位情况;督促已完成出资的项目及时纳入统计,对超过出资期限或长期不到位的项目了解原因并进行跟踪;加强与各镇(园区)统计部门和重点企业的对接,对 1 000 万美元以上新设及增资项目的资金到位进行催促;做好新设外资备案项目统计,对接工商部门,提高合同外资统计率;加强与各级招商服务部门的对接,加大对地区总部、研发中心、先进制造业,现代服务业等重点领域招商,积极引进优质外资项目。

3. 做好联合年报和外资统计分析工作

做好外资企业网上联合年报工作,提高企业参报率和数据质量,全面准确掌握外

资企业投资和运营数据，形成书面分析报告；进一步做好外资统计分析工作，探索各种有效手段，提高外资企业月度和年度统计上报率；深入走访调研重点区域和企业，完成《2018 年闵行区外商投资企业发展情况报告》和总部发展报告，掌握闵行区外资企业总体发展和实际运营情况，了解企业对投资环境、政策措施等方面的诉求和建议，为上级部门领导提供外资促进方面的决策依据。

4. 促进外资重大项目落地

建立重点企业名单库，持续跟踪企业到资、投产和经营情况，做好相关服务工作；积极协调有关部门，做好闵行区外资重大项目的落地推进工作；建立重点企业联络机制，联动区镇（园区）招商服务部门，积极上门走访重点外资企业，提供相关政策指导和服务；联动上海市、闵行区相关部门及行业协会，整合有效资源，构建服务平台，组织外资企业开展各类专业论坛、座谈会、培训会等活动；优化窗口服务，提高行政服务效率，为闵行区外资企业创造良好的经营和发展环境。

5. 推进总部经济发展

一是积极贯彻落实国家和市级相关政策要求，结合闵行区外资发展基础和方向，研究和完善全区外资发展政策，促进总部经济发展；二是做好跨国地区总部和外资研发中心政策资金申报工作，加大总部政策宣传力度，加强市区联动和对外推介宣传，召开专场培训会，做好政策发布和宣传解读；三是进一步推进总部企业集聚发展，梳理世界 500 强集团在闵行区投资设立的企业名单，由区领导带队出访重点跨国公司海外总部，推动其在区内设立地区总部、拓展功能，鼓励和支持有意向的企业转型升级为地区总部或提升能级、丰富和拓展总部功能，对总部企业进行专题研究，形成调研报告；四是加强总部经济服务，与外商投资企业协会、第三方机构合作，举办总部高管座谈会等系列活动，走访重点园区、总部企业和有意向认定为总部或外资研发中心的企业，进一步贴近总部企业，加强服务，协调相关部门，推进总部项目尽快落地。

第十一节 嘉 定 区

一、 2017 年嘉定区国际经贸发展情况

（一）外贸发展情况

1. 外贸进出口呈现回稳向好态势

据海关统计，2017 年，嘉定区进出口总额 1 382.2 亿元，同比增长 13.0%，高于全

市 0.5 个百分点，占全市进出口总额的 4.3%。进出口总额位列浦东新区、松江区、闵行区之后，全市排名第 4 位；进出口增幅在总量全市前五的区中排第 3 位。其中，累计出口 655.6 亿元，占全市出口总额 5%，同比增长 9.1%，领先全市 0.7 个百分点，出口增速在总量前五的区中排第 3 位；累计进口 726.6 亿元，占全市进口总额 3.8%，同比增长 16.8%，略高于全市 1.4 个百分点，进口增速在总量前五的区中排第 2 位(表 12.38)。

表 12.38　2017 年嘉定区与全国、上海进出口情况

地　域	出　口		进　口		进出口	
	金额/亿元	同比增长率/%	金额/亿元	同比增长率/%	金额/亿元	同比增长率/%
全　国	153 318.3	10.8	124 602.6	18.7	277 920.9	14.2
上海市	13 120.3	8.4	19 117.5	15.4	32 237.8	12.5
嘉定区	655.6	9.1	726.6	16.8	1 382.2	13.0

2. 一般贸易进出口比重继续提升

2017 年，嘉定区贸易方式结构不断优化，一般贸易发展好于整体，进出口增长明显，比重继续提高。全年一般贸易进出口1 050.4 亿元，同比增长 15.9%，占进出口总额的 76.0%，较上年同期提升 1.9 个百分点。其中，出口 446.2 亿元，增长 11.8%，高于总体出口增速 2.6 个百分点；进口 604.2 亿元，增长 19.2%，高于总体进口增速 2.4 个百分点。加工贸易进出口 288.9 亿元，增长6.9%，占进出口总额 20.9%，较上年同期下降 1.2 个百分点(图 12.19)。

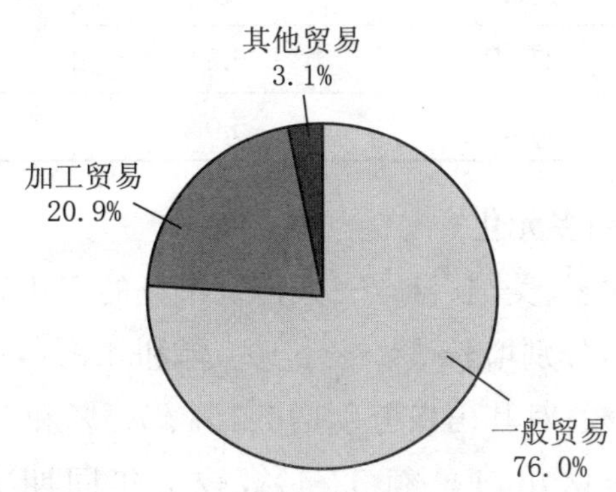

图 12.19　2017 年嘉定区进出口贸易方式结构

3. 外资企业仍为出口的主力军

2017 年，嘉定区外资企业进出口规模仍居于首位，进出口额 1 029.0 亿元，同比增长 12.3%，占全区外贸进出口总额 74.5%，较上年微跌 0.5 个百分点。其中，出口 474.8 亿元，同比增长 6.8%，占全区出口总额的 72.4%。私营企业进出口 301.9 亿元，增长 11.3%，占全区进出口总额 21.8%，较上年同期微跌 0.3 个百分点。此外，国有企业进出口总额 8.6 亿元，同比增长 10.7%(表 12.39)。

表 12.39　2017 年嘉定区各类企业进出口情况

企业性质	进出口额/亿元	同比增长率/%	占全区比重/%
国有企业	8.6	10.7	0.6
外资企业	1 029.0	12.3	74.5
私营企业	301.9	11.3	21.8
集体企业	42.7	27.9	3.1

4. 机电产品仍为出口主力

2017 年，机电产品是嘉定区主要出口产品，出口增长势头有所回升，出口额 426.2 亿元，同比增长 7.7%，出口占比从上年同期的 65.9%降至 65.0%；汽车及零部件产品作为嘉定区特强产业，出口增长态势回升明显，出口 143.6 亿元，同比增长 5.0%，低于全区出口增速 4.1 个百分点，出口占到全区出口总额 21.9%。100 家重点出口企业累计出口 415.5 亿元，增长 6.8%，占全区出口总额 63.4%，比上年同期减少 0.5 个百分点(表 12.40)。

表 12.40　2017 年嘉定区汽车零部件产品、机电产品等出口占比情况

产品类型	出口额/亿元	同比增长率/%	占比/%	占比增减/%
机电产品	426.2	7.7	65.0	−0.9
百家重点企业产品	415.5	6.8	63.4	−0.5
汽车零部件产品	143.6	5.0	21.9	−0.6

5. 国际市场布局更趋多元化

2017 年，嘉定区对欧盟、美国、日本三大传统市场的双边贸易分别为 401.6 亿元、188.6 亿元和 244.0 亿元，分别增长 22.3%、10.5%和 4.9%，占全区进出口比重分别为 29.1%、13.7%、17.7%；对其出口分别增 7.1%、7.9%和 5.9%。对三大市场合计出口 343.7 亿元，占嘉定区出口总额 52.4%，较上年同期下降了 1 个百分点(图 12.20)。同时与新兴市场的经贸合作不断加深，区内企业开拓新兴市场的积极性和主动性明显增强，与新兴市场贸易往来活跃。其中对东盟、印度、拉美、非洲等市场出口分别增长 6.8%、15.6%、12.7%和 0.2%，出口值合计 151.6 亿元，占全区出口总额的 23.1%，较上年同期持平。此外，对部分“一带一路”相关国家出口保持稳定增长。其中，对巴基斯坦、波兰、俄罗斯等国出口分别增长 13.6%、4.5%、27.2%。

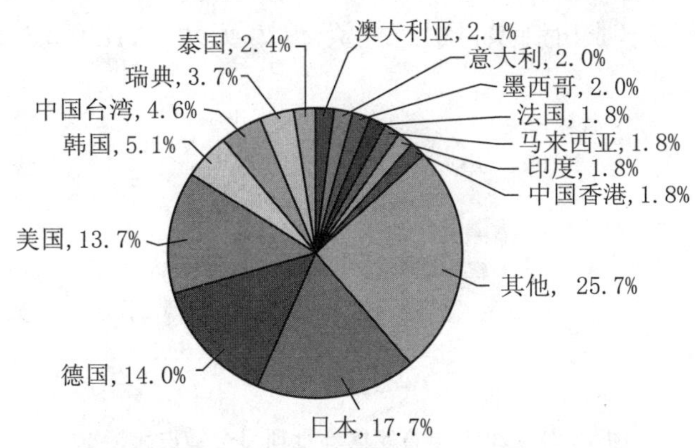

图 12.20　2017 年嘉定区与主要国家和地区进出口所占比重

6. 加快推动服务贸易发展、扶持跨境电子商务

2017 年，嘉定区一方面以技术进出口合同登记、服务外包合同登记为抓手，摸清嘉定区内服务贸易相关情况；另一方面凭借区内新型金融、文化创意、电子商务产业的优势，大力推进服务外包业务在新领域的发展。组织区内相关企业完成了 2017 年度服务贸易各类资金、项目的申报工作，包含技术出口贴息资金、服务贸易公共服务平台建设资金、国际服务外包业务资金、服务贸易发展专项资金等 6 个方面。全年嘉定区共有 4 家企业申报 5 个服务外包专项资金项，新增服务外包企业 6 家，服务外包接包合同金额达到 16 009.6 万美元，同比增长 9.8%，合同执行金额为 7 361.8 万美元，同比下降 3.2%。有效推进了嘉定汽车研发设计服务外包专业园区、上海金融谷等专业园区和公共服务平台建设，促进服务贸易发展，优化贸易模式。

（二）外资发展情况

2017 年，嘉定区利用外资保持稳中有进的良好态势，合同利用外资 15.5 亿美元，同比增长 30.3%；实际利用外资 5.4 亿美元，同比增长 7.3%，完成年度计划的 134%。其中，新引进外商直接投资企业 136 家，合同利用外资 3.5 亿美元，占总额的 22.4%；增资项目 97 个，合同利用外资 12.6 亿美元。

1. 利用外资基本情况

(1) 外商独资仍是嘉定区外商直接投资的主要方式

2017 年，嘉定区引资依然以外商独资形式为主。新引进的 136 个外资项目中，外商独资项目 94 个，占新批项目总数的 69.1%，合同外资 1.8 亿美元；中外合资项目 42 个，占新批项目总数的 30.9%，合同外资 1.7 亿美元。累计外商独资项目引进合同外资 12.1 亿美元，引资额占比为 77.9%；中外合资项目引进合同外资 3.5 亿美元，引资额占比为 22.6%；此外，股份制项目引进外资 29 万美元，占比 0.2%(图 12.21)。

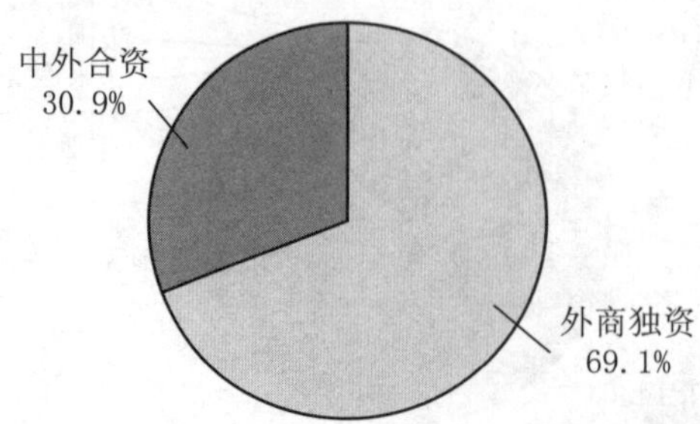

图 12.21　2017 年嘉定区新批项目个数占比情况

(2) 以服务业为主的引资结构继续巩固

2017 年，嘉定区新引进第三产业外资项目 133 个，占新批总数的 97.8%，合同外资 3.5 亿美元；新引进第二产业外资项目 3 个，占新批总数的 2.2%，合同外资 215.1 万美元(表 12.41)。以服务业为主导的引资结构日趋稳固，产业结构持续优化。

表 12.41　2013—2017 年嘉定区新批外资项目情况

产业类别	统计项/单位	2013 年	2014 年	2015 年	2016 年	2017 年
新批第二产业	项目数/个	19	14	6	9	3
	合同外资/亿美元	1.2	0.4	0.4	1.5	0.02
	占新批总数/%	11.4	8.5	4.3	6.0	2.2
新批第三产业	项目数/个	148	150	134	140	133
	合同外资/亿美元	4.0	6.7	5.0	10.4	3.5
	占新批总数/%	88.6	91.5	94.0	94.0	97.8

2017 年，嘉定区累计第三产业引进外资 15.1 亿美元，占合同外资总额的 97.4%；第二产业引进外资 4 007 万美元，占总额的 2.6%。金融租赁、总部经济、汽车产业技术研发等产业领域继续推动嘉定区服务业飞速发展；外资先进制造业发展趋缓，引资贫乏，产业发展能级亟待进一步提升。

(3) 增资规模日趋扩大

2017 年，嘉定区批准增资项目 97 个，引进合同外资 12.6 亿美元，占合同外资总额的 81.4%。增资后，合同外资净增 1 000 万美元及以上的项目 10 个，共引进 11.3 亿美元。累计第二产业增资 2 910 万美元，第三产业增资 11.8 亿美元。其中，上海蔚来汽车有限公司增资 6.5 亿美元，上海易鑫融资租赁有限公司增资 1.8 亿美元，北辰汽车(上海)有限公司增资 1.8 亿美元。企业增资猛烈、规模持续扩大，实现经济发展稳步向前。

(4) 中国香港稳居外商投资来源地首位

2017年,嘉定区外商投资来源地总体保持稳定,其中亚洲国家对嘉定区投资引进合同外资11.0亿美元,占总额的71.1%;欧洲对嘉定区投资0.6亿美元,占比3.8%。中国香港依然为主要外资引资地区,引进合同港资11.1亿美元,占合同外资总额的71.3%。其次分别为投资性公司、英属维尔京群岛以及美国投资,分别引进外资3.4亿美元、0.3亿美元、0.2亿美元。

(5) 外资大项目引资拉动明显

2017年,嘉定区引进投资总额1 000万美元及以上(含增资)项目30个,合同外资14.3亿美元,占全年合同外资总额的91.9%,基本保持稳定。其中,新批项目12个,引进外资2.6亿美元;增资项目18个,引进外资额11.7亿美元。从第二产业、第三产业情况看,第二产业投资总额1 000万美元及以上(含增资)项目共7个,累计引进2.1亿美元;第三产业投资总额300万美元及以上(含增资)项目共46个,累计引进12.9亿美元。

2. 外商投资产业特征

(1) 汽车产业优势持续提升

2017年,嘉定区外资汽车产业在汽车制造、设计研发、销售贸易领域继续保持稳定发展。3月上海车王二手车经营有限公司增资3 000万美元,9月北辰汽车(上海)有限公司(沃尔沃汽车(中国)有限公司投资)增资1.8亿美元,主要从事汽车技术和产品相关的研发。

(2) 新能源汽车发展态势良好

2017年,嘉定区围绕推动汽车智能化产业集群发展,新能源汽车继续保持快速增长态势。3月新设立上海蔚来汽车销售服务有限公司,引进合同外资6 000万美元,主要从事汽车销售及相关售后服务、新能源汽车整车及相关零部件的研发;12月蔚来汽车增资6.5亿美元,同时新设上海蔚来新能源汽车有限公司,引进合同外资9 767万美元。

(3) 科技创新引资提质增效

2017年,嘉定区围绕推动四大产业集群发展的战略目标,科技创新项目吸引外资保持稳定增长,提质增效,持续推进经济产业结构的优化提升。在高性能医疗设备及精准医疗领域,新引进上海以心医疗器械有限公司,合同外资500万美元。在集成电路及物联网领域,新引进上海英韧集成电路科技有限公司,主要从事集成电路、芯片的设计研发。在智能制造及机器人产业领域,新引进海安亭地平线智能交通技术有限公司,合同外资 500 万美元,主要从事智能交通、智能驾驶、人工智能芯片、计算机软硬件技术领域内的技术开发。在新能源汽车及汽车智能化领域,新引进上海蔚来汽车销售服务有限公司、上海蔚来能源科技有限公司,不断推动新能源汽车产业创新发展。此外,软件开发、网络科技研发、新材料新科技领域的发展逐步推新,不断激发科技发展新活力。

(4) 总部经济有序发展

2017 年,嘉定区外资总部经济效应持续提升,上海蔚来汽车有限公司 2 月完成升级投资性公司,5 月已被上海市商务委员会认定为地区总部;爱茉莉太平洋贸易有限公司 9 月升级管理性公司,12 月完成上海市商务委员会总部认定工作;沃尔沃汽车(中国)有限公司于 9 月升级为亚太区总部;安通林(中国)投资有限公司通过外资总部扶持资金评审,获得 800 万元总部开办扶持;研发中心东软睿驰汽车技术(上海)有限公司 1 月增资 731 万美元。

(5) 新型金融产业增势发展

2017 年,嘉定区以融资租赁为主的金融服务业,继续增势发展。1 月沣邦融资租赁(上海)有限公司增资引进合同外资 2 467 万美元,上海易鑫融资租赁有限公司于 5 月、10 月两次增资,共增资引进合同外资 18.3 亿美元。

(三) 外经发展情况

2017 年,嘉定区企业持续"走出去"步伐,累计批准境外投资项目数为 50 个(含变更),其中新设 30 个、增资 10 个。境外投资总额 4.1 亿美元,同比下降 56.6%;其中中方实际投资额 1.9 亿美元,同比下降 54.9%。截至 2017 年底,嘉定区企业已累计设立海外企业 244 家,中方实际投资 11.5 亿美元。

从投资来源地来看,中国香港稳居境外投资地区首位,2017 年中国香港新设企业 11 个,占全区新设的 36.7%,总投资 4 616.0 万美元,占境外投资总额的 11.4%。中国香港虽然集中了逾 1/3 的境外投资,但是投资规模较小,投资领域主要集中在商务服务业、互联网、信息技术服务行业。其次为美国,新设企业 5 个,占全区新设的 16.7%,总投资 812 万美元。

从投资领域来看,投资行业覆盖越来越广泛,从原来较单一的投资类扩展到商贸、研发、制造、咨询、农业等各行各业。从投资规模看,总投资日益扩大,2017 年境外投资总投资超过 1 000 万美元的项目共 7 个(含增资项目)。

2017 年,嘉定区境内优质企业加速"走出去"步伐,其中网宿科技股份有限公司在中国香港、马来西亚、印度、俄罗斯、爱尔兰、加拿大、美国等地分别新设 8 家境外公

司，总投资 5 128.4 万美元，积极推动中国软件和信息技术服务业走向全球；爱普香料集团股份有限公司于 2017 年 10 月对其新加坡子公司 AICE 集团控股有限公司增资，投资总额 1.7 亿美元，主要从事食品(冰激凌)产品的研发咨询、生产制造。

二、 2018 年嘉定区国际经贸工作展望

（一）外贸工作展望

1. 继续推进贸易便利化工作

加强与海关、外汇管理部门的联系，继续推进通关、报检程序简化，降低企业经营成本。推进促进贸易便利化相关政策的出台，进一步提升嘉定区贸易便利环境。继续跟进安亭保税仓库设立检验检疫查验点事宜，进一步便利区内企业属地查验。切实落实上海市商务委员会"四个一百"专项行动计划，促进外贸转型升级发展。

2. 鼓励外贸总部及平台类企业落户

鼓励国际贸易进出口总部类企业落户嘉定，提升区域国际贸易能级。推进区内外贸综合服务平台建设，支持其与嘉定优势产业、优秀企业、园区开展各类基于提升贸易进出口便利化合作。推动出台国际贸易总部及外贸综合服务企业相关配套扶持政策，提高全区进出口总额。

3. 加强外贸重点企业服务工作

通过走访、培训、政企座谈会的形式继续加强与进出口企业沟通，每月走访重点外贸企业，了解企业发展情况。特别是联合海关等相关部门，形成与重点企业的互动机制及跟踪服务机制，为重点外贸企业进出口提供便利化服务。

4. 增强政策聚焦力度和有效性

在对以往政策进行梳理的基础上，对产业政策进行整合和完善，聚焦重点出口品牌和外贸新业态，引导企业在四大产业集群及原有的支柱产业方面扩大进出口，主要集中于企业品牌建设、展会参与、外贸综合服务平台建设方面给予支持，继续推动外贸转型升级及服务贸易园区建设。

（二）国际经贸工作展望

1. 重点推动落实"一窗通"工作

简化外商投资企业设立程序，进一步推动外商投资便利化。投资者通过上海市开办企业"一窗通"网上服务平台，同时填报工商注册登记信息和商务备案信息。加强与市场监督管理局沟通协调，通过信息互通、数据共享；做好政策平稳过渡工作，做

好区内企业、街镇、经济城培训和指导工作，有效支持外资企业“应备尽备、应统尽统”，为后续“应管尽管”奠定数据基础，在放宽市场准入的情况下有效提高事中事后监管的精准性，充分体现放管结合思路。

2. 完善备案事中事后监管

实施备案管理后，提高监管力度尤为重要。嘉定区将严格落实《外商投资企业设立及变更备案管理暂行办法》，根据规定，把监督检查工作贯穿于行政许可全过程之中，采取定期抽查、根据举报进行检查、根据有关部门或司法机关的建议和反映的情况进行检查以及依职权启动检查等方式开展监督检查，建立长效的监督机制，做到“有权必有责、批后强监督”。强化与市级相关部门及区内其他职能部门的联动与合作，密切协同配合，加强信息共享。

3. 为企业生命周期提供服务

加强与街镇、各招商部门、外资企业间互动，利用窗口、电话咨询及时捕捉项目信息，对有意向的外资项目，根据企业意愿，提前介入；对有政策需求的外资项目，给企业提供政策咨询服务；对有协调需求的外资企业，帮助企业协调相关部门解决企业实际问题。加大外资企业经营过程中的跟踪服务与支持，积极宣传相关政策，确保外资企业在嘉定区落得下、长得大，为全区外向型经济发展做出贡献。积极做好总部经济的推进工作，帮助投资方了解相关扶持政策，鼓励企业在自身需求和符合条件下的提升总部能级。

4. 加强分析预测，及时修订外资考核工作建议

完善外资企业年报制度。认真审核和准确填报备案管理工作信息。对备案管理工作中涉及的相关信息进行严格审核和细致分类，按照《全口径外资管理信息系统》的规范要求全面、准确、及时录入，为后续汇总分析工作打下坚实可靠的数据基础。顺应改革，完善新形势下合同外资、实到资金的考核工作，拟提出修改、改进、完善相关考核工作的建议。了解企业的真实经营情况，才能更好地掌握行业整体发展情况。推动社会信用体系建设。

第十二节　金　山　区

一、 2017 年金山区国际经贸发展情况

（一）外贸发展情况

1. 基本情况

2017 年，金山区外贸进出口总额 659.1 亿元，同比增长 23.0%，其中，出口额

328.7亿元,同比增长14.0%,占比49.9%;进口额330.4亿元,同比增长33.5%,占比50.1%;贸易逆差1.8亿元(图12.22)。

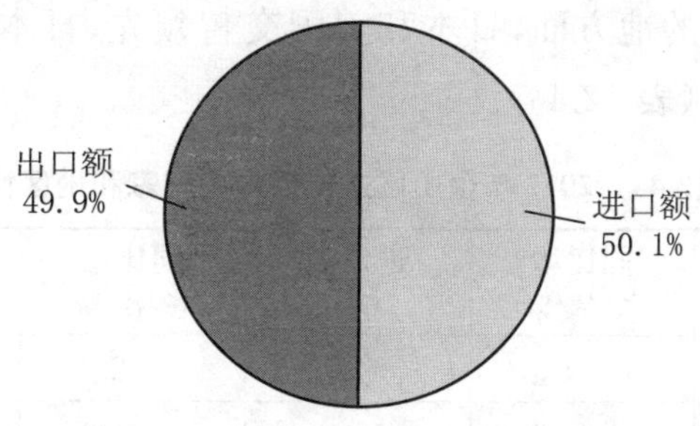

图12.22　2017年金山区外贸进出口总额情况

(1) 一般贸易稳居主导地位

2017年,金山区一般贸易进出口478.9亿元,同比增长23.3%,占同期金山区进出口总额的72.7%,一般贸易项下的逆差为44.7亿元。同期,金山区加工贸易进出口156.0亿元,同比增长19.5%,加工贸易项下的顺差为58.9亿元(表12.42)。

表12.42　2017年金山区进出口按贸易方式分类情况

贸易方式	出口额/亿元	同比增长率/%	进口额/亿元	同比增长率/%	进出口额/亿元	同比增长率/%
总　计	328.7	14.0	330.4	33.5	659.1	23.0
一般贸易	217.1	11.6	261.8	35.0	478.9	23.3
加工贸易	107.4	17.0	48.5	25.6	156.0	19.5
其他贸易	4.1	123.4	20.1	35.0	24.2	44.7

(2) 国有企业进出口增速较快

从企业性质来看,2017年金山区国有企业进出口增速较快,同比大幅增长75.3%;民营企业进出口额同比微增,外资企业进出口额占全区比重较为平稳,为62.5%(表12.43)。

表12.43　2017年金山区进出口贸易按企业性质分类情况

企业性质	出口额/亿元	同比增长率/%	进口额/亿元	同比增长率/%	进出口额/亿元	同比增长率/%
外资企业	192.9	15.3	219.2	32.2	412.1	23.7
民营企业	116.5	4.1	62.2	2.6	178.7	3.6
国有企业	10.7	37.7	33.8	92.0	44.5	75.3
其　他	0.1	−27.2	1.8	54.4	1.9	48.4

(3) 主要贸易伙伴保持稳定

2017 年,金山区主要贸易伙伴稳定,与日本、美国等传统市场的双边贸易发展保持稳定增长。在出口目的地方面,日本和美国交替领先,日本位列首位,占同期全区外贸出口总额的 14.2%(表 12.44)。

表 12.44 2017 年金山区进出口主要国家和地区情况

国家和地区	出口额/亿元	同比增长率/%	进口额/亿元	同比增长率/%	进出口额/亿元	同比增长率/%
日本	46.8	−1.3	64.8	52.3	111.6	24.1
美国	45.8	31.5	52.1	39.2	97.9	35.5
韩国	20.3	22.1	44.0	82.1	64.4	57.6
中国台湾	18.3	29.8	17.2	35.4	35.5	32.5
印度	17.9	26.7	3.3	220.4	21.2	39.8
德国	16.6	25.7	47.1	18.9	63.6	20.6
越南	14.5	47.3	0.6	−10.2	15.1	43.4
印度尼西亚	13.3	24.9	7.6	11.0	20.9	19.5
中国香港	12.7	−41.7	0.5	45.6	13.2	−40.3
泰国	11.5	41.6	18.2	28.2	29.7	33.1

(4) 化学制品和纺织服装仍是主要出口商品

2017 年,化学制品和纺织服装依然是金山区两大出口商品,出口额分别为 60.9 亿元、47.0 亿元,两者占全区出口总额的 32.8%。汽车及零部件行业出口稍有回暖,重新进入行业前八(表 12.45)。

表 12.45 2017 年金山区进出口按主要商品分类情况

商品类型	出口额/亿元	同比增长率/%	进口额/亿元	同比增长率/%	进出口额/亿元	同比增长率/%
化学制品	60.9	16.8	155.5	65.2	216.4	48.0
纺织服装	47.0	0.2	4.2	−17.3	51.2	−1.6
塑料橡胶	39.9	13.5	39.6	14.8	79.5	14.2
机电设备	32.6	14.2	31.2	35.1	63.8	23.5
贱金属	20.0	20.9	8.1	42.5	28.1	26.4
箱包皮革	6.3	19.2	0.1	1 110.1	6.4	20.6
动物产品	6.0	34.0	1.2	38.2	7.2	34.7
汽车及零部件	5.3	13.4	0.1	−61.2	5.4	8.3

2. 外贸工作重点

一是落实上海市商务委员会《外经贸发展专项资金(中小企业国际市场开拓资金)申报工作的通知》要求,开展政策宣贯和组织申报工作,召开金山区外经贸发展专项资金(中小企业国际市场开拓资金)申报说明会,于2017年3月底完成2016年度申报材料初审及汇总上报工作。金山区共有176家外贸企业申报项目,共有337个项目,共计申报资金501万元。

二是配合上海市商务委员会做好"四个一百"专项工作,即通过鼓励和扶持百家重点外贸企业、百家自主品牌企业、百家新贸易企业和解决百个问题和困难,努力促进外贸回稳向好,积极推进外贸结构调整和转型升级。推荐新贸易企业为上海众力投资发展有限公司、上海合全药业股份有限公司、迈创智慧供应链股份有限公司等四家。

三是金山区外贸联动协调工作机制,强化对外贸企业的管理、指导、协调及服务工作。成员单位由金山区经济委员会、金山区海关、原金山区出入境检验检疫局等部门组成,金山区经济委员会为牵头单位。建立了联动协调制度,由金山区经济委员会牵头联合金山区海关和原金山区出入境检验检疫局,每年召开工作会议,健全例会协调制度,重大项目及重点产业协调服务制度,围绕重大项目及重点产业在洽谈或建设、生产中碰到的问题。

四是服务贸易审批相关权限下放对接工作,按照上海市商务委员会服务贸易相关审核权限下放工作会议要求,对外贸易管理科做好了对接培训工作,切实落实属地管理职责,明确职责,制订工作要点和实施方案,分类指导,加强宣传推进,确保下放工作的顺利完成。

(二)外资发展情况

1. 基本情况

2017年,金山区外商投资完成投资总额6.4亿美元(含增资),同比增长12.7%,合同外资完成3.2亿美元(含增资),同比下降5.4%,完成全年目标任务3亿美元的107.1%。外资到位资金2.1亿美元,完成全年目标2.2亿美元的95.5%。

(1) 制造业外资回暖趋势明显

2017年,金山区新设外商投资项目180个,吸引外资1.7亿美元,占比52.2%,含电梯、岩谷气体开发、仓储服务等领域规模项目。先进制造业引资回暖,吸引外资7 148.7万美元,占新设完成额42.6%,产业领域有智能制造、生命健康等。服务业引资势头不减,共引入项目175个,吸引外资9 614.5万美元,占新设完成额57.4%,以文化传媒、商务服务、批发零售、仓储管理、科技推广、创意设计等领域居多。

(2) 增资金额增长平稳,制造业占比扩大

2017年,金山区增资项目32个,吸引外资1.5亿美元,占比47.8%,含花王(上海)化工有限公司、上海汉钟精机股份有限公司、上海统一企业饮料食品有限公司、巴斯夫护理化学品(中国)有限公司等规模项目。其中,制造业增资项目22个,净增合同外资14 151.5万美元,占增资总量的92.1%;千万美元及以上增资项目6个,全部为制造业项目,合同外资11 811.5万美元,占增资总量的76.9%。

(3) 韩国成为最大投资来源地

2017年,投资金山区前3位的国家和地区分别为韩国、中国香港、中国台湾,项目数分别为11个、25个和43个,合同外资金额分别为7 865.2万美元、3 525.6万美元和1 548.6万美元,合计12 939.4万美元,占新设总量的77.2%,其他主要投资来源地有欧洲、美国、日本、巴西等国家和地区。

(4) 外商投资企业效益好转

2017年,金山区外资企业完成销售(营业)收入365.3亿元,同比减少0.6%;利润总额20.3亿元,同比减少16.6%;税金总额57.9亿元,同比增加15.5%;外资企业出口商品总额192.9亿元,同比增长15.3%。

2. 外资运行情况

2017年,金山区外资企业运行较平稳,几个主要指标保持相对平稳,部分指标有一定幅度的增长。其中,全区外资企业完成销售(营业)收入365.3亿元,同比减少0.6%;利润总额20.3亿元,同比增长减少16.6%;税金总额57.9亿元,同比增长15.5%;外资企业出口商品总额192.9亿元,同比增长15.3%;外资到位完成2.1亿美元,完成目标计划2.2亿美元的95.5%(表12.46)。

表12.46 2017年金山区三资企业主要指标完成情况

指标/单位	2017年	2016年	同比增长率/%
销售(经营)收入/万元	3 652 680	3 673 128	−0.6
利润总额/万元	203 298	243 897	−16.6
出口商品总额/万元	1 929 188	1 673 548	15.3
外方资金到位/万美元	21 001	22 636	−7.2
税金/万元	578 572	501 072	15.5

3. 外资工作重点

(1) 提高外资企业服务水平

一是落实外商投资鼓励政策,强化政策宣传效应。通过外资例会、政策专题宣讲

会等形式，开展国发5号、39号文等宏观政策以及新修订的上海跨国地区总部政策、外商投资产业指导目录（2017年修订）等具体政策的宣传和解读；二是指导和服务特色平台和经济小区的外资服务业招商工作。开展对金石湾等的走访调研，加强对特色平台外资业务的指导工作；三是认真解决外资企业痛点难点问题，积极对接走访上海市商务委员会、上海市外国投资促进中心等相关部门，争取上级部门在项目推进和协调等方面的指导支持，协调推进竹本油脂项目；对花王（上海）化工有限公司等企业定鼓励类经营范围进行申报认定，指导企业享受进口自用设备免关税政策。

（2）增强政策形势调研研判能力

一是加强利用外资情况分析。每季度重点加强对利用外资情况分析，客观描述现状特征，剖析问题原因，提出意见建议，为招商引资提供参考；二是引导外资企业转型升级。开展地区总部和研发中心政策培训和对接，完成上海合全药业股份有限公司以发行股份的方式购买药明康德PDS临床应用部门资产和负债的备案事项，为筹备研发中心项目做好前期工作；三是加强外资来源地分析研究。在上海市商务委员会外国投资管理处的指导下，开展金山区美资、韩资等专题调研，形成各专题报告，目前正积极对接上海市外国投资促进中心，着手推进2018年外资招商形势分析，为领导决策提供参考依据。

（3）抓好外资队伍建设

一是提升外资队伍工作能力。每季度开展外资工作例会，开展政策培训和业务培训，提升外资队伍的工作能力和素质。通过外资工作群、外资企业工作群不定期发送最新外资政策和实务信息，拓展政策知晓度；二是强化对注册型外资企业指导，邀请各经济小区参加外资工作例会，组织开展政策宣传会；三是重心下沉，指导各镇（工业区）的服务外资工作。根据科室职能和外资业务的调整，赴各镇（工业区）开展行政审批和外资备案工作座谈会，通报职能调整和业务办理工作，帮助镇（工业区）及时掌握政策和业务知识。

二、 2018年金山区国际经贸工作展望

（一）外贸工作展望

2018年，金山区外贸进出口总额预计641亿元，其中出口额324亿元，进口额317亿元，同比增速都基本持平。

根据十九大报告精神，我国经济已由高速增长阶段转向高质量发展阶段。依据上海国际贸易中心建设“十三五”规划的目标及金山区推进供给侧结构性改革促进工

业稳增长、调结构、促转型的要求，鼓励外贸企业拓展“一带一路”沿线国家市场，充分利用品牌展会等平台扩大出口。鼓励和引导企业开拓国际市场，帮助企业分享经验，共享资源，推动产品、装备、技术、标准和服务“走出去”。加快发展跨境电子商务，鼓励企业建立海外营销网络，带动产品出口。加大出口信用保险政策宣传，加强对小微外贸企业的支持力度。

认真落实上海市商务委员会促进外贸转型升级创新发展“四个一百”专项行动计划的工作要求，着力开展重点企业扶持行动，通过推进贸易便利化服务，支持企业创新发展，开展自主品牌增长行动，做优一批自主品牌等工作，开展深入企业服务行动，通过排摸梳理问题、建立反馈机制和争取创新突破，解决实际问题。

（二）外资工作展望

1. 提高利用外资综合优势和总体效益

确保 2018 年完成合同外资 3 亿美元，争取完成 3.2 亿美元。有序推进开局、半年度等阶段性工作，实现开门红。做好任务的分解工作，激励各镇（工业区）积极推进利用外资工作。

2. 提升服务企业水平

坚持需求导向、问题导向和效果导向，开展园区、项目、企业大调研活动，切实改进工作作风，不断提升服务意识，提高综合服务能力。积极推进外资研发中心建设，开展地区总部和研发中心政策辅导，力争创建成功 1～2 个研发中心。

3. 加强事中事后监管

推进外商投资企业设立及变更备案检查工作，按照规章开展检查，做到各项流程符合法律要求。加强队伍建设，组织人员参加执法培训及市区各项培训，提高业务水平和执法能力。

第十三节　松　江　区

一、 2017 年松江区国际经贸发展情况

（一）外贸发展情况

1. 基本情况

2017 年，松江区实现进出口总额 3 027.9 亿元，同比增长 13.7%，其中出口总额 2 147.8亿元，同比增长 13.1%，占全市总量的 16.4%；进口总额 880.1 亿元，同比增长

15.1%(表 12.47)。

表 12.47 2017 年松江区货物贸易情况

进出口类型	金额/亿元	同比增长率/%
进 口	880.1	15.1
出 口	2 147.8	13.1
进出口	3 027.9	13.7

从贸易方式来看,2017 年松江区外贸结构仍以加工贸易占据主导地位,全年累计出口额为 1 709 亿元,占比 79.6%;一般贸易从 2016 年的 415 亿元增长到 438 亿元,增幅 5.7%,占比 20.4%(图 12.23)。

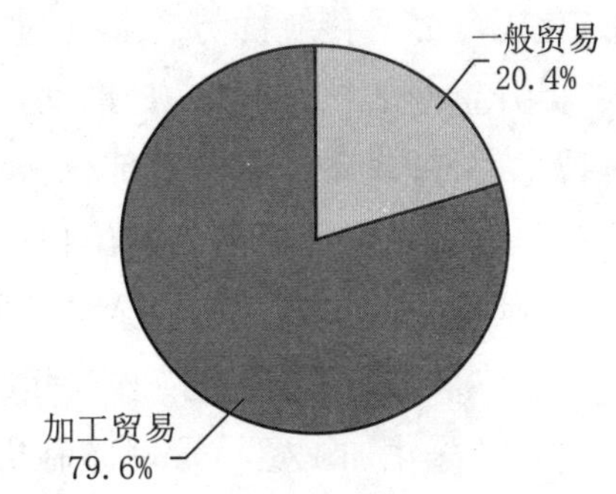

图 12.23 2017 年松江区出口贸易方式结构

从国际市场来看,2017 年松江区出口额前 5 位的大市场仍然为美国、欧盟、日本、东盟、中国香港,但是得益于“一带一路”倡议发展政策,松江区积极加强与沿线国家经济合作,扩大贸易互通,2017 年对东盟出口额从上年的 115 亿元增长到 146 亿,增幅 27.0%。

从商品结构来看,2017 年松江区出口额排名前五位的为机电产品、塑胶化工、光学医疗、贱金属及其制品、纺织服装,与上年相比,原本排名第 3 位的塑胶化工超过光学医疗排名第 2 位,机电产品依旧以绝对优势领军全区出口,其中广达集团全年完成出口额 1 402 亿元,同比增加 20.0%。

2. 外贸工作重点

(1) 打造 G60 科技创新走廊为重大功能性项目的主载体

随着 G60 科技创新走廊吸引力、创造力、竞争力的进一步提升,海尔智谷、修正集团、正泰启迪智电港、清华启迪等一大批重大产业项目的陆续引进,科大智能、天安金谷等一批科技型、引领型项目的相继开工,临港松江科技城、启迪科技园等一批科技创新载体建设成效的不断显现,松江区外贸结构将进一步由“规模速度型”向“质量效益型”转变,逐步形成新的外贸竞争优势。

(2) 加强培育新业态新模式和打造外贸综合服务链

一是加强已落户出口加工区的阿里巴巴跨境电子商务及松江电子商务园区成立经验的示范推广,充分发挥西南物流园区的优势,加快建立与外贸综合服务企业发展相适应的管理模式,着力为跨境 B2B 电子商务打造完整产业链和生态圈,进一步释放市场活力，促进企业降成本、增效益；二是积极推进跨境电子商务、外贸综合服务企业等新兴业态发展，依托临港科技城谷歌体验中心培训服务基地，支持培育一批企业利用国际互联网平台开拓国际市场，很好地促进了跨境电子商务与传统国际贸易的相互融合；三是注重培育和引进资源整合能力强、服务企业多的全流程型外贸综合服务企业，提升其通关、物流、退税、金融、保险等服务能力，创建松江区外贸从单纯的产品出口向产品与服务出口协同发展转变的新格局。

（3）推动传统产业优势产能“走出去”

通过加大政策引导力度，充分利用产业扶持、政策优惠等手段，大力支持电子信息、化工产品等传统优势产业通过加大研发力度、培育自主品牌、完善营销网络等方式，提升企业的核心竞争力，推动传统产业向中高端迈进。同时鼓励企业通过进口先进技术、关键设备和重要零部件等方式，大力培育高端装备、大型成套设备等具有较强竞争力及高附加值产品的出口。2017 年 11 月达功（上海）电脑有限公司、达丰（上海）电脑有限公司累计出口金额均排名全市出口企业前十。

（4）深化加工贸易管理体制改革

一是深化加工贸易管理体制机制改革，稳步推进出口加工区向综合保税区转型升级，加快提升区域主导产业能级，积极带动和培育区域外产业配套能力。松江出口加工区作为 G60 上海松江科技创新走廊 9 个功能板块中的重要板块，在推进海关、原出入境检验检疫局、税务局、外汇管理局等部门“信息互换、监管互动、执法互助”改革试点的基础上，进一步复制推广“工单式核销”“仓储企业联网监管”“境内外维修”和“分批送货、集中报关”等创新制度；二是加快推动区内加工贸易企业创新发展，提高发展质量和效益，引导企业有序开展国际产能合作，推动国内产业转型升级良性互动。鼓励加工贸易企业抓住和外资企业合资、合作的机遇，对国外先进技术和管理经验溢出，加快消化吸收、改造创新，不断提升产品技术含量和附加值。

（5）积极推动“松江制造”迈向“松江创造”

G60 科技创新走廊是上海建设具有全球影响力的科技创新中心的重要承载区，为松江区加快从“松江制造”迈向“松江创造”提供了新动力。全球首条 12 英寸硅基液晶显示芯片封测生产线、超硅半导体 300 毫米集成电路用晶体生长系统、3.6 万吨世界最大六工位重型模锻压机等一批具有影响力的重要科技创新成果陆续诞生。2017 年，松江区新增市、区两级企业技术中心 23 家。科大智能科技股份有限公司获国家增强制造业核心竞争力专项资金扶持。上海美维电子有限公司、理想晶延半导体设备（上海）有限公司、上海国龙生物技术集团有限公司、上海森松制药设备工程有限公司、上海核威实业有限公司、航天智造（上海）科技有限责任公司、上海龙工机械有限公司等一批创新型企业在软件和集成电路、首台突破和示范应用、技术引进消化吸收、技术中心能力建设、工业强基、人工智能、技术改造等方面获市级专项资金扶持。2017 年，共有 12 个产业化关键或共性研究项目、14 个企业首台（套）重大技术装备推广应用项目、14 个产学研项目、16 个技术改造项目获得区级专项扶持。

(6) 有效引导品牌建设

松江区经济委员会在松江区委、区政府的统一部署下，深入开展品牌培育工作，引导企业打造一批具有自主知识产权、高技术含量、高加值的出口商品品牌，提升优势出口品牌、培育新兴产品品牌，使全区外贸出口实现从“产品输出”迈向“品牌优出”转变。一是鼓励企业加快向自有品牌建设，支持企业参与国际标准、国家标准及行业标准制订；二是支持企业瞄准国际标杆企业，创新产品设计，优化工艺流程；三是引导自主品牌企业在境外投资建立加工、研发、生产、营销和售后服务体系；四是支持自主品牌对外宣传，积极组织企业参加广交会、华交会及高交会等各类展会，帮助企业对接外贸订单，推动企业对外合作和交流，提升企业品牌国内外知名度。

（二）外资发展情况

1. 基本情况

2017 年，松江区新批准项目 197 个，增资项目 61 个，投资总额 9.3 亿美元，同比下降 11.2%，合同外资 4.2 亿美元，同比下降 5.9%，其中第三产业合同外资累计 2.1 亿美元，占全区合同外资总量的 50.2%。实现到位资金 1.7 亿美元，同比下降 2.7%。

2. 外资工作总结

(1) 高度重视，做好政策宣贯及制定工作

2017 年，国务院和上海市政府相继出台了《国务院关于扩大对外开放积极利用外资若干措施的通知》(国发〔2017〕5 号)、《国务院关于促进外资增长若干措施的通知》(国发〔2017〕39 号)、《关于进一步扩大开放加快构建开放型经济新体制的若干意见》(沪府发〔2017〕26 号)，在更大范围、更广领域、更高层次上进一步扩大开放，提出了一系列开放措施。

作为地方政府，松江区经济委员会积极贯彻落实上级要求，紧紧围绕 G60 科技创新走廊建设，致力于营造更加法治化、国际化、便利化的营商环境和公平、统一、高效的市场环境，加快构建松江区开放型经济新体制。2017 年 9 月，松江区经济委员会草拟了外商招商引资政策，对外资实到资金部分给予一定的财政扶持，从政策层面引导企业积极增资扩股、加快资金到位，推动合同外资、到位资金的完成力度，鼓励各镇、园区在法定权限内制定出台吸引外商投资政策。10 月召开外资研发中心相关配套

政策座谈会，为进一步支持外资研发中心更加深入、更加广泛地参与上海具有全球影响力的科技创新中心建设，鼓励外资研发中心积极参与到 G60 科技创新走廊建设，松江区拟出台外资研发中心的相关配套政策。

(2) 坚持精准服务，切实提高外资企业运行质量

一是多次举办外商投资企业座谈会，保持政企互通渠道畅通，尤其是 2017 年 4 月根据松江区委、区政府进一步完善区域开放布局，提高外资利用水平的工作要求，举办了松江区重点外商投资企业座谈会，宣传了松江区 G60 科技创新走廊建设、增容扩产、总部经济、质量安全示范区等产业政策。9 月召开了全区外资企业座谈会，松江区四套班子领导全部参加，体现了全区上下对外向型经济的高度重视，进一步营造国际化、便利化的营商环境，稳定外商投资规模和速度，开创松江区利用外资工作新局面。

二是有序开展外资企业调研走访工作，保证服务宣传双到位。走访了洞泾镇、上海松江经济开发区等，调研了美联钢结构建筑系统(上海)股份有限公司、道康宁上海有限公司、悠哈味觉糖食品(上海)有限公司、上海百事可乐饮料有限公司、宜家采购(上海)有限公司、广达电脑股份有限公司、库卡机器人制造(上海)有限公司、台积电(中国)有限公司等重点外资企业，深入了解企业运行特点，转型升级中面临的困难，并通过情况梳理与分析，结合松江区实际，寻找促发展的有效途径。在走访企业的同时，加大对企业就外经外贸领域的产业政策、税收政策、外汇政策等进行宣传推广，特别就《关于推动创新创业促进松江经济转型升级的若干意见》向企业进行重点宣传。

二、 2018 年松江区国际经贸发展展望

(一) 外贸工作展望

1. 进一步推动区域外贸结构优化升级

一是进一步聚焦 G60 科技创新走廊建设，进一步优化制造业产业结构和能级，发挥松江区制造业现有比较优势，在新型工业化和信息技术化导向下，聚焦产业链高端，塑造竞争新优势，打造具有国际知名度的制造业。

二是进一步利用政策服务好企业发展，发挥好中小企业开拓国际市场资金等政策效用，依托谷歌体验中心等平台，支持松江区内企业开拓国际市场。

三是进一步支持外资研发中心更加深入、更加广泛地参与上海具有全球影响力的科技创新中心建设，鼓励外资研发中心积极参与到 G60 科技创新走廊建设。

四是进一步加快推进改造提升传统优势制造业，优化产品结构，推动先进制造业加快创建自主品牌，打造一批具有自主知识产权、高技术含量、高附加值的出口商品品牌。

五是进一步鼓励、扶持战略性新兴产业快速形成出口能力，加大开拓国际市场的力度。同时重点吸引更多拥有核心技术、高新设备的先进制造业企业落户。

2. 进一步做好出口加工区转型升级工作

一是配合做好松江出口加工区向综合保税区转型相关工作，从完善区域功能、优化政策、改革监管模式入手，稳步推进松江出口加工区整合优化。

二是鼓励高端装备、大型成套设备、新能源汽车等高附加值产品出口，积极创建国家级先进制造业质量安全示范区。

三是通过海关特殊监管区域功能创新，带动形成新的贸易增长点，进一步增强发展活力，再创发展新优势。

四是作为G60科技创新走廊重要功能板块，积极研究一系列的优惠政策和服务措施，为松江出口加工区升级为综合保税区后加大招商和服务力度做好充分的准备。

五是积极引导加工区内企业转型升级，在部分产线向中西部转移的同时，逐步调整产业结构、提升质量效益布局新技术、新模式等价值链创新要素。

3. 进一步做好中国国际进口博览会组织保障工作

2018年首届中国国际进口博览会(以下简称“进口博览会”)将在上海举办，给松江区进出口贸易和产业发展带来重大机遇。松江区积极应对，制定相关方案，下一步松江区经济委员会将在深入企业实地调研，充分了解企业参展需求的基础上，进一步加强进口博览会宣传工作，有针对性地引导企业参与，如组织“虹桥自贸城”等一批专业进口商参加展览会，鼓励企业加强对境外出口商的宣传推介，积极参加供需对接会、行业研讨会、产品发布会等一系列专业配套活动。进一步加强政企联动，争取以松江区政府、G60科技创新走廊等名义参加进口博览会展览、虹桥国际贸易论坛等活动。进一步加强与区内各相关单位协作，整合多方力量，全面统筹招展招商工作。进一步加强与进口博览局、上海市商务委员会等部门的对接工作，确保圆满完成进口博览会招商招展和服务保障任务。

（二）外资工作展望

1. 加大招商引资力度

充分发挥外商招商引资政策和外资研发中心配套政策的作用，围绕上海“四个中心”及科技创新中心和G60松江科技创新走廊的建设，加大利用外资的招商力度，促进跨国公司地区总部及企业研发、销售、运营中心的落户，尤其是加大对设立具有独立法人资格的研发中心的推动力度，支持市级、区级企业技术中心、大中型企业、高新技术企业、技术创新基础好、成长性突出的中小企业建立研发中心。争取填补相关领域的空白。

2. 加大服务企业力度

积极开展企业走访调研，加强服务的平台建设，认真宣贯国发 5 号、国发 39 号文、沪府发 26 号文、G60 科技创新走廊 60 条产业政策、外资招商引资、区级研发中心等政策，积极鼓励和引导外资企业增资扩股、增容扩产，不断加快产业转型升级，提升自主研发能力和市场竞争力，实现企业二次腾飞，为外资企业稳定发展提供更广阔的空间和更完善的要素保障。

第十四节　青　浦　区

一、2017 年青浦区国际经贸发展情况

（一）外贸发展情况

2017 年，青浦区积极贯彻上海市商务委员会“四个一百”专项行动计划，继续做好企业服务工作，全年实现进出口总额 759.7 亿元，同比增长 5.8%，其中出口额为 422.7 亿元，同比增长 3.7%，进口额为 337.1 亿元，同比增长 8.6%。除去星科金朋（上海）有限公司的影响，青浦区进出口同比增长 13.3%，出口同比增长 10.2%，进口同比增长 17.6%。从月度数据来看，上半年进出口同比增速较高，下半年同比增速有所回落（图 12.24）。

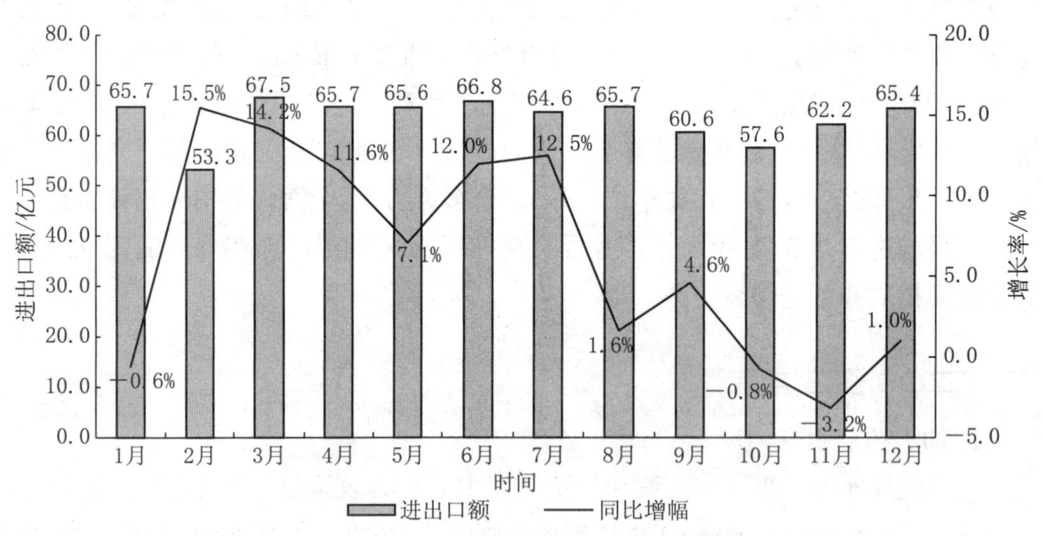

图 12.24　2017 年青浦区月度进出口情况

1. 进出口总体运行良好

2017 年，青浦区共计 1 366 家企业开展出口业务，减少 263 家，累计出口 422.7 亿

元，同比增长 3.7%，共计 1 603 家企业开展进口业务，增加 79 家，累计进口 337.1 亿元，同比增长 8.6%。全区共计 1 414 家民营企业开展进出口业务，进出口总额 239.5 亿元，同比增长 21.2%，占比较上年上升 4.0 个百分点；共计 638 家外资企业开展进出口业务，进出口总额 447.3 亿元，同比下降 2.3%，占比较上年下降 4.9 个百分点（表 12.48）。

表 12.48　2017 年青浦区分企业主体进出口情况

企业类型	出口额/亿元	同比增长率/%	进口额/亿元	同比增长率/%	进出口额/亿元	同比增长率/%	占比/%	企业数/家
总　计	422.7	3.7	337.1	8.6	759.7	5.8	100	2 113
外　资	242.0	−7.3	205.4	4.4	447.3	−2.3	58.9	638
民　营	151.9	28.4	87.6	10.6	239.5	21.2	31.5	1 414
青浦出口加工区（监管区内）	28.7	14.2	43.0	32.3	71.7	24.4	9.4	26
国　有	0.02	−98.8	0.0	−99.1	0.02	−98.8	0.0	4
其　他	0.2	−89.8	1.1	−37.6	1.2	−63.1	0.2	31

2. 一般贸易占比上升

2017 年，青浦区贸易结构持续优化，呈现出一般贸易进出口占比上升，加工贸易进出口占比下降的态势。从事一般贸易企业 1 934 家，同比增加 34 家，进出口总额 526.5 亿元，同比增长 16.0%，占比较上年增加 6.4 个百分点，为 69.7%。从事加工贸易企业 190 家，同比减少 25 家，进出口总额 205.3 亿元，同比下降 15.5%，占比较上年减少 6.7 个百分点，为 27.2%（表 12.49）。

表 12.49　2017 年青浦区分贸易方式进出口情况

贸易方式	出　口		进　口		进出口			企业数/家
	累计/亿元	同比增长率/%	累计/亿元	同比增长率/%	累计/亿元	同比增长率/%	占比/%	
总　计	422.7	3.7	323.0	7.8	755.7	5.5	100	2 113
一般贸易	289.1	14.1	237.4	18.5	526.5	16.0	69.7	1 934
加工贸易	122.1	−17.1	83.2	−13.1	205.3	−15.5	27.2	190
其他贸易	11.5	62.4	12.4	−3.8	23.9	19.8	3.1	947

3. 传统市场保持稳定

2017 年，青浦区进出口涉及 187 个国家和地区，其中出口市场涉及 179 个国家和地区，进口市场涉及130个国家和地区。美国、日本、欧盟、东盟是青浦区传统贸易市场，进出口总额位列前4，进出口同比增长7.9%，高于全区外贸增速2.1个百分点，占全区外贸市场比重超过65%。相较传统市场，青浦区对新兴市场贸易发展迅速，其中，对越南进出口额为12.9亿元，同比增长23.9%；对印度进出口额为11.9亿元，同比增长15.3%；对墨西哥进出口额为9.3亿元，同比增长25.0%（表12.50）。

表12.50 2017年青浦区分国家和地区进出口情况

国家和地区	出口额/亿元	同比增长率/%	进口额/亿元	同比增长率/%	进出口额/亿元	同比增长率/%	占比/%
美国	90.5	10.2	48.7	17.2	139.2	12.6	18.3
日本	52.7	0.9	63.3	10.5	116.0	5.9	15.3
欧盟	67.9	8.4	85.7	12.9	153.6	10.9	20.2
东盟	51.0	−7.4	40.7	9.5	91.7	−0.6	12.1
总计	262.1	4.0	238.3	12.5	500.4	7.9	65.9

4. 出口规模企业数量增加

2017年，上海美蓓亚精密机电有限公司、上海中昊针织有限公司、星科金朋（上海）有限公司、斯伦贝谢油田设备（上海）有限公司、上海永冠胶粘制品股份有限公司、上海恒缘农机配件制造有限公司、上海荣泰健康科技股份有限公司、新大洲本田摩托有限公司、基胜工业（上海）有限公司、上海东隆羽绒制品有限公司、上海欧菲滤清器有限公司、宏茂微电子（上海）有限公司、上海展华电子有限公司、上海现代电梯制造有限公司、上海增利国际物流有限公司、卓饰纺织品（上海）有限公司16家青浦区企业出口额超过5亿元，同比增加2家，占全区出口总额36.9%。全年出口额1亿元以上的企业75家，同比增加6家，出口额282.3亿元，同比增长7.1%，占比66.8%，拉高全区出口增速4.6个百分点。

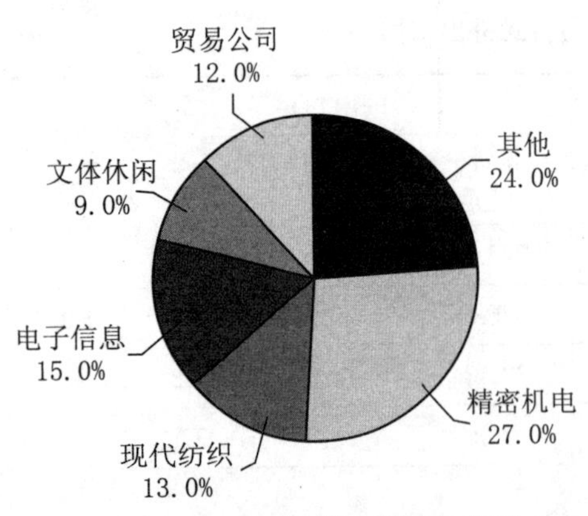

图12.25 2017年青浦区重点出口企业（行业）分类情况

2017年，青浦区75家出口额达到亿元的企业中，从事传统支柱产业业务的企业41家，其他业务企业34家；生产型企业66家，贸易型企业9家。精密机电、电子信息、现代纺织、贸易公司、文体休闲、其他行业企业数量占比分别为27.0%、15.0%、13.0%、12.0%、9.0%、24.0%（图12.25）。

5. 进口龙头企业增势喜人

2017 年，青浦区 3 家出口龙头企业：上海美蓓亚精密机电有限公司、上海中昊针织有限公司和星科金朋（上海）有限公司，外贸出口占到全区出口总额的 12.1%，同比下降 28.7%，拉低全区出口增速 5.1 个百分点。3 家进口龙头企业：上海菱重增压器有限公司、上海普惠飞机发动机维修有限公司和上海美蓓亚精密机电有限公司进口占到青浦区进口总额 17.2%，同比增长 26.0%，拉高全区进口增速 3.8 个百分点。

（二）外资发展情况

1. 合同外资完成情况较好

2017 年，青浦区完成合同外资 8.1 亿美元，同比提高 22.7%。新设外资项目 47 个、迁址 15 家、增资项目 29 个，合计 91 个项目。其中，制造业引进合同外资为 1.4 亿美元，占比为 16.8%，其中：新批项目 8 个，合同外资为 0.5 亿美元；增资项目 12 个，合同外资为 0.8 亿美元。服务业引进合同外资为 6.8 亿美元，占比为 83.2%，其中：新批项目 54 个，合同外资为 2.7 亿美元；增资项目 17 个，合同外资为 4.0 亿美元。合同外资在 1 000 万美元以上大项目有 17 个，合计 7.2 亿美元，占比为 90.9%，其中：增资项目 11 个，合同外资为 4.5 亿美元，新设 6 家，合同外资为 2.7 亿美元。

2. 实到外资以大项目为主

2017 年，青浦区外资企业出资 30 次，实到外资 4.5 亿美元，同比提高 8.1%。制造业企业出资 9 次，到位资金 1.2 亿美元，占比为 25.7%；服务业企业出资 21 次，到位资金 3.4 亿美元，占比为 74.3%。到位资金 1 000 万美元以上大项目有 14 个，到位资金为 4.1 亿美元，占比 89.8%。

3. 总部经济稳步推进

2017 年 4 月，适逢上海市外资总部政策修订出台，青浦区对外资企业进行了政策培训和解读。上海银天下投资集团有限公司地区总部的认定工作已于 4 月顺利完成，顺利完成年度市级认定总部数的考核目标。截至 2017 年底，青浦区已累计设立 5 家跨国公司地区总部。2017 年按照时间节点，完成 4 家总部的年度扶持资金拨付工作，完成 1 家新设总部区级审核工作。

4. 企业服务不断优化

2017 年，青浦区继续稳步推进外商投资审批改备案改革有关工作，引导外国投资者和外商投资企业正确识别外资准入的不同管理要求和登记流程，确保外商投资企业管理新制度的顺利实施。全年累计完成外商投资设立和变更备案项目 690 个。

针对2017年国家、上海市出台的有关外资政策，组织开展主题为“凝聚外企合力 助力跨越发展”部分重点外商投资企业座谈会，对国家、上海市级2017年密集出台的有关促进外资增长的政策进行了解读。各参会企业结合生产和经营情况，对青浦区里将结合实际拟定相关配套政策和发展实体经济提出了具体的意见和建议。举办主题为“跨越”的第13届外商投资企业圣诞音乐会，营造良好的投资环境，得到外商投资企业的高度认可。

二、 2018年青浦区国际经贸工作展望

（一）外贸工作展望

2018年，青浦区外贸工作的基本思路是：继续推进外贸回稳向好，构建开放型经济新体制，营造良好的贸易环境，发挥部门的协调作用，加强与上海市商务委员会工作沟通，配合海关和检验检疫服务全区外贸企业健康有序发展。

1. 继续紧抓外贸“稳增长、调结构”工作目标

要加快转变贸易发展方式，持续优化贸易结构。一是注重产业集聚。依托青浦出口加工区民用航空基地，发挥产业集聚区在外贸转型升级中的示范带头作用，吸引优质外贸企业落户；二是发展外向型品牌经济。引导企业建设自主品牌，为民营企业创造更多的“走出去、展出来、做上去”的空间和机会，运用品牌策略开拓市场，助力传统企业实现从代工生产向原创设计转型，使青浦区民营企业逐渐成为支撑全区外贸增长的新生力量；三是加强企业联系。结合青浦区里组团式联系服务企业的工作要求，进一步转变政府职能，深入企业走近企业，搭建服务企业平台，听取企业诉求，带去相关政策办法，鼓励企业寻求转型，实现内外贸的同步发展。

2. 实现跨境电子商务产业发展新突破

要加强“互联网+外贸”领域的探索研究。一是加快推进跨境电子商务三个平台建设。2018年继续扩大跨境进口保税订单规模，全年保税进口目标130万单，实现和突破跨境电子商务水果及冰鲜食品的冷链配送和检测服务；二是争取实现跨境电子商务出口模式突破。除了向上海海关积极申报出口模式试点外，进一步对接大龙网、敦煌网等出口平台，建立合作机制，开拓出口销售新渠道，并开展相关的宣传和招商工作；三是提前修订政策。《青浦区开展跨境电子商务试点实施细则》有效期将届满，根据实际运作情况和业务需求对相关条款进行修改，进一步完善政策，促进跨境电子商务产业更好的发展；四是加强学习。2018年组团赴深圳、杭州等地学习跨境电子商务经验，不断提升业务能力。

3. 做好中国国际进口博览会相关工作

首届中国国际进口博览会(以下简称"进口博览会")于2018年11月在国家会展中心召开,预计将有100多个国家参加此届博览会,作为"一带一路"计划框架下向世界开放市场的重要窗口,要全力以赴做好博览会的服务工作。一是做好会务保障工作,配合上海市商务委员会制定好青浦区的相关工作方案,包括新闻宣传、安全保障、应急管理等内容;二是做好信息沟通工作,加强与上海市商务委员会信息联通,确保博览会取得圆满成功。

4. 建立加工贸易联动监管机制

2018年,青浦区将联合海关建立联动监管机制,采取镇(街道)、区属公司属地管辖的原则,加大相关企业的监管力度,事前对企业严格审核生产能力证明材料,事中加大加工贸易企业的抽查力度,实现动态监管,事后联合海关重点跟踪问题企业,实行企业的分类管理。

(二)外资工作展望

习近平总书记在2018年新年贺词中强调,改革开放是当代中国发展进步的必由之路。2018年,青浦区利用外资工作要按照商务部、上海市商务委员会的工作要求,坚定改革开放再出发的信心和决心,积极谋划,靠前服务,全面推进外商投资审批改备案改革工作,聚焦外资招商,确保利用工作难中求进,质量进一步提高,结构进一步优化,让高质量的外资项目落户,营造更加良好的发展环境。针对2017年工作推进中对存在问题的思考,提出如下工作建议。

1. 加速优化营商环境

青浦区将按照党的十九大和中央经济工作会议精神,改革创新体制机制,补齐"短板",深化"放管服",进一步优化营商环境,促进外资高质量发展。一是落实方案。配合做好《青浦区着力优化营商环境的实施方案》的拟定工作,目的在于深入贯彻落实习近平总书记关于加大营商环境改革力度的重要指示精神和上海市优化营商环境推进大会部署,进一步提升稳定、公平、透明、可预期的营商环境,降低市场运行成本,提高运行效率;二是政策宣传。积极开展最新国家、上海市有关外资利好政策的宣传,研究制定有关加快构建开放型经济新体制的实施意见和有关外在研发中心相关配套政策,聚焦外资招商,促进外资水平和质量提高,形成利用外资新动能,更好发挥外资企业对新一轮开放经济发展的重要作用。

2. 协调推进项目落地

强化"大招商"的理念,在企业引进、管理服务上及早融入、了解情况、加速推进。

服务好存量优质企业，引导企业增资扩股，发展壮大，全力以赴。一是做好引导。针对企业不同情况，采取相应措施，引导存量企业增资。根据外商投资企业联合年检数据，对盈利较大的外商投资企业列出明细，进行走访，排摸企业增资意向，动员企业进行利润再投资，推动现有企业增资扩股；二是加强研究。按照商务部、上海市商务委员会和青浦区委、区政府关于落实全面深化改革的总体要求，配合相关科室聚焦平台经济和主导产业开展招商，强化产业平台载体功能，精准研判项目情况和需求，做好要素匹配，实现科学高效决策，确保签约落户项目落地；三是抢抓机遇。2018 年要重点关注进口博览会，做深做透这块改革开放试验田。全力做好会务保障工作的同时，做好信息沟通，研究出台对接进口博览会相关政策，力争放大进口博览会的溢出效应，充分发挥其作为推动新一轮对外开放重要载体作用，做出核心竞争力和品牌影响力。

3. 加强事中事后监管

一是落实监督检查工作。按照上级要求部署，着力营造规范的制度环境和稳定的市场环境，继续深入推进外商投资审批改备案改革工作，落实好外商投资项目设立和变更备案监督检查工作，并按照国家赋予的行政检查和行政处罚权，落实好外商投资项目设立及变更备案的监管检查工作；二是做好外资统计工作。做好外资统计工作是加强事中事后监管的重要抓手。对上加强和上海市商务委员会和国家外汇管理局的联系，及时了解外资到账情况；对外加强与新设、增资企业的沟通和对接，做好资金到账及时录入统计系统；对内，一方面加强对各镇、园区外资专管员的培训，促进外资统计工作更加科学规范、更有工作抓手。

4. 做深做细企业服务

一是聚焦解决问题，开展大调研。按照上海市委、青浦区委“六个紧扣”的总体目标，开门搞调研，确保“全覆盖”，牵头梳理好调研中外商投资企业的问题，特别是要坚持聚焦企业经营发展中难点、痛点、堵点，对新兴领域成长性企业现状、政策出台效果等方面开展调研，把解决问题贯穿于大调研全过程，确保调研活动有序推进，取得实效；二是聚焦能力提升，当好“店小二”。做减少干预、专心提供优质服务的“店小二”，用政府部门的“辛苦指数”换来企业的“发展指数”。强化企业服务，及时受理外商投诉，及时把握重点企业生产经营状况，及时协调解决实际问题。要组织开展窗口人员业务培训，特别是针对《目录》实施后需要承担的新任务，加大外资研发机构、融资租赁企业、不涉及并联并购企业的引进和服务力度。同时，不断加强窗口工作人员能力和水平建设，切实增强指导、推动工作的针对性和有效性。

第十五节 奉贤区

一、2017年奉贤区国际经贸发展情况

（一）外贸发展情况

1. 基本情况

2017年，因国际市场回暖、国际大宗商品价格上升、上年同期基数比较低、政策效应进一步显现等原因，奉贤区实现进出口总额750.1亿元，同比增长16.5%。其中进口额301.3亿元，同比增长22.9%，占比40.2%；出口额448.9亿元，同比增长12.6%，超额完成年度目标任务的115.1%，占比59.8%（图12.26）。

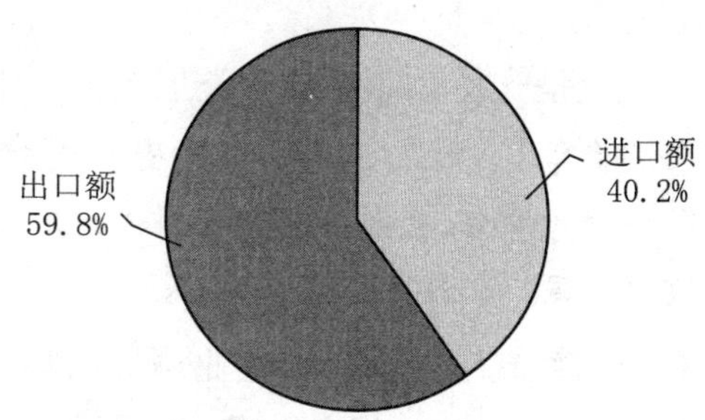

图12.26 2017年奉贤区外贸进出口总体情况

（1）一般贸易成为主要进出口方式

2017年，奉贤区一般贸易进出口额499.4亿元，占比为66.6%；加工贸易进出口额为187.5亿元，占比为25.0%；其他贸易方式进出口额为38.9亿元，占比为5.2%，贸易结构进一步优化。

（2）外资企业进出口保持主导地位

2017年，奉贤区外资企业实现进出口额429.9亿元，占比为57.3%；内资企业实现进出口额320.2亿元，占比为42.7%。其中，内资企业出口额、进口额同比增速分别为26.3%、43.1%，远高于外资企业的4.3%、10.5%。

（3）进出口市场以亚洲、非洲、北美洲为主

2017年，奉贤区进出口市场最大的是亚洲，占比为48.3%，接下来依次是欧洲、北美洲、拉丁美洲、非洲、大洋洲，进出口占比分别为23.6%、15.5%、5.0%、3.9%、3.7%。

（4）进出口商品以机电、贱金属等产品为主

2017年，奉贤区进出口商品前三大类为：第十六类机电、音像设备及其零部件，第十五类贱金属及其制品，第六类化学工业及其相关工业的产品，占比分别为34.9%、10.9%、10.3%。

2. 外贸工作重点

（1）做好外贸扶持政策引导、落实工作

一是顺利完成中小企业国际市场开拓资金申报、审核及落实工作。根据上海市

商务委员会工作部署，精心组织企业申报，认真受理审核项目，耐心解答政策咨询，扎实有序推进中小企业国际市场开拓工作。2016年度奉贤区共有224家企业464个项目获批，拨付总金额766.5万元。境外展会、产品认证和管理体系认证等三类项目个数及拨付金额占比九成以上。156个项目通过2017年度第一批中小企业国际市场开拓初审，金额为226.9万元。

二是配合开展上海市外经贸发展专项资金（进口设备贴息和自主品牌培育）的宣传和申报工作，做好信息发布、政策引导服务，为外贸企业发展提供资金扶持。8家企业获得上海市外贸专项资金共计40万元，9家企业获得中央外贸资金共计709万元。

三是支持企业参加各类展会。与上海市商务委员会保持密切联系，及时掌握、发布展会信息，鼓励、引导、支持更多符合条件的企业参加重点展会。积极帮助优质企业申请增加第122届广交会摊位，助力企业展示产品风采，大力拓展国际市场。奉贤区共有56家企业参展。

四是鼓励中小外贸企业用好出口信用保险等政策性保险金融工具，加强风险防范和控制，培育竞争新优势，提升国际化经营能力，奉贤区共有25家企业参与中国出口信用保险公司出口信用保险投保。

(2) 积极开展跨境电子商务调研和出口加工区转型升级工作

一是对奉贤成立跨境电子商务公共服务平台进行专题研究，会同出口加工区走访先行开展跨境电子商务的邻区，从必要性、可行性、存在问题等方面进行深入探索和研究。对现有电子商务企业进行跟踪服务，鼓励申报上海市跨境电子商务示范园区。

二是先后赴常州综合保税区、苏州综合保税区、昆山综合保税区等调研，学习借鉴兄弟省市的成功经验和先进做法，推动出口加工区转型升级为奉贤综合保税区。据目前推进情况，有望2018年取得突破。同时，与奉贤区海关保持紧密联系，支持出口加工区内企业申请国内加工业务，共同推动出口加工区升级为奉贤综合保税区。

(3) 加强宣传调研和完善企业服务工作

一是组织召开系列政策宣讲会议，搭建政企沟通平台。2017年1月、10月、11月先后联合奉贤区海关、奉贤区出入境检验检疫局组织召开外贸企业座谈会、政策宣讲会，解读外贸、海关和检验检疫最新政策，参会企业数量众多，效果良好。6月，召集奉贤区71家重点外贸监测样本企业开展外贸监测工作半年度会议，总结部署外贸监测工作，3家企业代表交流工作经验。9月，筛选约100家符合条件的新企业召开中小企业国际市场开拓资金政策宣讲会，布置申报工作，并进行现场答疑，企业获益匪浅。

二是走访调研奉贤区重点外贸监测企业。为了解和掌握全区外贸运行形势，助推外贸出口回稳向好，7月开展重点外贸监测企业大走访，面对面解读中央市级各项外贸发展扶持政策，详细了解企业生产经营情况、进出口形势及发展中存在的问题和困难，积极为企业出谋划策。

三是认真处理企业诉求。加强与海关、原出入境检验检疫局、税务局等涉外部门的紧密沟通联系，积极协调解决企业的困难和问题，如协调海关解决上海芯哲微电子科技股份有限公司进口设备关税事宜，妥善处理上海京清蓉服饰有限公司亩均税收指标事宜等。

(4) 做好进出口贸易统计、监测和生产能力证明工作

一是认真维护海关数据查询统计分析系统和奉贤区货物贸易统计系统，在此基础上进行深度分析，精心编撰外贸月度简报，每月全面及时地反映奉贤区外贸进出口情况、准确地预测进出口走势，为领导决策提供参谋依据。

二是抓好奉贤区外贸进出口调查监测站工作。2017年全区入库样本企业为71家，通过及时催报，认真审核，确保了外贸进出口调查监测系统的上报率和准确率。

三是积极适应新系统、新要求，严格执行加工贸易企业经营状况和生产能力核查机制，为外贸企业出具200份生产能力证明，实地验厂49家。

(5) 做好服务贸易相关审核权限下放的承接工作

2017年9月底，根据《上海市商务委员会关于下放服务贸易相关审核权限的通知》精神和上海市商务委员会服务贸易市区联动工作对接会要求，为确保奉贤区服务贸易相关审核工作“接得住、接得好、接得顺”，及时制定《奉贤区商务委员会关于承接服务贸易相关审核权限的工作方案》《自由类技术进出口合同和软件出口合同审核办事指南》，安排科室人员参加上海市商务委员会业务培训，配备相应的软硬件等。在上海市商务委员会的工作指导下，各项交接工作顺利完成，奉贤区已陆续开始受理技术进出口和软件出口合同登记工作。

（二）外资发展情况

1. 基本情况

2017年，奉贤区共完成合同外资6.8亿美元，同比下降0.2%；实到外资2.8亿美元，同比增长5.0%。其中，新批准项目429个，投资总额6.2亿美元，合同外资3.5亿美元，其中第三产业合同外资累计3.2亿美元，占全区合同外资总量的90.6%。

2. 外资工作重点

(1) 顺利开展外商投资企业联合年报

由于 2017 年联合年报启用了新系统，整个联合年报从筹备到最终年报结束总共历时半年，截止到 10 月中旬，奉贤外商投资企业联合年报工作顺利收官。从宣传动员、组织落实、网上审核到汇总分析，在确保参报率、企业满意率和数据准确率的基础上，平稳推进联合年报工作，参报企业达到历史新高，共有 1 677 家参报，同比增长 18.85%。按照上海市商务委员会要求完成了 2016 联合年报运营情况分析和总结，进一步掌握了外商投资企业运营状况。

(2) 做好合同外资、实到外资、生产经营统计工作

多途径督促企业，尤其是新设企业和重点企业，每月按期如实上报统计报表，奉贤区正常上报企业 1 200 家左右，区属重点企业上报率维持在 90%以上，上报质量进一步提升。每月 30 日前，第一时间完成实到外资、合同外资、三资企业经营各项数据的汇总、审核、分析、编制和报送工作，并认真完成每月对外资数据的文字分析。

(3) 组织"两类企业"考核

完成对 2016 年度确认和 2015 年度考核合格的外商投资产品出口企业和外商投资先进技术企业(简称"两类企业")的考核工作。2017 年有 44 家两类企业参加考核。

(4) 配合完成各项审改工作

一是做好审批及备案项目流程的继续优化工作；二是做好备案数据的汇总公示工作。同时，配合审改办完成了外资备案行政审批制度改革工作专题调研报告。

(5) 顺利完成备案外资企业监督检查工作

监督检查是 2017 年商务部下达的一项新工作。按照系统要求，对全区的备案企业进行了随机抽查检查和定向抽查双结合的方式进行了监督检查，并按时间节点在系统内完成检查反馈工作。

(6) 完成上海市商务委员会各项工作任务

一是完成融资租赁企业排查工作，并形成报告及表格上报上海市商务委员会；二是完成近 3 年来审批或备案企业实到外资的调研，对未发生实到外资的企业一一调查原因，并上报；三是协助上海市商务委员会做好 2017 年跨国公司地区总部的授牌工作和跨国地区总部结算中心情况的调研工作，奉贤区有两家企业获得授牌，分别是泉膳(中国)投资有限公司和似鸟(中国)投资有限公司。

(7) 提高招商引资和企业服务工作能力

一是帮助企业解决各类在设立期间所遇到的问题，积极与上海市商务委员会、奉贤区工商局等单位对接，帮助企业完成备案。对于在谈的外资项目，做到跨前一步，

在洽谈过程中提供政策咨询服务;二是妥善处理企业诉求。积极协调企业在生产经营中出现的重点、难点问题,及时为外企排忧解难。如上海英科医疗用品有限公司被周围居民投诉厂区周围有异味、工业综合开发区双菱地块产业调整时外资物流公司投诉等,奉贤区经济委员会都积极与上海市商务委员会和环保沟通,争取相关部门支持及妥善解决;三是对于已经入驻的外资企业,做到提供各种变更的政策咨询和扶持政策的宣传,做好跟踪服务。

(8) 顺利协助多家协会完成脱钩工作

在奉贤区民政局脱钩办的精心指导下,顺利开展了第二批试点协会脱钩工作。目前,奉贤区工业合作协会、奉贤区企业联合会、奉贤区电子商务协会按照时间节点,已经完成脱钩。

二、 2018 年奉贤区国际经贸工作展望

(一) 外贸工作展望

展望 2018 年,奉贤区将继续巩固和提升外贸传统优势,积极培育以技术、品牌、质量、服务为核心的外贸竞争新优势,不断提高外贸发展质量效益,实现对外贸易的持续健康发展,努力促进外贸继续回稳向好。

1. 做好日常统计、监测和审批工作

一是做好进出口贸易统计工作。对每月新增进出口企业按照企业性质、企业归属地等进行分类整理,同时增加系统功能模块,加强外贸数据的月度、季度分析,为领导决策提供有效信息。

二是积极做好外贸监测站的运行工作。督促重点外贸企业按时通过外贸监测系统进行数据上报,确保样本企业填报率和数据准确率。

三是优化生产能力证明审批。严格执行核查机制,按照审批时限,认真审核各项证明材料,为企业出具“加工贸易企业经营状况和生产能力证明”。

四是做好离岸服务外包合同初审。认真执行“服务外包统计报表制度”,对企业上报的 BPO、KPO 合同信息及时审核。五是受理企业自由类技术进出口合同与软件出口合同的登记,审核企业提交的电子材料、书面材料等,打印合同登记证。

2. 加大企业服务力度

一是落实第一批中小企业国际市场开拓专项资金、开展第二批中小企业国际市场开拓申报工作。做好第一批资金拨付工作的跟踪服务,确保资金落实到位。

同时，开展第二批中小企业国际市场开拓申报工作，支持中小企业积极开拓国际市场。

二是加强政策引导。收集整理各类外贸政策，通过部门网站、微信公众号、微信群、QQ群等建立政策宣传平台，帮助企业及时了解外贸新趋势，积极争取国家市区各项优惠政策、资金支持。

三是支持企业走出去开展对外投资合作业务，积极开拓"一带一路"沿线国家和地区等新兴市场，提升国际市场份额。

四是加强与海关、税务等涉外部门的紧密沟通联系，积极协调解决企业的困难和问题，并通过召开政策宣讲会、联合走访等形式，全方位地服务企业。

3. 推动外贸结构优化和创新发展

一是逐步优化贸易结构，争取在服务贸易上有新的突破。近年来，服务贸易在外贸结构转型升级以及推动对外贸易发展中发挥着愈加重要的作用。奉贤区将以自由类技术进出口合同和软件出口合同审核权限下放为契机，加强服务贸易调研工作，全面掌握奉贤区技术进出口和软件出口情况。宣传服务贸易相关政策，鼓励服务贸易企业利用好国家、市级相关优惠政策，进一步发挥财政资金的引导带动作用，逐步提高服务贸易在外贸出口中的比重，推动奉贤区国际服务贸易的进一步发展，做到货物贸易、服务贸易"两条腿"走路。

二是拓宽外贸发展模式，力争多种业态融合发展。继续推动闵行出口加工区升级为奉贤综合保税区。对现有电子商务企业进行跟踪服务，鼓励申报上海市跨境电子商务示范园区。支持和鼓励有条件企业创新外贸发展模式，积极推进跨境电子商务、"外贸＋互联网"、外贸综合服务等新业态发展。

（二）外资工作展望

2018年，奉贤区将在做好日常工作的同时，继续优化外资企业管理方式，努力做到管理与服务并重，争取服务更优化、管理不松懈。

1. 加强合同外资、实到外资统计

近两年实到外资下降严重，合同外资和实到外资增幅偏离现象突出。奉贤区将加大对实到外资数据的催报及核查力度。2018年扩大催报范围，对100万美元以上新设和增资项目的到资情况区内进行催报，对100万美元以下的下发镇、开发区催报，双管齐下确保年度目标顺利完成。

2. 继续有序推进外资备案和监督检查工作

根据商务部《外商投资企业设立及变更备案管理暂行办法》（商务部令2016年第

3号)和《商务部关于做好外商投资企业设立及变更备案监督检查有关工作的通知》(商资函〔2016〕第954号)的文件规定,外资项目审批科又增加了一项行政检查权和行政处罚权。按照商务部的部署安排,2017年以后每年要对所有备案的外商投资企业进行3%随机监督抽查和投资超亿美元的外商企业20%定向上门检查。奉贤区于2017年下半年开展了一次随机抽查,这项规定的确大大增加了科室的工作量。2018年,奉贤区将在2017年的经验基础上,增加抽查次数、采用多种检查方式相结合,严格按照商务部和上海市商务委员会的要求,继续深入推进此项工作。

3. 做好生产运营统计和开展外资联合年报

继续做好合同外资、实到外资、外资企业运营月度、季度、年度报表,提高分析能力。做好联合年报的宣传培训、组织落实和并联审核工作,提高企业参报率和数据准确率,加强联合年报数据分析利用。同时在新系统的改进上为上海市商务委员会出谋划策,促进年报系统不断完善。

4. 关注外资制造业、外资地区总部和研发中心等功能性机构的引进

一是加强对外资制造业、地区总部和研发中心的招引力度。强化与市级相关部门的工作对接,发挥市级平台的综合资源优势,加强与行业领军企业和跨国公司接触和沟通,吸引其设立在奉贤区;二是推动外资企业提升能级。走访排摸现有外资企业,对有意向设立地区总部或研发中心的外资企业,要因势利导,推动企业在现有基础上转型升级,拓展总部功能或设立研发中心。

5. 提升服务企业、服务基层能力

与各镇、开发区加强信息互通,增强服务的主动性、针对性和有效性。加强走访调研,做好政策宣传,急企业之所急,解企业之所忧,积极促进全区"1+1+X"产业发展。

6. 继续配合审改办推进各项审改工作

以继续优化外资备案流程为目的,加快推进政务标准化建设,实现线上线下相结合的一体化服务体系。结合奉贤区业务实际,配合推进行政服务中心网厅建设工作。

7. 探索新的外资考核方式和外资企业扶持政策

争取奉贤区政府支持,加大对外资指标的考核力度,让各镇、开发区把外资的招商引资、项目洽谈、审核办理全过程服务等工作真正重视起来。结合奉贤区产业发展的特点和需求,探索出台奉贤区利用外资的相关鼓励政策,在土地供应、地区总部资金奖励、住房补贴、人才政策等吸引更优质的外资项目来奉贤投资兴办实业。特别是跨国公司地区总部政策,其他区都有比较明确的针对跨国公司地区总部招商、落户、租房的奖励政策,然而目前奉贤区在这一块仍是短板,对跨国公司地区总部的招商吸引力不够,2018年将重点探索这方面政策。

第十六节 崇 明 区

一、 2017 年崇明区国际经贸发展情况

（一）外贸发展情况

1. 基本情况

2017 年，崇明区共有 278 家外贸企业开展对外贸易活动，实现进出口总额 39 亿元，同比增长 6.3%。其中，出口额 21.7 亿元，同比下降 14.7%；进口额 17.3 亿元，同比增长 54.2%。主要呈现以下特点。

(1) 民营企业进出口明显回升

2017 年，崇明区按外贸出口企业性质分，外资企业出口额 7.2 亿元，同比下降52.8%，占总额的 33.2%；民营企业出口额 11.4 亿元，同比增长 22.8%，占总额的52.5%(图 12.27)。全年有 6 家企业出口额达亿元以上，其中上海安投机械配件有限公司(民营)出口额 2.7 亿元，同比增长 194.5%，占全区总额的 12.4%，出口额居全区首位。上海冠华不锈钢制品股份有限公司(外资)出口额 2.4 亿元，同比下降 14.5%，占全区总额的 11.1%，名列全区第 2 位。

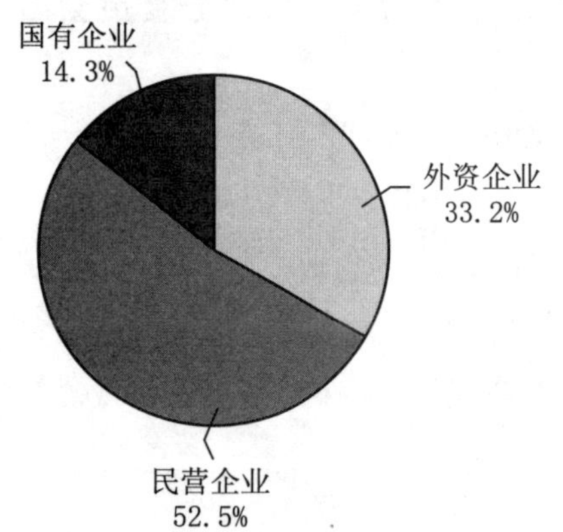

图 12.27 2017 年崇明区不同性质企业出口情况

2017 年，崇明区按外贸进口企业性质分，国有企业进口额 1.3 亿元，同比基本持平，占进口总额的 7.5%；外资企业进口额 1.1亿元，同比下降 44.6%，占进口总额的 6.4%；民营企业进口额 10.2 亿元，同比增长 34.2%，占进口总额的 59%。上海川丰机电科技发展有限公司(民营)进口额 1.7 亿元，同比增长 3.3%，占全区总额的 9.8%，进口额居全区首位(图 12.28)。

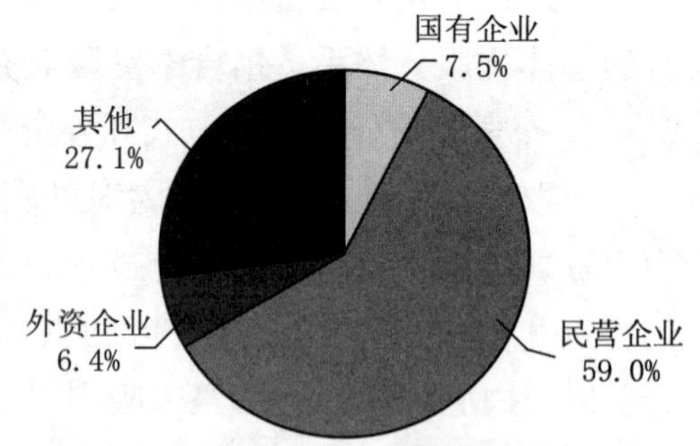

图 12.28 2017 年崇明区不同性质企业进口情况

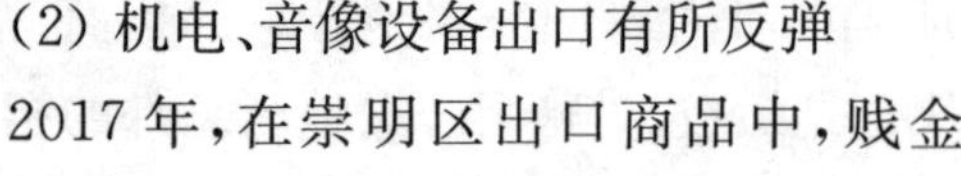

(2) 机电、音像设备出口有所反弹

2017 年，在崇明区出口商品中，贱金属及其制品出口额 9.3 亿元，占比由上年的 34%上升至 43%；机电、音像设备及其

零部件出口额 3.6 亿元，占比由上年的 9%上升到 17%；纺织原料及纺织制品出口额 2.5 亿元，占比由上年的 10%上升到 12%；车辆、航空器、船舶及其零部件出口额 2.4 亿美元，占比由上年的 32%下降到 11%。

(3) 欧盟、美国、日本等市场出口规模位居前三

2017 年，崇明区出口商品按照出口额排序，主要涉及欧盟、美国、日本等多个国家和地区。其中，对欧盟出口为 5.4 亿元，占出口总额的 24.9%；对美国出口为 4.2 亿元，占出口总额的 19.4%；对日本出口为 2.2 亿元，占出口总额的 10.1%(表 12.51)。

表 12.51　2017 年崇明区出口国家和地区情况

国家和地区	出口额/亿元	比重/%
总　　计	21.7	100.0
其中:欧盟	5.4	24.9
美国	4.2	19.4
日本	2.2	10.1

(4) 对外经济合作平稳发展

2017 年，崇明区共有 15 家企业申请对外投资项目，同比增加 1 家，拟投资总额 9.4亿美元，同比增长 754.6%。投资主要投向地是中国香港(3 家)、澳大利亚(2 家)，其他还有中国台湾(1 家)、日本(1 家)、美国(1 家)、西班牙(1 家)、荷兰(1 家)、开曼(1 家)、柬埔寨(1 家)、刚果(1 家)、南非(1 家)、马耳他(1 家)。

2. 外贸工作重点

(1) 做好外贸相关行政审批和业务咨询

截至 2017 年 11 月 3 日，共为 35 家企业提供关于加工贸易企业生产能力证明系统操作的相关咨询，共核准发放加工贸易企业经营状况及生产能力证明 54 份。审核 2 家服务外包企业的 24 份服务外包合同。指导 12 家企业办理或变更对外贸易经营者备案登记。为 1 家外贸企业购置国外先进设备提供政策咨询。为上海瀛鑫金属制品有限公司境外投资赴美建厂，办理境外投资相关手续提供政策咨询，并帮助其与中国出口信用保险公司对接，做好风险评估工作。

根据上海市商务委员会工作部署，从 11 月起服务贸易相关审核权限中的“自由类技术进出口合同审核权限”“软件出口合同审核初审权限”下放至崇明区商务委员会。为顺利承接相关工作，拟定《崇明区商务委员会关于开展服务贸易审核工作的方

案》，完善内部流程，明确责任分工与时间节点，组织人员参加审核权下放的相关培训，制定办事指南，广泛宣传此次权限下放，扩大企业知晓度，公告行政审批内容和办理须知，并定期统计上报季度技术进出口、软件出口统计数据及相关信息，督促辖区服务贸易、服务外贸企业每月按时上报相关统计表，做好数据直报工作。

(2) 落实外贸发展专项资金

开展 2017 年第一批、第二批中小企业国际市场开拓项目资金申报工作，目前已有 4 家企业报送材料，经初步审核基本符合条件。配合上海市商务委员会做好 2016 年中小企业国际市场开拓资金拨付工作。配合上海市商务委员会相关处室完成 2016 年度中小企业国际市场开拓项目材料抽查、问卷填报等绩效评估工作。协助上海华润大东船务工程有限公司落实 2016 年度中央外贸资金外贸产品品牌培育和推荐宣传项目补贴资金 14 余万元，引导外贸企业培育自有品牌。

(3) 组织推荐企业参加对外商务活动及资格认证

组织崇明区 3 家企业参加第 122 届中国进出口商品交易会，展示崇明区重点外贸企业的自主品牌产品。组织企业参观第五届中国(上海)国际技术进出口交易会。组织崇明区相关企业开展技术先进型服务企业认定工作。推荐上海冠华不锈钢制品股份有限公司家成为上海市商务委员会百家新贸易企业。推荐 2 家企业成为上海国际贸易学会理事。

(4) 帮助外贸企业解决实际困难

协调崇明区政府向上海海关为上海怡世翔国际货物运输代理有限公司出具诚信状况良好说明函，协调解决其信用等级降低问题。为上海快乐讯广告传播有限公司办理企业信用状况证明向海关出具函。

(5) 督促外贸企业开展安全生产检查

根据上海市商务委员会下发《关于开展本市商务领域安全生产大检查的实施方案》文件精神，要求外贸和境外投资企业开展安全生产检查工作，进一步强化安全生产红线意识、忧患意识、风险意识和责任意识，并于近期开展安全生产隐患排查工作，强化安全措施，堵塞安全管理漏洞，促进安全生产形势持续稳定向好，为党的十九大胜利召开营造稳定的安全生产环境。

(6) 完成其他上级部门交办的工作任务

根据商务部工作要求，会同崇明区财政局、各乡镇，按照世贸协定内容，协助准备中国政府第二份地方补贴通报有关政策，完成 2015—2016 年地方补贴材料汇总和上报工作，共梳理出区、镇出台补贴政策 4 项，配套中央、市级政策资金项目 5 项，2015—2016 年补贴金额共计 6 604.8 万元。组织 10 家外贸企业填报“贸易便利化企业调查问卷”并汇总上报。组织 2 家企业填报“完善服务外包口径统计调查问卷”。

（二）外资发展情况

1. 利用外资基本情况

2017 年，崇明区外商投资企业累计投资总额 52 616.9 万美元，同比增长 52.1%；注册资本 41 217.4 万美元，同比增长 60.9%；合同外资 30 574 万美元，同比增长 19.8%；实到外资 9 566.9 万美元，同比增长 254.2%。其中，有两家企业实到外资数额较大，分别是上海德艺钟表有限公司 2 187.5 万美元、上海灿谷投资管理咨询服务有限公司 7 241 万美元，因崇明区实到外资基数较小，故实到外资数额较上年有大幅度增长。

2. 外资备案情况

2017 年，崇明区共审批外资项目 252 个，其中批准新设立企业 119 家，增资企业 11 家，迁入企业 21 家，变更项目 83 家，减资企业 2 家，终止企业 16 家。

3. 外资管理情况

一是 2017 年上海外商投资企业年度经营信息联合报告工作已全部结束。崇明区已参报企业数 350 家，已回执通过 350 家，回执率 100%。对 2016 年度崇明区外商投资企业投资、运营情况进行全面分析，编写了《2017 年崇明区外商投资企业联合年报运营报告》《2017 年崇明区外商投资企业联合年报情况分析报告》，全面掌握全区外商投资企业经济运营情况。

二是在上半年崇明区融资租赁行业风险排查专项检查工作基础上，形成了常态化监管机制，落实专人对崇明区已备案的 6 家外资融资租赁企业做好跟踪，定期检查企业融资租赁企业管理信息系统数据报送情况，并建立全区企业报送情况信息名录，按时上报送上海市商务委员会。对在监管工作中发现有异常的企业，崇明区经济委员会及时将相关情况报送上海市商务委员会并做好后续工作。

三是组织科室人员认真学习新修订的《外商投资企业设立及变更备案管理暂行办法(修订)》(商务部令 2017 年第 2 号)和《外商投资产业指导目录》(2017 年修订版)，并参加上海市商务委员会组织的全市外资备案管理工作培训，提升业务水平。同时，对外商投资企业的设立及变更的备案管理工作根据上海市商务委员会要求及时做好调整，全面开展网上无纸化办理，将放管服工作落实到位。

四是对注册在崇明区的外商投资企业进行设立及变更备案进行监督检查，按照 3%的比例随机抽取全区外商投资企业，要求被抽企业按时提交备查材料。崇明区通过书面检查的方式对被检企业设立及变更备案进行了检查，将检查结果通过书面方式通知企业，并将检查结果录入“商务部外商投资诚信档案系统”。

二、 2018 年崇明区国际经贸工作展望

（一）外贸工作展望

为进一步提升崇明区商贸服务水平，稳定进出口工作，2018 年将做好以下几方面工作。

1. 积极培育新型业态

2018 年将进一步优化对外贸易结构，积极培育崇明区文化出口产业等新业态。培育新业态对于崇明区中小企业的能力建设和外贸多元化的发展有很大帮助。崇明区经济委员会将进一步引导企业释放市场活力，支撑外贸以新模式、新业态实现优进优出、升级发展。

2. 不断拓展营销渠道

崇明区重点出口企业多为加工制造类企业，因而崇明区经济委员会支持鼓励出口企业加强技术改造，更新生产设备，改进生产流程，提高生产效率，同时采用灵活价格策略，着力拓宽海外营销渠道。

3. 积极争创自主品牌

崇明区积极鼓励重点外贸企业进行产品转型升级，提升产品附加值，应对市场挑战。进一步推进崇明区外贸加工制造类企业由 OEM 模式向 ODM 模式转变，为国际知名品牌商提供专业的研发和生产一体化服务，形成自主品牌。

4. 加强外贸监测研判

做好全区外贸监测工作，加强对外贸易形势的研判。认真抓好各级各类外贸政策落实，加大服务企业的精准度。定期走访重点外贸企业，协调相关部门为企业切实解决实际问题。

5. 促进企业对外交流

组织外贸企业参加各种对外商务活动，帮助企业开拓国际市场。鼓励企业开展境外投资，积极为企业开展境外投资做好服务和政策指导，鼓励企业建设境外营销网络和研发机构，推进“一带一路”沿线合作，助推企业“走出去”。

（二）外资工作展望

为进一步提升崇明区商贸服务水平，稳定进出口工作，2018 年将做好以下几方面工作。

1. 利用外资情况预估

2017 年，崇明区的外商投资企业累计投资总额、注册资本、合同外资、实到外资

较往年均有较大增长，根据往年的平均数据和2017年的一个增长态势，预计2018年外商投资企业累计投资总额50 000万美元，注册资本40 000万美元，合同外资30 000万美元，实到外资3 000万美元。

2. 切实转变外资企业管理模式

强化事中事后监管，一是按照上海市商务委员会对外资企业设立及变更备案监督检查工作要求，对崇明区外商投资企业开展抽查工作，对企业及其投资者是否存在违反《备案办法》行为进行检查，督促企业合法、合规经营；二是做好外资融资租赁企业日常监管工作，随时掌握企业动态信息，并将情况及时反馈上海市商务委员会。

3. 认真做好外资统计工作

按照上海市商务委员会及崇明区委区政府要求，根据崇明区外资工作实际情况，认真做好外资统计工作，每月按时向上海市商务委员会和崇明区统计局上报外资数据。每月按时做好外企生产经营情况等的审核及汇总上报工作。

4. 扎实抓好外资到位工作

积极与企业保持联系，随时统计企业实到外资情况。根据国家外汇管理局资金流入数据，及时督促企业做好实到外资数据上报。

5. 务实做好现有外资企业的服务工作

实地走访注册、落户在崇明区的外资企业，向企业介绍宣传最新的外商投资、招商引资、项目技改等多方面政策，听取企业的相关需求，积极帮助解决企业存在的有关困难和问题，密切关注现有外资企业的运营情况，营造良好的环境，让现有企业健康发展。

6. 认真做好拟落户外资项目的跟踪服务工作

与各相关项目工作部门密切协作，切实促进相关在谈外资项目的落地，协调解决在落地过程中遇到的问题和困难。根据自愿原则，吸引新注册的外资企业成为崇明区外资企业协会成员单位，及时了解政策信息为企业投资提供有力支持。

7. 加强顶层设计统筹全区招商引资工作

为推动崇明世界级生态岛建设，充分发挥招商引资对产业转型发展的引领作用，不断创新机制、整合资源、统筹联动、形成合力，实现经济提质增效，崇明区结合实际情况正草拟《崇明区关于加强招商统筹工作的实施意见》，通过加强招商统筹，提升区级统筹资源配置能力和区域产业发展能级，打造效率与质量并重的招商网络和科学、高效、专业的服务体系，形成上下协同、区域联动、优势互补、利益共享的发展合力，着力提升全区生态产业能级发展，加强崇明对外资的吸引力度，加快推动产业项目注册和落地。目前该实施意见已经崇明区委常委会议讨论通过，待发文后正式实施。

第十三章　海关特殊监管区

第一节　金桥经济技术开发区

一、区域概况

金桥经济技术开发区(以下简称“金桥开发区”)是全国唯一以先进制造业和生产性服务业为发展双核心的自贸试验片区,也是上海建设“全球科技创新中心”的重要承载区,更是浦东新区创建“中国制造2025”国家级示范区的重点实践区。历经28年的发展,金桥开发区已成为全国制造业园区的排头兵,正迈向有全球影响力的“智造中心”。

二、2017年发展情况

2017年,金桥开发区围绕转型发展和功能提升,依托汽车、智能装备等先进制造业和批发服务等重点生产性服务业,第二三产业协同发展,经济实现较快增长。实现工业总产值为2 600亿元,营业收入7 200亿元,实现利润总额350亿元,完成税收收入500亿元。其中,规模以上企业共实现营业收入6 899亿元,同比增长10.6%,第二和第三产业营业收入比例达到4.7∶5.3。

金桥开发区以占浦东新区1/50的土地贡献了超过1/4的工业经济规模。其中:生产性服务业产值全国排名前列;汽车产值约占上海行业总产值1/2,是浦东新区首个千亿级产值规模的产业;电子信息产业产值占上海总产值的1/3;智能装备产业占上海总产值的1/4。金桥开发区正成为制造业跨国中心集聚度最高的区域之一,世界

500强企业中有43家在金桥开发区投资了94个项目，跨国公司地区总部29家，汇聚着上海通用汽车有限公司、中国石油化工集团公司、上海诺基亚贝尔股份有限公司、沃尔沃汽车、德国西门子股份公司、德国拜耳公司、欧姆龙（中国）有限公司、上海华为技术有限公司等一批具有全球竞争力的跨国公司和产业集群。

三、2018年工作展望

金桥开发区正在重构产业链、价值链、功能链和创新链，打造新的“蝶变”之路，遵循“对标国际，对标一流”的原则，按照“新旧结合、产业整合、跨界融合、企业聚合”，致力成为先进制造业的全球链接中心之一。下一步，金桥开发区将坚持以智造为主攻点、以开放为主旋律，聚焦现代汽车、智能制造、移动视讯、金融科技四大新兴产业，不断探寻转型升级新动力，迈向全球“智造中心”。其中，南区海关封关区升级为综合保税区，将为金桥开发区转型提供有利条件。①

第二节　漕河泾出口加工区

一、区域概况

漕河泾出口加工区于2003年3月经国务院批准设立，2004年3月正式封关运作。漕河泾出口加工区位于闵行区浦江镇，是临港浦江国际科技城的重要组成部分，地理位置优越，交通便捷。临港浦江国际科技城兼具国家级经济技术开发区、国家级高新技术产业开发区和国家级科技企业孵化器的功能，以科技创新中心建设为引领，重点围绕“先进制造”“生命健康”“文化创意”“电子商务”“检验检测”等5＋X的产业集群，延伸产业链、拓展创新链、打造生态链，已形成一批有影响力的高端制造和科技创新的龙头企业，成为上海引领科技创新和高端制造的重点区域和科技创新中心建设的重要承载区，是上海和闵行“国家产城融合示范区”两大核心园区之一。漕河泾出口加工区自成立以来，出口额曾经连续3年位列全国海关特殊监管区域前3位，连续4次获得“上海品牌园区”荣誉称号，是上海第一批落实上海自贸试验区创新制度复制推广的海关特殊监管区域。

① 数据来源：本节资料来自于“金桥发布”微信公众号。

二、 2017 年发展情况

2017 年,国内外经济形势逐渐好转,漕河泾出口加工区各项经济指标呈现出了企稳向好、强劲发展的态势。全年实现销售收入 324.9 亿元,同比增长 10.1%;工业总产值 319.5 亿元,同比增长 8.2%;利润总额 6.4 亿元,同比增长 206.1%;税收 15.5 亿元,同比增长 18.4%;进出口总额 60.3 亿美元,同比增长 7.9%,其中,进口额 22.4 亿美元,同比增长 14.7%,出口额 37.9 亿美元,同比增长 4.3%。漕河泾出口加工区内企业相继通过上海海关"仓储货物按状态分类监管"验收和"委内加工"资质,上海自贸试验区一系列可复制可推广优惠政策的相继落地,为加工区实现新的发展提供了坚实的动力和基础。

漕河泾出口加工区经历了十多年的发展,目前已形成以电子通信设备制造为主,生物医疗、电子科技及保税物流等配套的产业体系。其中英业达科技有限公司和英华达科技有限公司连续多年进入上海出口企业 200 强名录,英华达科技有限公司荣膺 2016 年度上海市外资企业进出口总额和吸收就业人数双百强企业。近年来,一批有代表性的、新兴的医疗和电子产业企业异军突起,为漕河泾出口加工区的可持续发展提供了强大的动力和支撑。随着跨境电子商务业务在区内的开展,漕河泾出口加工区正逐步实现从加工贸易单一模式向集加工贸易、货物贸易、服务贸易为一体的综合模式转型升级,不断实现服务功能显著提升,创新能力明显提高,产业承载日渐增强,形成管理规范、通关便捷、用地集约、产业集聚、协调发展的格局,成为拉动区域经济快速发展的强劲引擎。

三、 2018 年工作展望

2018 年,漕河泾出口加工区将获批转型升级为漕河泾综合保税区,这为漕河泾出口加工区的发展提供了重大机遇和契机,漕河泾出口加工区将紧紧围绕转型升级和提质增效,重点在以下几个方面下功夫。

一是产业项目提质。首先要提高现有企业的实力和竞争力,打牢加工区提质发展的基础。最大限度地为企业提供政策便利和创造优越的营商环境,进一步扩大国际和国内两个市场,不断增强企业发展的后劲和抵御风险的能力。

二是园区品质提质。要逐步从简单加工、代工,向"代工+研发设计",直至拥有自主品牌发展,实现加工贸易从粗放型向集约型、从简单加工型到高附加值型转变。

同时，带动周边经济，发挥辐射功能，带动相关企业进入加工贸易产业链和供应链，促进区内外生产加工、物流和服务的深度融合。实现园区品质提质，还要不断实现上海自贸试验区新经验、新成果的复制和推广，将更多的、创新的海关监管制度，更多的、更新的监管理念复制推广，为海关特殊监管区域提供发展的新鲜血液，努力营造法治化、国际化、便利化的营商环境。

三是服务功能提质。充分发挥浦江高科技园经济技术开发区、高新技术产业开发区和综合保税区"三区合一"的优势，统一规划，统一布局，实现经济效益和社会效益的同步提升，园区间的相互促进，协同发展。进一步完善产业结构、丰富业务形态、创新贸易方式、优化监管服务，充分发挥综合保税区和浦江高科技园区地理位置相近的区位优势和优惠政策的叠加效应，使综合保税区在新的起点上实现新的发展。

第三节　松江出口加工区

一、区域概况

上海松江出口加工区由 A 区和 B 区组成，总规划面积 5.96 平方公里。上海松江出口加工区 A 区于 2000 年 4 月 27 日经国务院批准设立，为全国首批出口加工区之一，规划面积 2.98 平方公里，于 2001 年初封关运作，已全部开发完毕；B 区于 2003 年 3 月 14 日经国务院批准设立，规划面积 2.98 平方公里，分二期开发，2003 年 11 月一期 1.33 平方公里封关运作。

二、2017 年发展情况

经过多年调整，松江出口加工区内的出口型加工贸易企业面对国内外经济大环境的变迁主动转型，避免被淘汰的命运。尽管在成本、环境压力下，园区内部分产线已向中西部转移，但一些具有高技术含量、高附加值的产品也在逐渐被引入加工区。以广达集团为例，在成本、环境压力下，企业在松江出口加工区内部分产线已向中西部转移，笔记本电脑的产量也从高峰的年产 5 000 万台锐减至半数。但与此同时，一些具有高技术含量、高附加值的产品也在逐渐被引入加工区，并且在经过一段长时间的调整之后，目前高端笔记本电脑和服务器占营业收入比重已大大提高，降低了企业对中低端笔记本市场的依赖。

此外，海关总署《加贸司关于开展海关特殊监管区域内企业内销产品返区维修试点工作的通知》出台，决定在海关特殊监管区域内开展企业内销产品返区维修试点。松江出口加工区内达利（上海）电脑有限公司位于全国 12 家试点企业之列，企业在获得内销维修资格后，已逐渐将原本迁出的维修业务再次转移进加工区内。

截至 2017 年底，区内落户企业达 144 家，其中外资 84 家、内资 60 家，外商投资总额 24.54 亿美元，2017 年底园区从业人员近 5.5 万人，带动解决周边就业岗位约 2 万个。2017 年，完成工业产值 1 545 亿元；完成进出口总额 348 亿美元，其中进口 105 亿美元，出口 243 亿美元；完成利润总额 9.8 亿元；完成增加值 80 亿元；完成税收总额 28.7 亿元，其中海关及代征税 20.7 亿元，工商税收 8 亿元。自封关运行至 2017 年底，园区已累计实现进出口总额 4 940 亿美元。在物流功能拓展方面，截至 2017 年底，松江出口加工区内共有第三方物流企业 22 家，仓储面积达 16 万平方米，2017 年完成营业收入 5.2 亿元；出入库金额达 247 亿美元。目前加工区保税物流业务除传统物流仓储业务之外，已衍生出简单装配、分拣、分拨配送等业务，并逐步尝试进口奢侈品、食品及生活用品等全新业务，发展空间巨大。

松江出口加工区前期已争取了多项改革试点，上海自贸试验区政策复制推广的“工单式核销”“仓储企业联网监管”“境内外维修”和“分批送货、集中报关”等 4 项创新制度，之前已经在松江出口加工区先行开展试点。上海自贸试验区政策复制推广后，根据区内企业产业特点和实际需要，松江出口加工区先后有序推进“简化统一进出境备案清单”“先进区后报关”“区内企业货物流转自行运输”和“智能化卡口验放”等制度。目前松江出口加工区已对符合条件的 50 余家企业实行“批次进出、集中申报”，对 7 家生产型企业实行“工单式核销”管理，对区内 16 家物流仓储企业实行“仓储企业联网监管”。前期指导达利（上海）电脑有限公司开展内销产品返区维修取得一定经验后，又向海关总署申请将国基电子作为第二批试点企业，为今后扩大复制推广范围奠定基础。

2014 年，松江出口加工区作为首批复制上海自贸试验区政策的区域之一，又陆续引进跨境电子商务、保税展示两项新业务。2015 年 6 月 18 日，松江成为全市第一个跨境电子商务示范园区。2017 年，园区跨境电子商务业务累计放行订单 696 万单，出货金额达 6.3 亿元，实现跨境电子商务综合税收 1.1 亿元。“双十一”期间，园区跨境电子商务单量达到了 221 万单，货值近 2.7 亿元，实现跨境电子商务综合税收 3 749 万元。

2016 年 10 月 14 日，国家税务总局、财政部、海关总署共同发布了《关于开展赋予海关特殊监管区域企业增值税一般纳税人资格试点的公告》的税收新政，自 11 月 1 日起，上海松江出口加工区等 7 个综合保税区将率先开展企业增值税一般纳税人资格试点。这项政策的实施使区内企业不再需要通过区外企业代理便可与在国内市场开展业务，拓展了经营范围，增强了业务的灵活性，最终降低了经营成本。区内制造型企业可以充分利用国内外两种资源、产品面向国际、国内两个市场，激发企业技术升级、创新发展的内生动力；商贸型企业获得了进出口贸易经营权，园区将大力引进优质的外贸企业入驻，从事地区性乃至全球采购、分销、配送业务；综合保税区的口岸功能，可以率先为区内企业办理申报、查验、放行等手续，无须再到港口或机场办理。

2016 年 11 月 29 日，海关总署发布了《关于海关特殊监管区域“仓储货物按状态分类监管”有关问题的公告》，松江出口加工区成为上海海关首批“仓储货物按状态分类监管”试点单位。试点的开展，解决了仓储企业多年来“保税非保并存”的需求，大大拓展了区内物流企业业务范围，货物状态分类监管使企业可以整合原本需要分别设立的两个仓库、两套管理系统、两套人员队伍，真正为企业降低了通关仓储成本。

三、 2018 年工作展望

2018 年，松江出口加工区将密切关注园区升级综合保税区的进一步动向，积极落实在加工区内一般纳税人及分类监管业务试点，加强招商引资和企业服务的力度，为整合升级综合保税区做好全面准备。松江出口加工区整合为综合保税区，是承接实施国家新一轮高水平对外开放，构建开放型经济新体制的客观要求，也是进一步激发市场活力，促进大众创业、万众创新的重要手段。转型升级综合保税区后，松江将充分利用处于长三角城市圈中心位置的优势，大力拓展贸易型企业发展，争取成为长三角跨境贸易示范区。

第四节 青浦出口加工区

一、 区域概况

上海青浦出口加工区于 2003 年 3 月经国务院批准设立，封关面积 1.6 平方公里。青浦出口加工区区位条件优越，交通便捷、配套设施完备，商务环境较好。区域临近虹桥商务区、虹桥机场、虹桥火车站、国家会展中心，汇聚铁路、公路、航空、轨交、公交等各种交通方式，是长三角快速便捷的交通方式的聚集地。青浦出口加工区能够依托虹桥综合交通枢纽、服务长三角地区及长江经济带，借助虹桥商务区现代商务贸易功能和国家会展中心的国际会展功能，提供配套物流、仓储等保税服务，承载仓库配套、产业延伸和环境支撑。依托虹桥综合交通枢纽的建成投运，积极发展航空总部经济。

二、 2017 年发展情况

自设立以来，青浦出口加工区形成了以航空维修、保税加工、保税物流、跨境电子商务等几大支柱产业，引进了一批技术含量高，经济效益好的优质项目。青浦出口加工区功能从最初的保税加工拓展到保税维修、仓储物流、保税展示、融资租赁、采购分拨、跨境电子商务等。

区内的航空产业为上海民用航空“十二五”发展规划中的重要支点之一，创建的民用航空产业园以上海普惠飞机发动机维修有限公司和东航技术应用研发中心为龙头，重点发展民用航空维修、培训、研发等业务，预计将来年产值将超过 50 亿元。

区内保税加工作为传统支柱产业，以汽车零部件、新能源、机械制造等为主，5 家世界 500 强企业落户青浦出口加工区，这些企业科技含量高，抗市场风险能力较强，整体业绩优良，近年来业绩稳步提升。

区内保税物流业务实现年进出口总额超过 20 亿美元，年增长率超过 30%，成为区内外加工贸易国际贸易联动的重要节点，有效降低企业物流成本，提高物流速度。

2017 年，区内跨境电子商务累计完成出区 106.4 万单，货值 3.7 亿元，完成年度目标的 266%。青浦出口加工区完成跨境电子商务企业备案 31 家，食品化妆品仓库备案企业 5 家，物流集中监管场所备案 1 家，电子商务商品备案 1.2 万种左右。

三、 2018 年工作展望

2018 年，青浦出口加工区将继续深化转型综合保税区工作，积极复制推广上海自贸试验区制度创新，全面推进贸易便利化改革，营造适合企业发展的营商环境。园区围绕保税加工、保税服务与保税物流的良性平衡发展开展以下主要工作；一是聚焦重点产业，推动企业提升附加值；二是加快发展保税物流业务，对接进口博览会，打造高效快捷的保税物流支撑体系；三是试点开展“仓储货物按状态分类监管”业务，充分利用资源，提升服务效率和水平，使企业在境内境外“两种资源、两个市场”间自由配置，发挥更大创造力；四是作为上海市跨境电子商务示范园区，青浦出口加工区的跨境电子商务业务将充分利用好首届中国国际进口博览会在上海召开的契机，打造“6 天+365 天”常年展示交易平台，常年为跨境电子商务企业、支付机构、物流企业提供保税展示、交易、仓储、物流、金融等一条龙服务，并根据《青浦区开展跨境电子商务试点实施细则》为企业提供落户开业、仓储租赁、运营管理等全方位的财政扶持，利用好

青浦区的“三通一达”“顺丰”“德邦”“优速”等20多家全国网络型快递物流企业总部和中转中心，为跨境电子商务及保税展示交易保驾护航。

第五节　闵行出口加工区

一、区域概况

上海闵行出口加工区于2003年3月10日经国务院批准设立，坐落于上海市工业综合开发区境内，一期面积1.9平方公里，并于同年11月23日经国务院八部委验收合格，正式封关运行。四至范围：东至环城西路，西至南竹港，南至奉浦大道，北至肖南港。目前已经形成新能源、电子信息、装备制造、保税物流四大主导产业。

二、2017年发展情况

上海闵行出口加工区在奉贤区委、区政府的领导下，在奉贤海关、原出入境检验检疫局等相关单位的支持配合下，紧紧围绕加工区“转型升级”为目标，狠抓工作落实，在加强上海自贸试验区辐射效应的承接和准备、改善区域整体环境、提高园区管理能力、提升企业服务水平等方面取得了新的进展和突破。现有注册企业24家，投资总额5.2亿美元，注册资本2.8亿美元。截至2017年底，闵行出口加工区实现工业产值56.1亿元，同比下降8.2%；税收0.6亿元，同比下降25.8%；进出口总额62.5亿元，同比增长1.5%。

（一）加强上海自贸试验区辐射效应承接和准备

在向兄弟加工区学习考察和职能部门取经的基础上，向奉贤区政府递交《关于“上海闵行出口加工区”转型升级为“上海奉贤综合保税区”的请示》，开启转型之路。一是主动对接，紧盯转型升级进程，并积极应对升级验收工作。对标《海关特殊监管区域基础和监管设施验收标准》要求，对出口加工区区域基础和监管设施、设备进行针对性改造；二是持续推进区域功能拓展和提升，着重打造两个平台建设。在查验平台改扩建基础上，完成好跨境电子商务平台建设，包括检验点设施、设备的采购，与市公服平台和海关系统的对接。做好“前店后库”，完成化妆品保税展示交易中心的研究和准备。针对加工区功能定位、未来发展等问题，聘请智囊团对即将转型为综合保税区进行产业策划；三是加强政策复制及推广。2017年，在奉贤海关和原出入境检验检疫局的大力支持下，“委内加工”“仓储货物按状态分类监管”“卡口智能化验放”“境内外检测维修”等 4 项政策陆续落地，为企业创造实际效益，同时，帮助企业向国家税务总局、上海市税务局争取“增值税一般纳税人资格试点”。

（二）建立符合加工区特点的操作规范

在摸底调研基础上，梳理各类管理漏洞和短板，建立并逐步完善各项规章制度。一是建立海关、原出入境检验检疫局、开发区三方协同工作制度。每月召开企业交流会、部门例会，每季分别召开海关、原出入境检验检疫局、开发区三方科级干部和分管领导工作会议，通过各类会议，传达上级有关政策文件精神、协调各类难点问题、共商未来发展大计；二是建立企业定期走访制度。通过走访，了解企业经济运行状况，掌握企业运行过程中的难点问题；三是建立第三方服务机构监管制度。对职能中队、物业管理供应商进行考核监督，确保加工区管理有序、各项措施执行到位。

（三）协调解决企业发展中的实际困难

一是通过季度走访，与企业保持良好互动，准确掌握企业发展动态。全年走访企业 4 次，共收集到企业反馈问题 100 余件，做到每问必答，件件有回音、事事有反馈，对于受客观条件限制暂未能办理的事项予以耐心解释，对于需要加工区管理部协调帮助的事项予以大力支持解决；二是搭建企业负责人交流平台，建立企业负责人微信交流群，宣传政策，传递信息，交流工作，互通有无。

（四）不断提升加工区区域整体形象

一是解决加工区环境脏、乱、差问题。对加工区内闲置土地进行现场勘察、平整，对主干道、河道两侧绿化进行补种；二是结合转型工作，梳理区内损毁、破旧的设施设备情况。通过巡查，掌握区内硬件设施的运转情况，对需要整修的标准厂房、保税仓库、卡口、路牌等，提出维修或调整方案，并逐步实施。

（五）加强对第三方服务机构的监督

一是加强职能中队管理。通过对第三方服务机构进行审计，督促其对职能中队岗位设置、薪资管理、奖惩制度等进行重新梳理和调整，做到以事定岗、人尽其能；二是建立“大物业管理”体制，将区内零散物业统一到“大物业”进行管理，做到常态化保洁、保绿和维修作业。

三、 2018年工作展望

2018年,将持续跟踪"闵行出口加工区"转型升级为"奉贤综合保税区"的审批进度,并以此为契机,对未来奉贤综合保税区的发展进行谋篇布局,进行产业策划和功能定位,力求走出一条独具特色的综合保税区绿色发展道路,使之真正成为奉贤城市功能的新载体、特色产业发展的新平台、调结构促转型的新亮点。一是时刻准备、积极应对,做好国务院如批准同意优化升级为综合保税区后的相关验收工作;二是加大对符合产业导向的优质企业的招商力度。组建奉贤综合保税区专业招商小组,为项目洽谈咨询、市场准入、企业发展提供"一站式"服务;三是深度融合奉贤"东方美谷"建设,建立东方美谷专业跨境电子商务平台、化妆品保税展示交易中心和保税服务中心,积极引进美丽健康领航产业、领袖企业、领军人才,促进"东方美谷"产业国际贸易便利化,发挥奉贤综合保税区区内区外联动效应,带动奉贤,辐射上海及周边。

第五篇

全 球 城 市

第十四章　国 际 组 织

一、国际组织概述

（一）定义

根据《国际组织法》的定义，国际组织（international organization）是指由两个以上国家组成的一种国家联盟或国家联合体，该联盟是由其成员国政府通过符合国际法的协议而成立的，并且具有一套常设体系或机构，其宗旨是依靠成员间的合作来谋求符合共同利益的目标。国际组织能够帮助不同国家在政治、经济、社会、文化等多个领域的交流与合作过程中处理某一国家单方面难以解决的问题。国际组织的最初形态是两个以上的国家或民间团体召开的国际会议，之后在发展过程中逐步转化为具备各项功能的组织机构。

（二）发展情况

从时间分布来看，国际组织的发展主要经历了三个阶段。首先是初创期，1865年5月17日，法、德、意、奥等20个欧洲国家的代表在巴黎签订的《国际电报公约》宣告了国际电信联盟的成立，这也标志着国际组织的初步形成。其次是以联合国的成立为标志的国际组织发展扩张期，时间跨度为从20世纪40年代中后期第二次世界大战结束到20世纪80年代，这也是国际组织发展的黄金时期。最后是国际组织的深化期，从冷战后一直发展至今。

从发展规模来看，据《国际组织年鉴》统计，20世纪初，国际组织的数量约为200个；50年代，数量扩张到1 000余个；70年代末剧增至8 200余个；1990年国际组织数量已经达到约2.7万个；1998年为4.8万余个；21世纪初超过5.8万个。目前，世界上有 6.2 万余个国际组织。

从组织性质来看，国际组织可以大致分为有主权国家参加的政府间国际组织和民间团体成立的非政府国际组织。其中又可以分为全球性国际组织、地区性国际组织和国家集团性国际组织等类型。

从空间分布来看，纽约、巴黎、日内瓦、维也纳等欧美城市是传统上最受国际组织青睐的聚集地。纽约作为联合国总部的所在地，囊括了联合国大会、联合国安全理事会、联合国开发计划署等一系列联合国下属机构，它和维也纳均被称为“联合国城”。日内瓦由于其历史上浓厚的国际组织背景，是万国邮政联盟、国际电信联盟等老牌国际组织的所在地。巴黎作为传统意义上的欧洲经济文化中心，其重要性更加不言而喻。第二次世界大战结束后，伴随着国际组织的扩张，其总部也开始向发展中国家和地区转移，曼谷、马尼拉、新加坡、中国香港、内罗毕、亚的斯亚贝巴等城市陆续发展成为新的国际组织总部聚集地。其中，由于联合国亚洲及太平洋经济社会委员会、亚太电讯共同体等超过 30 个国际组织的入驻，曼谷已基本发展成为亚太地区国际组织的聚集中心。

这些城市能够吸引国际组织的入驻，一般都具有一定的地理区位优势，如欧盟总部所在地布鲁塞尔是西欧交通要塞，联合国城市维也纳是连接东欧和西欧的节点，而新加坡更是地处马六甲海峡，战略位置非常关键。并且，能够在办公场所、交通状况、基础办公硬件以及其他各项开支上给国际组织提供一定的支持，并通过法律进行保障，此外文化的开放性和包容性也是一定的基础条件。

二、 国际组织的城市效应

纵观纽约、伦敦、新加坡、香港等全球主要的国际城市，它们之所以拥有显著的国际地位，除了地理区位、历史因素等主要原因外，国际组织密集分布所带来的城市综合效应提升也是重要因素。正如纽约前市长朱利安尼所说，“正是因为联合国总部的存在，纽约才当之无愧地被誉为‘世界之都’”。国际组织给所在城市带来的综合效应主要体现在以下几个方面。

（一）城市的耀眼名片

正如纽约被称为“世界之都”，巴黎被称为“浪漫之城”，作为国际城市一项巨大的无形资产，城市形象是其最直接的代名词。而在塑造国际城市形象的诸多因素中，国际组织越发地成为提升国际城市品牌形象的筹码。著名学者 J.弗里德曼曾在 1986

年提出，一座城市想要达到“世界城市”必须具备 7 项标准，其中第 3 条便是“国际性机构的集中地”。由此可见，国际组织的入驻以及规模大小早已对国际城市的综合实力产生不可忽视的影响。由于国际组织的入驻数量通常与国际活动、国际会议和国际交往等活动之间呈现正向关系，国际城市可以充分利用此现象来扩大国际交往，借助国际组织这样跨区域的平台对城市形象进行宣传和推广。国际组织进一步提升国际城市知名度和美誉度的强大作用，使其成为一张耀眼的城市名片。

（二）城市的增长动力

国际组织由于其存在的广泛性、多样性以及庞大的数量特征，对世界经济、政治、文化等各方面都产生了全面而深远的影响。正是由于国际组织具有这样的显著特色，其聚集地城市也逐渐成为国际资源的聚集地、国际财富的创造中心和国际经济的控制中心，所在城市的发展在广延边际和集约边际上均得到了拓展，其增长空间也由国内进一步向国外进行延伸。国际组织的入驻为城市发展提供了一个广阔的平台，吸引了众多潜在客户，同时创造了巨大的消费市场。最明显的表现是国际组织带来的各项国际会议、展览和活动，直接拉动了该城市甚至该国的产业发展，尤其是旅游、会展、广告、运输、通信等第三产业的发展，所在城市综合经济效益的提升更是十分可观。根据纽约市政府的调查：纽约为联合国每投入 1 美元能够获得 4 美元的收益。同时，联合国及其各类下属机构的发展也为纽约市提供了大量的就业岗位。

（三）城市的文化实力

城市的发展与进步是多种因素综合作用的结果，其中国际组织带来的经济收益、广告效应作为支柱因素固然重要，但其附带的对城市文化软实力的提升也不可忽视。根据学者研究，国际城市的形成需要具备三方面的文化条件：一是要有高度现代化的文化设施服务功能，国际城市必须在文化生产、服务和国际文化交流等方面具有明显的国际优势；二是要作为国际间科技、教育、文化的交流中心，具备强大的文化辐射力和吸引力；三是要拥有高素质的市民、多元的文化生活、高品位的生活质量和鲜明的文化特色。众多知名国际组织的入驻，可以以一种很直接的方式帮助城市和民众更好地了解世界各国的文化、发展状况，有助于增进国内外人民、城市和国家间的交流与合作。

（四）城市的比较优势

由于许多国际组织区别于营利性机构的属性，其自主配置资源和改善工作地周边资源的能力有限,因此东道主城市在吸引国际组织的过程中必须在自身营造出一定的特色综合优势,并且为国际组织提供优质的基础设施、政策优惠等外部性优势。此过程可以快速凝练和提升城市的比较优势。同时,政府的各项相关职能在此过程中也可得到大量的磨炼,尤其是在国际关系处理能力、政府形象塑造能力、危机公关能力、对外交流沟通协调能力、国际空间拓展等方面可以得到显著的加强。

(五) 城市的辐射效应

纽约、巴黎、东京、伦敦均属于世界六大城市群的中心节点城市,在它们的周边覆盖着广阔的后方城市群腹地。国际组织的入驻不仅提升了这些城市的综合实力,而且对周边城市及相关产业起到了带动作用,有着一定的辐射效应和潜在的发展空间。

第十五章　城市与国际组织

第一节　纽　　约

纽约市位于美国纽约州，是美国人口最多的城市，还是世界最大的城市之一。纽约在全球的经济、商业、金融、媒体、政治、教育和娱乐等领域具有极大的影响力，还是联合国总部所在地，因此也被认为是世界外交的中心。

一、 纽约国际经贸发展情况

（一）货物贸易

根据纽约公开的统计数据，2017 年，纽约货物贸易出口总额 1 363.3 亿美元①，与上年相近。其中，其他制造业出口 269.6 亿美元，占比 19.8%，化学产品出口 178.0 亿美元，占比 13.1%；运输设备出口 154.4 亿美元，占比 11.3%；计算机和电子产品出口 140.9 亿美元，占比 10.3%；初级金属制造出口 131.5 亿美元，占比 9.6%。从出口市场结构来看，英国占比 9.6%、中国香港占比 8.8%、德国占比 6.7%、中国占比 6.4%和瑞士占比 6.2%，这些国家是纽约的最重要的出口贸易伙伴。纽约货物贸易进口总额 2 353.1亿美元，同比增长 3.5%。与出口类似，进口最多的前 5 个部门是其他制造业，进口占比为 14.6%；化学产品，占比 9.6%；运输设备，占比 9.3%；计算机和电子产品，占比 8.6%和服装与配饰，占比 6.8%。中国高居纽约第一大进口国，进口占比为 18.2%，其次是印度，占比 7.3%；意大利，占比 6.4%；德国，占比 6.3%和日本，占比 5.4%。

① 此处使用的是大都市统计区“New York, NY”区域的数据。

（二）服务贸易

根据美国布鲁金斯学会的数据，2017 年，纽约市五郡的服务贸易出口额为 664.5 亿美元，其中金融管理出口，占比为 35.5%、旅游出口占比 33.0%、特许权使用费出口占比 11.0%、技术服务出口占比 5.3%以及教育医疗服务出口占比 4.6%。服务出口还为纽约带来 55 万个就业岗位，并为旅游业贡献了约占总出口就业 40%的就业岗位。

（三）利用外资

根据纽约公开的统计数据，2016 年，纽约外资存量占 GDP 的比重为 11%，约为 761 亿美元。流入该城市外资流量从 2007 年的 12 亿美元稳步增长到 2016 年的 42 亿美元，年均增长率为 15%。同期，外国企业雇用的纽约人数每年平均增长 2%。如今，外国公司在该市直接雇用了 29.8 万名工人，占总就业人数的 7%，并通过乘数效应支持额外的 77.5 万个工作岗位。

欧洲、法国、英国和意大利是纽约外资的三大主要来源地。纽约外资主要流入曼哈顿地区，在过去 10 年中平均占比为 92%，并且主要流入零售业，年均增长为 7%。技术领域是外资增速最高的部门，过去 10 年中平均每年增长 25%，主要来自欧洲国家。

二、 纽约国际组织发展情况

（一）总体情况

根据公开材料整理，纽约拥有世界上最大的外交及领事社区，也是联合国总部所在地。目前共有 193 个常驻代表团和 115 个领事馆驻在纽约，许多外国政府还在纽约设有贸易办事处。此外，纽约还是美国最大的国际非营利组织集聚城市。

（二）主要的国际组织

1946 年，联合国选择纽约作为其总部所在地，同时也是安全理事会、联合国儿童基金会及其他联合国若干机构的所在地。尽管联合国在日内瓦、维也纳、内罗毕、罗马和巴黎均设有行政办公室，但纽约是其最大的办公地。美国是联合国最大的财政捐助提供者，2017 年提供了整个联合国预算的 22%，2016 年 7 月至 2017 年 6 月，联合国维持和平行动预算的 28.6%由美国提供。

目前，联合国有 193 个会员国代表团驻扎纽约。根据最新的联合国影响报告，2014 年，近 1.6 万名联合国职员前往纽约工作，为纽约创造了 7 940 个岗位。在直接就业方面，联合国和附属机构是纽约大都市区第 22 大雇主。2014 年，联合国社区为纽约创造约 36.9 亿美元的总产出和 5 600 万美元的净财政收益。纽约为联合国活动也付出大量财政支出，2014 年，纽约支持联合国的费用预计为 5 400 万美元，包括工作人员的安保、子女教育费用等。另外纽约还免去联合国特殊税收收入约 9 900 万美元。

第二节 伦　　敦

伦敦是英国的首都，亦是一个全球城市，名列世界三大国际都会之一。伦敦在文艺、商业、教育、娱乐、时尚、金融、健康、媒体、专业服务、研究与发展、旅游等方面都具有显著的地位。

一、 伦敦国际经贸发展情况

（一）货物贸易

根据伦敦公开的统计数据，2017 年，伦敦货物贸易出口总额 465.9 亿美元，同比增长 14.1%。其中，其他制造业出口 175.5 亿美元，占比 37.7%；矿物燃料出口 77.1 亿美元，占比 16.6%；机械和运输出口 68.3 亿美元，占比 14.7%。欧盟是伦敦最大的出口贸易伙伴，贸易额占比 41.7%，其次是亚太和北美地区，分别占比 23.4%和 16.2%。伦敦货物贸易进口总额 799.9 亿美元，同比增长 4.9%。矿物燃料、其他制造业以及机械和运输进口额分别占总额的 29.1%、24.6%和 13.7%，是进口额占比最大的三个部门。货物进口地与出口地结构类似，主要来自欧盟，进口占比 47.3%，亚太地区，占比 26.1%和北美地区，占比 7.5%。

（二）服务贸易

根据伦敦公开的统计数据，2016 年，伦敦服务进口企业数量达 25 300 家，占全英国区的 27.9%；出口企业数达 39 200 家，占总数的 30.4%。根据英国国家统计办公室 2018 年夏季最新数据，2015 年，英国近一半的服务出口来自伦敦，达到 1 536.6 亿美元，同比增长 9.2%（2014—2015 年增长了 130.1 亿美元），占英国服务出口比重的 46%。英国 56%的金融服务出口（不包括保险和养老金服务）来自伦敦，达到 432.7

亿美元,其占伦敦服务出口总额的 28.2%。伦敦的其他主要服务出口部门是房地产、专业、科学和技术服务,出口占比 16.5%;旅游,占比 16.3%以及信息和通信,占比 15.6%,保险和养老金服务占服务出口占比较小,约为 2.4%。

(三) 利用外资

根据伦敦公开的统计数据,2017 年,伦敦吸引外资项目数 740 个,位列全球城市第 1 位。根据伦敦与合作伙伴办公室发布的最新分析报告,2006—2016 年,伦敦最大的投资来源地是美国,占比为 23.9%。其余分别为印度,占比为 10.6%;中国,占比为 10.3%;日本,占比为 6.0%;西班牙,占比为 5.9%。最受外资欢迎的部门是高新技术,吸收外资占比为 31.8%,此后是商业,吸收外资占比 13.0%;金融服务业,吸收外资占比 10.1%;创新产业,吸收占比为 9.6%,以及零售业,吸收外资占比为 6.5%。

二、 伦敦国际组织发展情况

(一) 总体情况

根据公开材料整理,伦敦作为英国的首都,是英国的政治经济中心,积极代表英国参与国际组织事务,国际海事组织和国际海运联合会的总部就设在伦敦,社会主义国际组织第一国际最初也是在伦敦组成,最重要的是英联邦(Commonwealth of Nations)秘书处设在伦敦。

(二) 主要国际组织

英联邦是一个由 53 个主权国家(包括属地)所组成的国际组织,成员大多为前英国殖民地或者保护国。第二次世界大战期间,英联邦秘书处设在伦敦,英联邦外汇储备也汇集在伦敦。20 世纪 60 年代以后,英国经济一直处于低迷状态,但是得益于资本市场的长足发展,伦敦仍然是英联邦中新独立国家连接的纽带。此外,伦敦还是英联邦基金会总部以及许多专业协会办事处所在地。

第三节 新 加 坡

新加坡是世界有名的自由港,地处世界海运贸易的关键位置,其地理位置优势是其借以实现经济飞跃的重要因素,同时也是其融入国际组织的重要条件。

一、 新加坡国际经贸发展情况

（一）货物贸易

根据新加坡公开的统计数据，2017 年，新加坡的货物贸易总额为 9 671 亿美元，高于上年的 8 702 亿美元，同比增长 11.1%(上年同比下降 4.9%)。其中，货物出口额为 5 150 亿美元，同比增长 10.3%；进口额为 4 510 亿美元，同比增长 12.1%。机械及运输设备是货物贸易的主要组成部分，占出口总额的 49.0%，进口总额的 45.9%。其次是石油贸易，石油进口占比 22.1%，石油出口占比 12.8%；第三是化工及化工产品贸易，出口为占比 13.6%。

（二）服务贸易

根据新加坡公开的统计数据，2017 年，新加坡的服务贸易总额达 4 633 亿美元，较上年增长 4.7%。服务贸易出口额 2 274 亿美元，同比增长 4.2%；服务贸易进口额 2 359 亿美元，同比增长 5.1%。服务出口的主要项目是运输、其他商业和金融服务，分别占出口总额的 27.8%、24.9%和 13.8%。知识产权使用费出口额增速最快，达 11.9%。服务进口的主要项目是其他商业、运输和旅游服务，分别占进口总额的 31.0%、27.7%和 14.4%。保险服务进口额增速最快，同比增幅达 10.7%。由于 2016 年服务进口超过了服务出口，新加坡服务贸易赤字从上年的 63 亿美元增加至 85 亿美元。2016 年，新加坡服务贸易占 GDP(GDP 以当期市场价格计算)的比重从 2015 年的 103.4%增长至 103.6%。

（三）利用外资

根据新加坡公开的统计数据，截至 2016 年底，新加坡吸引外资总计达 13 595 亿美元，比 2015 年底的 12 671 亿美元增长了 7.3%。其中，直接股权投资额(包括实收资本和权益性储备)达 12 188 亿美元，占外国直接投资存量总量的 89.7%，而从外国直接投资者的净借贷额保持在 1 407 亿美元，占外国直接投资存量总额的 10.3%。分行业来看，批发零售业、金融保险业和制造业领域吸收外资金额最大，分别占外资存量总额的 32.1%、30.5%和 26.8%。

二、 新加坡国际组织发展情况

新加坡在国际贸易和投资方面表现突出，吸引了国际组织的入驻。

（一）总体情况

新加坡是亚洲太平洋经济合作组织（APEC）的总部所在地，也是世界知识产权组织、世界气象组织、世界贸易组织、国际奥林匹克委员会、国际标准化组织、国际红十字与红新月运动、国际电信联盟、多边投资地理局、禁止化学武器组织、常设仲裁法院、联合国贸易和发展会议、万国邮政联盟、世界劳工联合会、世界海关组织、世界卫生组织、世界知识产权组织、世界气象组织和世界贸易组织等全球性国际组织的参与国，并于 2006 年主办世界银行和国际货币基金组织。

（二）主要国际组织

新加坡作为亚洲太平洋经济合作组织（APEC）总部所在地，使得其与亚太区域经济的贸易、投资和政治联系紧密，亚洲太平洋经济合作组织成员国占新加坡贸易总额的近 75%、对外投资的 63%、利用外资的 25%以上。随着时间的推移，亚洲太平洋经济合作组织关注的问题已不止于贸易问题，反恐怖主义、环境问题、健康问题成为重要议题，新加坡的作用也愈加凸显。

第四节　中 国 香 港

中国香港是一个全球性城市，在全球金融、贸易、旅游、交通、通信等领域具备较大的比较优势，是国际商业组织活动比较活跃的地区。

一、 香港国际经贸发展情况

（一）货物贸易

根据香港公开的统计数据，2017 年，香港货物总出口额 4 974 亿美元，同比增长 8.0%。与货物进口相似，中国内地是最重要目的地，货物出口额达 2 702 亿美元，占总额比重的 54.3%，其余依次是美国，占比为 8.5%；印度，占比为 4.1%；日本，占比为 3.3%和中国台湾，占比为 2.3%。机械及运输设备、杂项制成品和主要以材料分类的制成品占出口贸易的绝大部分，分别为 69.7%、14.9%和 9.4%。

香港货物进口额为 5 591 亿美元，继上年同比降低 0.9%后同比增长 8.7%；中国内地是香港最主要的货物贸易进口地，贸易进口额达 2 605 亿美元，占总额的比重为 46.6%，其余依次是中国台湾，占比 7.6%；新加坡，占比 6.6%；日本，占比 5.8%和韩国，占比 5.8%。其中机械及运输设备、杂项制成品和主要以材料分类的制成品是货物进口的主要项，占比分别为 66.0%、14.0%和 8.7%。

（二）服务贸易

根据香港公开的统计数据，2017 年香港服务出口 1 040 亿美元，继上年同比下降 5.5%后同比增长 5.9%；服务进口 773 亿美元，同比增长 4.2%。服务出口中，旅游、运输、金融服务及其他商业服务是主要的贸易项，其出口额占总额比重分别为 32.0%、29.1%、19.3%和 18.2%。服务进口中，旅游(33.0%)、运输(22.7%)、其他商业服务(21.2%)、制造服务(14.8%)、金融服务(6.5%)占据主要地位。

（三）利用外资

根据香港公开的统计数据，2016 年，香港吸收外资 1 327 亿美元，相比上年的 1 801 亿美元大幅降低。外资主要来源地为英属维尔京群岛、中国内地、开曼群岛、荷兰和百慕大等地，占比分别为 34.2%、25.7%、7.7%、6.3%和 4.7%。外资流入的主要领域是投资及控股、地产、专业及商用服务，银行，进出口贸易、批发及零售，其他活动和金融服务，占比分别为 67.5%、11.9%、9.9%、5.9%和 2.8%。

对外投资总额 752 亿美元，较上年的 781 亿美元有所减少。对外投资主要目的地为中国内地，占比为 40.2%；英属维尔京群岛，占比为 38.8%；开曼群岛，占比为 4.1%；百慕大，占比为 1.9%和英国，占比为 1.3%，主要涉及领域为投资及控股、地产、专业及商用服务，进出口贸易、批发及零售，其他活动，银行和制造业等。

二、 香港国际组织发展情况

（一）总体情况

香港拥有全球最繁忙的货运港口，亦是重要黄金交易中心，国际竞争力不断上升，吸引了众多商业、金融的国际组织分支机构在此集聚，这是与纽约、伦敦和新加坡差异之处。

（二）主要国际组织

由于亚太区域，尤其是中国对南南合作中重要性的提升，南南可持续发展指导委员会于 2014 年 4 月以后在香港成立了南南可持续发展指导委员会亚太委员会和南南亚太金融中心，二者合称为“南南亚太平台”，集中精力促进亚太区尤其是中国与其他南南国家政府有关部门、杰出企业及国际金融机构之间的信息交流以及资源、技术、资金的交换，以发展中国及其他南南国家之间的经济及金融合作。南南亚太平台在传统双边合作框架上发展多边、三角机制，为投资方和被投资方的合作提供政策背书及沟通渠道，并为其参与的项目提供各类灵活的融资及金融方面的支持。①

① 南南合作论坛在香港举行，聚焦可再生能源[EB/d](2015-04-11).http://news.sohu.com/20150411/n411132503.shtml

附　录

附录1 大 事 记

一月

10日 “2017中外投资促进机构工作会暨长江经济带国家级经济技术开发区协同发展联盟成立会议”在北京召开。商务部王受文副部长出席会议并作主旨发言,上海市商务委外商投资促进处、上海市外国投资促进中心、漕河泾开发区、闵行开发区、上海化工区等机构参会。

17日 “2017驻沪境外投资促进机构交流会”在虹口区北外滩举行。本次交流会由上海市外国投资促进中心、上海投资促进机构联席会议(SIPP)秘书处与虹口区商务委员会共同举办。上海市150余位来自境外的投资促进机构、各方代表参加了交流。

22日 商务部召开2017年全国进出口工作电视电话会议。商务部国际贸易谈判代表兼副部长钟山出席会议并讲话,上海市商务委员会、中国服务外包研究中心、上海市国际贸易促进委员会、上海进出口商会、进出口银行上海分行、出口信用保险公司上海分公司、各区商务主管部门、部分集团公司共50多人在上海分会场参加了会议。

三月

2日 第27届华交会跨境电子商务高峰论坛隆重开幕,论坛主题为“立足华东,交易全球”。上海市商务委员会、上海东浩兰生集团、上海跨境电子商务公共服务平台、亚马逊日本站、IEBE电子商务展组委会、Pingpong金融联合、四海商舟、阿里巴巴集团、运去哪、ESG集团、汇付天下等网络“大咖”等单位参与了本次论坛。

28日 第121届中国进出口商品交易会上海交易团行前动员会召开。上海交易团各职能部门、分团负责人及参展企业负责人参加会议。会议为荣获 2016 年度广交会出口产品设计奖的 3 家企业颁奖，通报上海交易团组展情况，并对广交会上海参展企业各项工作提出明确要求。

31 日 全国政协常委、海峡两岸关系协会会长、中国外商投资企业协会会长陈德铭在衡山宾馆召开台资企业参与“一带一路”赴中西部地区投资座谈会。中国外商投资企业协会、商务部外资司、上海市中国台湾办公室、上海市商务委员会以及商务部外资司、台港澳司、中国外商投资企业协会和上海、杭州、苏州三地的 10 家台商代表参加了会议。

四月

19—28 日 第十七届上海国际汽车工业展览会在国家会展中心举办。该次展会共吸引了来自 18 个国家和地区的 1 000 多家企业参展，展出整车 1 400 辆，展览总面积超过 36 万平方米，累计参观人次达到了 101 万人次，其中双休日参观高峰期达到 37.5 万人次的大客流。

21 日 由上海市商务委员会、香港贸易发展局和上海市工商联共同主办的“新领域、新模式、新机遇‘一带一路’合作论坛”在上海凯宾斯基大酒店隆重举行。全国工商联副主席、上海市政协副主席、上海市工商联主席王志雄；中国香港贸易发展局主席罗康瑞和商务部台港澳副司长康文出席论坛并致辞。上海市商务委员会、上海市港澳办公室和中国香港特区政府驻上海经济贸易办事处同志也出席了论坛。在论坛上，上海市商务委员会和中国香港贸易发展局签署《关于深化合作的框架协议》，就投资、贸易、会展、咨询交流合作等领域深化合作。

五月

4 日 2017 年上海市外商投资企业联合年报培训在上海市政协大礼堂顺利举办。培训活动由上海市商务委员会联合上海市外商投资企业协会主办，特邀商务部外资司统信处专家和中国国际电子商务中心技术支持团队为外资企业进行培训。600 多位来自博世(中国)投资有限公司等外资企业代表和会计师事务所、律师事务所等专业服务机构的人员参加了培训。

9 日 “第二届中国周经贸峰会”在洛杉矶举行。上海作为中美省州经贸合作机制成员单位之一，参与了该次活动。

14 日 习近平总书记在“一带一路”国际合作高峰论坛上宣布，中国将从 2018 年起举办中国国际进口博览会。上海坚持服务国家战略，积极申请 2018 年首届中国国际进口博览会在沪举办。

15—18 日　“2017 医药系列展”在国家会展中心举办。该届展会系列展由 CMEF(医博会)、Pharm China(药交会)、API China(原料会)组成,吸引了来自 30 多个国家的 7 000 家全球医疗健康产业龙头企业参展,展览面积高达 40 万平方米,来自 150 个国家的超过 21 万名专业观众,双休日单日客流量高达 19.8 万人次,创下国家会展中心运营以来新高。

六月

14 日　“中国—意大利经贸合作论坛”在意大利罗马举办。中共中央政治局委员、上海市委书记韩正出席论坛并作主旨演讲,会前还参观了由意大利著名摄影师拍摄的“意大利人眼中的时尚上海摄影展”。

19 日　“2017 国际会展业 CEO 上海峰会”在浦东新区嘉里大酒店开幕。本届主题为“中国展览业的 2020”,国际展览业协会等国际展览组织,博闻亚洲集团、德国慕尼黑展览集团等全球知名会展企业的 CEO、相关省市会展机构等近 200 位代表出席了峰会。

七月

26 日　全国首张单车认证证书颁证仪式暨新闻发布会在原上海出入境检验检疫局举行。会上,中国质量认证中心宣布全国首张单车认证证书落户上海自贸试验区。

26 日　上海市商务委员会与上海自贸试验区管委会保税区管理局联合召开平行进口汽车试点推进工作联席会议。上海海关、原上海出入境检验检疫局、上海市经济和信息化委员会、上海市交通委员会、上海市公安局和上海市环保局等联席会议成员单位的相关部门负责人参会。

八月

1—2 日　商务部外贸司赴沪开展加工贸易专题调研。调研组实地走访了上海 ABB(工程)有限公司、昌硕科技(上海)有限公司、上海临港国家再制造产业示范基地、上海普惠飞机发动机维修有限公司,了解企业开展加工贸易情况尤其是开展保税维修试点业务取得的成效和经验,听取企业在经营过程中面临的困难和意见建议。

3 日　“中国(上海)自由贸易试验区、浦东新区贸易便利化措施暨国际贸易中心建设示范企业发布会”召开。出席发布会的有上海市商务委员会、上海自贸试验区管委会、浦东新区区委、上海浦东新区海关、原上海出入境检验检疫局、原浦东新区出入境检验检疫局等单位代表以及浦东新区重点外贸企业、行业协会代表500余人。

16日 上海市政府与中国出口信用保险公司签署《上海市人民政府与中国出口信用保险公司战略合作协议》。上海市委常委、常务副市长周波代表市政府,中国出口信用保险公司党委委员、副总经理黄志强代表中国出口信用保险公司签约,市长应勇、中国出口信用保险公司董事长王毅见证。上海市商务委员会、上海市发展和改革委员会、上海市金融服务办公室、上海市财政局、上海保监局等单位主要负责人参加签约仪式。

九月

6日 "扩大开放新政宣传会—香港专场"在上海市外国投资促进中心举行。本次活动由上海市商务委员会外商投资促进处与香港特区政府驻上海经济贸易办事处合作举办,约有80位香港企业界人士参加。

15日 上海市商务委员会代表与英国诺丁汉市行政长官柯睿恩分别代表双方签署了《经贸合作关系备忘录》。上海市商务委员会外商投资促进处、对外经济合作处、外贸发展处、外事处以及上海市外国投资促进中心负责人参加交流和签约仪式。

20日 2017(第八届)中国国际石油和化工大会在上海隆重开幕。上海市常务副市长周波出席大会并致辞。

21—23日 由商务部和上海市人民政府共同主办的第16届中国(上海)国际跨国采购大会在国家会展中心(上海)举行。期间,东浩兰生集团上海跨国采购有限公司分别与阿里巴巴、中国联合国采购促进会签署战略合作协议。

29日 上海市商务委员会与原上海市出入境检验检疫局联合举办"认证认可助力质量提升暨进口CCC产品诚信示范企业颁证仪式"。上海市商务委员会、原上海市出入境检验检疫局、中国国家认证认可监督管理委员会等相关部门负责人和沪上38家进口CCC产品诚信示范企业等出席仪式。

29日 "第二届国家级经济技术开发区绿色发展论坛"召开。上海金桥经济技术开发区等50余个国家级经济技术开发区的120余位代表参加了论坛。

十月

11日 我国首个贸易谈判学院以及世界贸易组织首批、中国唯一的世界贸易组织讲席(中国)研究院在上海对外经贸大学成立。上海市商务委员会主任尚玉英出席仪式,为贸易谈判学院成立揭牌并致辞。世界贸易组织副总干事易小准、上海市政协副主席周汉民、WTO首席经济学家 Robert Kooperman，以及商务部驻沪单位负责人、国内外智库和研究机构代表共计300余人出席了仪式。

16日　上海市政府举行《上海市关于进一步支持外资研发中心参与上海具有全球影响力的科技创新中心建设的若干意见》新闻发布会。上海市商务委员会与上海市发展和改革委员会、上海市科学技术委员会、上海市知识产权局等部门共同回答记者提问。

30日　“第五届开发区对话500强暨长江经济带国家级经济技术开发区协同发展联盟产业对接峰会”召开。此次峰会由商务部投资促进局、上海市商务委员会和长江经济带国家级经济技术开发区协同发展联盟共同主办，联盟理事长单位漕河泾经济技术开发区承办。世界500强高管、外国使领馆、投资促进机构、商协会及其他第三方机构代表约300人参加会议。

十一月

5日　首届中国国际进口博览会（以下简称“进口博览会”）倒计时一周年启动仪式在国家会展中心（上海）举办，标志着首届进口博览会筹备工作进入全面推进阶段。上海市政府副秘书长金兴明主持仪式，上海市委副书记、市长应勇出席仪式并讲话，上海常务副市长周波、上海市商务委员会尚玉英主任各有关单位相关负责同志出席。同日，在北京同时举行倒计时一周年仪式，商务部部长钟山出席仪式并讲话。

8日　上海市商务委员会、上海市经济和信息化委员会联合召开“上海制造业外商投资大会暨外资百强企业发布会”。来自上海市政府相关部门、各区政府、开发区，以及来自驻沪领馆、外国商会、外资企业、国有企业、民营企业的代表共350余人参加会议。

10日　上海市商务委员会、上海市外商投资企业协会共同举办第八届上海外资研发中心论坛，主题为“开放创新，合作共赢，参与全球竞争”。上海市科学技术委员会、上海市外国专家局等政府部门以及通用电气中国研发中心、丰益全球研发中心、美敦力中国研发中心、杜邦（中国）研发管理有限公司等外资研发中心负责同志都做了主题演讲。

15日　上海市常务副市长周波主持召开进口博览会城市保障领导小组第一次全体会议。上海市政府副秘书长金兴明和领导小组各成员单位及上海市应急办公室、上海市国家安全局等单位相关负责同志等出席会议。会议听取了领导小组办公室关于《进口博览会城市保障工作总体方案》的汇报，原则通过了工作总体方案。

29日　上海市商务委员会和上海市外商投资企业协会联合举办了2017年白玉

兰奖获得者联谊活动。上好佳(中国)有限公司、赢创(中国)投资有限公司等获奖外籍高管出席了该次联谊活动。

30 日 由商务部驻上海特办和上海市商务委员会共同主办的“长三角地区推进贸易政策合规,维护经贸安全培训班”在上海社会科学院举行。商务部驻上海特办、上海市商务委员会代表等出席了开班仪式,来自长三角四省一市商务厅(委)、上海市市级各委办、各区商务主管部门以及部分行业中介组织的学员代表的近百人参加培训。

十二月

1 日 2017 年上海进出口公平贸易工作站工作会及“上海产业安全监测与预警研究中心”揭牌仪式举行。上海市商务委员会、中科院上海生命科学研究院、商务部贸易救济局等负责同志参加揭牌仪式,对“上海产业安全监测与预警研究中心”这一智库在开放性经济中的安全风险防范中作用提出了要求和建议。

6 日 “上海与弗留利—威尼斯—朱利亚大区经贸合作论坛”在上海市外国投资促进中心举办。《上海市商务委员会与意大利弗留利—威尼斯—朱利亚大区关于建立合作关系的备忘录》在论坛上签署。

14 日 2017 年商务部贸易救济与产业安全预警座谈会在北京举行。商务部对上海率先开展产业安全预警试点给予了高度评价。

14 日 国务院服务贸易创新发展试点专题会议在北京召开。该会议由国务院汪洋副总理召集召开,对服务贸易创新发展经验进行阶段性总结,并对下一步重点工作进行研究部署。会上,周波常务副市长代表上海市政府就服务贸易创新发展试点经验、举措和成效进行交流发言。汪洋副总理高度肯定试点省市在服务贸易创新试点中取得的成绩。

附录 2　2017 年度上海国际经济贸易领域主要政策索引

	文　　号	关键词	文　件　名	发文日期
上海市政府文件	沪府发〔2017〕3 号	制造业	上海市人民政府印发关于本市加快制造业与互联网融合创新发展实施意见的通知	2017 年 1 月 9 日
	沪府发〔2017〕9 号	地区总部	上海市人民政府关于印发修订后的《上海市鼓励跨国公司设立地区总部的规定》的通知	2017 年 1 月 27 日
	沪府发〔2017〕23 号	软件和集成电路	上海市人民政府印发《关于本市进一步鼓励软件产业和集成电路产业发展的若干政策》的通知	2017 年 4 月 17 日
	沪府发〔2017〕26 号	开放型经济	上海市人民政府关于进一步扩大开放加快构建开放型经济新体制的若干意见	2017 年 4 月 26 日
	沪府发〔2017〕36 号	实体经济	上海市人民政府印发《关于创新驱动发展巩固提升实体经济能级的若干意见》的通知	2017 年 5 月 27 日
	沪府发〔2017〕77 号	战略性新兴产业	上海市人民政府关于批转市发展改革委、市财政局制订的《上海市战略性新兴产业发展专项资金管理办法》的通知	2017 年 9 月 30 日
	沪府发〔2017〕79 号	外资研发中心	上海市人民政府关于进一步支持外资研发中心参与上海具有全球影响力的科技创新中心建设的若干意见	2017 年 10 月 10 日
	沪府发〔2017〕81 号	创业投资引导	上海市人民政府关于批转市发展改革委、市财政局制订的《上海市创业投资引导基金管理办法》的通知	2017 年 10 月 26 日
	沪府办发〔2017〕7 号	智能网联汽车	上海市人民政府办公厅关于转发市经济信息化委制订的《上海市智能网联汽车产业创新工程实施方案》的通知	2017 年 1 月 6 日
	沪府办发〔2017〕15 号	工业互联网	上海市人民政府办公厅关于印发《上海市工业互联网创新发展应用三年行动计划（2017—2019 年）》的通知	2017 年 1 月 26 日

续表

	文　号	关键词	文　件　名	发文日期
上海市政府文件	沪府办发〔2017〕26 号	“四新”经济	上海市人民政府办公厅转发市经济信息化委市发展改革委制订的《关于加快推进本市“四新”经济发展的指导意见》的通知	2017 年 3 月 27 日
	沪府办发〔2017〕42 号	科技成果转移转化	上海市人民政府办公厅关于印发《上海市促进科技成果转移转化行动方案(2017—2020)》的通知	2017 年 5 月 29 日
	沪府办发〔2017〕46 号	工业强基	上海市人民政府办公厅关于转发市经济信息化委制订的《上海市工业强基工程实施方案(2017—2020)》的通知	2017 年 7 月 7 日
	沪府办发〔2017〕51 号	生物医药	上海市人民政府办公厅关于促进本市生物医药产业健康发展的实施意见	2017 年 8 月 9 日
	沪府办发〔2017〕59 号	贸易政策	上海市人民政府办公厅关于转发市商务委制订的《上海市贸易政策合规工作实施细则》的通知	2017 年 9 月 13 日
	沪府办发〔2017〕60 号	多证合一	上海市人民政府办公厅关于本市推进“一照通办、一码通用”加快“多证合一”改革的实施意见	2017 年 9 月 30 日
	沪府办发〔2017〕62 号	证照分离	上海市人民政府办公厅关于印发《浦东新区“证照分离”改革试点深化实施方案》的通知	2017 年 10 月 16 日
	沪府办发〔2017〕63 号	进口博览会	上海市人民政府办公厅关于成立进口博览会城市保障领导小组的通知	2017 年 10 月 16 日
	沪府办发〔2017〕66 号	人工智能	上海市人民政府办公厅印发《关于本市推动新一代人工智能发展的实施意见》的通知	2017 年 10 月 26 日
	沪府办发〔2017〕68 号	临空经济示范区	上海市人民政府办公厅关于加快推进上海虹桥临空经济示范区建设的实施意见	2017 年 10 月 30 日
上海市政府部门文件	中华人民共和国上海海关公告 2017 年第 1 号	出口通关	上海海关关于明确出口“提前申报、运抵验放”通关作业模式有关事项的公告	2017 年 1 月 23 日
	上海市食品药品监督管理局 上海出入境检验检疫局	非特化妆品进口	关于在上海市浦东新区开展进口非特殊用途化妆品备案管理试点工作有关事项的公告	2017 年 2 月 4 日
	中华人民共和国上海海关公告 2017 年第 2 号	海关年审	上海海关关于开展承运海关监管货物的运输企业及车辆 2016 年度年审的公告	2017 年 2 月 8 日
	沪经信法〔2017〕82 号	产业转型升级	上海市经济信息化委、市财政局关于印发《上海产业转型升级投资基金管理办法》的通知	2017 年 2 月 16 日
	沪经信法〔2017〕170 号	工业互联网	上海市经济信息化委、市财政局关于印发《上海市工业互联网创新发展专项支持实施细则》的通知	2017 年 3 月 30 日
	沪经信法〔2017〕219 号	清洁生产	上海市经济信息化委、市发展改革委、市环保局、市财政局关于印发《上海市鼓励企业实施清洁生产专项扶持办法》的通知	2017 年 4 月 27 日

续表

	文　号	关键词	文　件　名	发文日期
上海市政府部门文件	沪经信法〔2017〕220号	工业节能	上海市经济和信息化委员会、上海市发展和改革委员会、上海市财政局关于印发《上海市工业节能和合同能源管理项目专项扶持办法》的通知	2017年4月27日
	沪经信法〔2017〕231号	软件产品	上海市经济信息化委、市财政局关于印发《上海市首版次软件产品专项支持办法(试行)》的通知	2017年4月28日
	沪经信法〔2017〕232号	工业强基	上海市经济信息化委、市财政局关于印发《上海市工业强基专项支持实施细则》的通知	2017年4月28日
	沪经信法〔2017〕285号	企业技术中心	上海市经济信息化委、市财政局、市国税局、市地税局、上海海关关于印发《上海市企业技术中心管理办法》的通知	2017年5月26日
	沪商市场〔2017〕291号	老字号	上海市商务委员会等8部门关于促进本市老字号改革创新发展的实施意见	2017年10月9日
	沪经信法〔2017〕633号	软件和集成电路	上海市经济信息化委、市财政局关于印发《上海市软件和集成电路产业发展专项支持实施细则》的通知	2017年10月20日
	中华人民共和国上海出入境检验检疫局公告2017年第5号	口岸	上海检验检疫局关于发布《上海口岸旅邮检信用信息归集和使用管理办法(试行)》的公告	2017年10月19日
	沪经信法〔2017〕634号	新材料	上海市经济信息化委、市财政局关于印发《上海市首批次新材料专项支持办法(试行)》的通知	2017年10月20日
	沪经信法〔2017〕673号	集成电路	上海市经济信息化委、市财政局关于印发《上海市集成电路设计企业工程产品首轮流片专项支持办法》的通知	2017年11月1日
	中华人民共和国上海出入境检验检疫局公告2017年第6号	动植物检疫	上海检验检疫局关于发布《免于核查输出国家或地区动植物检疫证书的清单(第三版)》的公告	2017年11月7日
	中华人民共和国上海海关公告2017年第3号	货物通关	上海海关关于特殊监管区域及保税物流中心(B型)一线进出境货物通关作业流程调整的公告	2017年11月7日
	沪经信法〔2017〕896号	人工智能	上海市经济信息化委、市财政局关于印发《上海市人工智能创新发展专项支持实施细则》的通知	2017年12月12日
	中华人民共和国上海海关公告2017年第5号	查验无纸化	上海海关关于深入推进查验作业无纸化改革的公告	2017年12月29日
	上海市商务委员会	服务贸易	关于开展2017年度本市服务贸易示范基地和示范项目认定工作的通知	2017年12月29日

附录 3 2017 年度中国（上海）自由贸易试验区相关政策索引

	文号	关键词	文件名	发文日期
国务院及相关部委文件	国发〔2017〕23 号	改革开放	国务院关于印发全面深化中国(上海)自由贸易试验区改革开放方案的通知	2017 年 3 月 30 日
	国办发〔2017〕51 号	负面清单	国务院办公厅关于印发自由贸易试验区外商投资准入特别管理措施(负面清单)(2017 年版)的通知	2017 年 6 月 5 日
	商资函〔2017〕465 号	复制推广	商务部关于印发自由贸易试验区新一批“最佳实践案例”的函	2017 年 7 月 17 日
	商务部等	复制推广	商务部 交通运输部 工商总局 质检总局 外汇局关于做好自由贸易试验区第三批改革试点经验复制推广工作的函	2017 年 7 月 26 日
	商资发〔2017〕483 号	创新发展	商务部关于支持自由贸易试验区 进一步创新发展的意见	2017 年 12 月 17 日
上海市相关文件	中华人民共和国上海出入境检验检疫局公告 2017 年第 1 号	便利化	上海国检局关于发布上海自贸试验区第二批进境空箱检验检疫便利化企业名录的公告	2017 年 1 月 10 日
	中华人民共和国上海出入境检验检疫局公告 2017 年第 3 号	检验鉴定	上海出入境检验检疫局关于批准自贸区 2 家企业从事进出口商品检验鉴定业务的公告	2017 年 5 月 9 日
	沪商公贸〔2017〕147 号	贸易援助	上海市商务委员会、中国(上海)自由贸易试验区管委会关于印发《中国(上海)自由贸易试验区贸易调整援助试点办法》的函	2017 年 6 月 5 日

续表

	文　　号	关键词	文　　件　　名	发文日期
上海市相关文件	沪商贸发〔2017〕280号	汽车平行进口	上海市商务委等8部门印发《关于进一步促进中国（上海）自由贸易试验区汽车平行进口若干支持措施》的通知	2017年9月20日
	中华人民共和国上海出入境检验检疫局公告2017年第7号	检验鉴定	上海出入境检验检疫局关于批准自贸区1家企业从事进出口商品检验鉴定业务、2家企业注销进出口商品检验鉴定业务许可的公告	2017年11月10日
	中华人民共和国上海海关公告2017年第4号	签发证明	上海海关关于在中国（上海）自由贸易试验区试行签发优惠贸易项下国际分拨货物《未再加工证明》的公告	2017年11月13日

附录4 案例索引